응답하는 인간

응답하는 인간
Homo Respondens

기독교 세계관적 메시지

최용준 지음

SFC

차례

추천사
서문

제1장 **찬양하는 피조계**

   1 창조 신앙 (창 1:1, 롬 1:20)   15
   2 창조주 하나님 (시 104:1–35)   30
   3 하나님의 기묘하신 일 (욥 37:14–24)   39
   4 하나님의 두 증인 (시 19:1–14)   48

제2장 **고통하는 우주**

   1 의롭게 될 죄인 (창 3:1–24)   59
   2 불 뱀과 놋 뱀 (민 21:4–9)   73
   3 청년이여, 기억하라! (전 11:9–12:14)   82
   4 피조물의 소망 (롬 8:18–25)   93

제3장 포괄적인 구속과 일상

1. 포괄적인 구속 (골 1:13-23)   105
2. 십자가의 의미 (창 3:21-24)   117
3. 그리스도의 성육신 (창 3:15-24)   130
4. 우리 시대의 남은 자들 (사 10:20-23)   142
5. 변하는 세상, 영원한 말씀 (사 40:6-11)   157
6. 말씀과 일상 생활 (골 3:16-17)   169

제4장 하나님 나라의 의미

1. 하나님 나라의 시작 (마 13:3-9)   183
2. 하나님 나라의 방해 (마 13:24-30)   193
3. 하나님 나라의 성장 (마 13:31-33)   203
4. 하나님 나라의 가치 (마 13:45-46)   214
5. 하나님 나라의 완성 (마 13:47-50)   225

제5장 회복의 공동체
1 포스트모던 시대에서 복음의 역할 (행 10:24-35) 239
2 새로운 공동체를 위한 리더십 (느 5:1-19) 248
3 약자를 위한 사명 (눅 14:12-24) 265
4 신령한 연합 (요 17:20-26) 277
5 하나님 백성의 소유관 (벧전 4:7-11) 290
6 모든 영역에서의 회복 (막 8:27-38) 300

제6장 새로운 희망
1 성도의 소망 (계 21:1-4) 315
2 최후의 심판 (계 20:7-15) 329
3 알파와 오메가 (계 22:10-15) 342

추천사

　최용준 목사의 설교집 『응답하는 인간』은 보통 설교집이 아니다. 기독교적 세계관을 설교의 형태로 제시하는 좀 독특한 설교집이다. 그가 이해하는 기독교적 세계관은 창조, 타락, 구속, 그리고 완성 네 가지 요소에 의하여 결정되는 것으로 되어 있고, 따라서 설교도 이런 구조에 따라 조직되어 있으며 내용도 그 목적에 따라 구성되어 있다.

　최용준 박사가 본문에서 잘 지적하다시피 세계관은 우리의 삶에 나침반이나 지도와 같은 역할을 한다. 사람은 짐승처럼 본능에 따라 천편일률적으로 사는 것이 아니라 설정된 목적을 달성하기 위하여 살고 그 목적의 성격과 그 달성 정도에 따라 삶의 의미가 결정된다. 그러나 대부분의 사람들은 자신이 살고 있는 사회의 문화가 함축하고 있는 세계관을 무의식적으로 따르고 있다. 그러면서도 그 사실조차도 의식하지 못하고 산다. 이것은 참으로 안타까운 일이다. 자신이 스스로 선택하지도 않은 목적을 위하여 살고 있는 것이다.

하지만 적어도 그리스도인은 그렇게 살아서는 안 된다. 주위 문화의 세계관이 반드시 옳다는 보장이 없는 것은 말할 것도 없고, 그리스도인은 세상과 달라야 하고 다른 목적과 다른 삶의 의미를 가지고 사는 사람들이기 때문이다. 그런데 불행하게도 한국 그리스도인들 대부분은 다른 시민들과 다름없이 자신들이 지향하고 있는 세계관, 인생관, 가치관이 무엇인지 인식하지 못한 채 비기독교적 세계관에 따라 하루하루를 살고 있다.

이를 안타깝게 여긴 몇몇 신학자들이 세계관에 대한 책들을 썼다. 최용준 목사도 그 가운데 하나다. 최 목사는 신학과 철학을 전공했고, 기독교 철학 분야에 박사학위를 받았다. 기독교적 세계관에 관해서는 누구보다도 더 분명한 이해를 하고 있고, 오랜 목회경험을 통하여 그것을 어떻게 가르쳐야 할지도 잘 알고 있다. 이 책은 그 첫 번째 결실이다.

이 책은 설교 형식으로 씌어져 이해하기가 쉽다. 단순히 감동을 받는 정도를 넘어서 좀 오랫동안 반추할 가치가 있는 책이므로 모든 그리스도인들에게 적극 추천한다.

손 봉 호 (동덕여대 총장)

서 문

이 세상에는 다양한 사람들이 여러 종류의 세계관을 가지고 살아가고 있습니다. 그 중에도 그리스도인들은 성경이 말하는 세상에 대한 관점(point of view)을 가지고 있습니다. 필자는 그러한 관점들을 여러 곳에서 강의하면서 학문적으로 정리하는 동시에 섬기는 교회에서 메시지로 선포하는 일을 지금까지 해오고 있습니다. 그런 가운데 후자를 출판하자는 제의를 받아 이번에 부족하나마 본서를 내게 되었습니다. 이 모든 과정을 인도하신 하나님께 감사를 드립니다.

본서의 내용은 크게 6장으로 구성되어 있습니다만 큰 틀은 만유의 기원인 창조, 죄로 말미암은 타락과 그 결과, 우주적인 회복을 이룬 구속과 하나님 나라의 의미 그리고 만물을 새롭게 하시는 완성의 소망을 주제로 다루고 있습니다. 물론 각 주제마다 우리 개개인의 삶에 어떻게 적용할 것인지 생각해 보았으며 지난 10여년간 예배시 강단에서 선포한 내용들을 선택, 편집한 것입니다.

본서의 제목을 '응답하는 인간'이라고 붙인 이유는 본문에 나옵니다만 인간을 인간답게 하는 가장 특징이 바로 '응답성'이라고 필자는 생각하기 때문입니다.' 인간은 응답적인 존재입니다. 남편과 아내, 부모와 자녀간의 관계는 응답을 전제로 합니다. 물론 그 응답은 긍정적일 수도 있고 부정적일 수도 있지만 응답이 없을 수는 없습니다. 나아가 인간과 환경과의 관계도 응답적이라고 볼 수 있습니다. 우리가 주어진 환경에 어떻게 응답하는가에 따라 우리의 삶의 방향과 질이 달라질 것입니다. 그리고 궁극적으로 인간은 하나님께 응답하는 존재라고 말할 수 있습니다. 하나님께서 우리에게 여러 가지 모습으로 말씀(Wort)하실 때 인간은 그 말씀에 가부간 응답(Antwort)하지 않을 수 없습니다. 그리고 그 응답에 대해 인격적인 인간은 책임져야 합니다(Verantworten). 이러한 책임성(Verantwortlichkeit)은 응답성을 전제로 하는 것입니다.

이러한 의미에서 우리의 삶은 총체적으로 하나님을 향한 하나의 응답이라고 말할 수 있습니다. 하나님을 찬양할 수도 있고 저주할 수 있습니다. 침묵할 수도 있고 무관심할 수도 있습니다. 그러나 이 모든 것이 결국 반응입니다. 따라서 우리의 세계관 자체도 하나의 응답이라고 말할 수 있습니다.

우주 또한 하나님의 법질서에 응답하지 않을 수 없습니다. 하나님의 영광을 드러내기도 하고 죄의 권세에 눌려 신음하기도 합니다. 그러나 결국 새롭게 하시는 말씀의 능력으로 온전히 변화되어 새 하늘과 새 땅이 될 것입니다. 따라서 이미 이루어진 구속의 능력을 체험하는 신앙인들은 삶의 모든 영역에서 그리스도의 주재권에 올바로 응답하는 삶을 살아야 하며 하나님의 나라를 실제적으로 드러내어야 합니다. 개인적으로 뿐만 아니라 공동체적으로 주님의 말씀에 함께 응답해야 하는 것입니다.

우리의 작은 신음에도 응답하시는 하나님께서 마침내 역사의 오메가 포인트에 우리를 향하신 응답을 완성하실 것입니다. 그 때 그 분을 향한 우리의 응답도 온전히 이루어질 것입니다.

부족한 필자의 글을 추천해 주신 손봉호 총장님과 오대원(David Ross) 목사님 그리고 VIEW의 양승훈 교수님께 깊이 감사드리며 아울러 원고를 다듬어 출판할 수 있도록 귀한 수고를 아끼지 않으신 SFC 출판부의 김성민 목사님께 진심으로 감사드립니다.

유럽 연합의 수도 브뤼셀에서

최용준

---

* 이 점을 생각하게 된 것은 필자가 네덜란드에서 공부하면서 Henk G. Geertsema 교수로부터 받은 통찰력에 기인합니다. Govert Buijs 등이 편집한 기독교 철학 시리즈 *Homo Respondens: Verkenningen rond het mens-zijn* (응답적 인간: 인간됨에 대한 성찰), (Amsterdam: Buijten & Schipperheijn, 2005) 참고.

제 1장

찬양하는 피조계

1 창조 신앙 (창 1:1, 롬 1:20)
2 창조주 하나님 (시 104:1-35)
3 하나님의 기묘하신 일 (욥 37:14-24)
4 하나님의 두 증인 (시 19:1-14)

1_ 창조 신앙 창 1:1, 롬 1:20

　이 세상을 살아가는 모든 사람들은 나름대로의 세계관을 가지고 있습니다. 그것을 의식하든 하지 않든 간에 우리 모두는 각자 우리가 살고 있는 이 세계를 이해하고 그 안에서 어떻게 살아가야 하는가에 대해 생각하고 결단해야 합니다. 세계관과 인생관이 매우 일관성있게 정립된 사람이 있는가하면 그렇지 않고 혼란스러운 사람들도 있습니다. 그렇지만 세계관 없이는 살 수 없습니다. 다시 말해 우리가 가진 세계관, 인생관, 그리고 가치관은 우리 인간의 삶에 있어서 하나의 전제 조건이 된다는 것입니다.

　그런데 이러한 세계관이나 삶의 원리들은 우리가 선천적으로 알고 태어나는 것이 아니라 후천적으로 배워서 습득하게 됩니다. 왜냐하면 어떤 사람이 선천적으로 똑똑하고 지혜롭고 건강할 수 있지만 그것을 어떤 방향으로 어떤 목적으로 의미있게 사용하느냐 하는 것은 그 사람의 세계관이 어떠한가에 따라 결정되고, 이러한 세계관은 그가 살아가면서 점진적으로 체계가 세워지기 때문입니다.

우리 그리스도인들은 성경적인 세계관을 가지고 살아갑니다. 이러한 성경적 세계관은 마치 하나의 나침반이나 지도와 같이 우리의 인생이라고 하는 항해를 우리가 소망하는 항구 즉, 하나님 나라로 인도해 줍니다. 따라서 우리가 이 성경적 세계관을 바로 이해하고 그것을 우리의 삶에 일관성있게 적용하는 것은 궁극적으로 우리 인생의 의미와 가치를 결정하는 것이 됩니다. 그렇다면 성경적 세계관이란 어떠한 것일까요? 그것을 큰 주제로 나눈다면 창조, 타락, 구속, 그리고 완성 이렇게 네가지로 말씀드릴 수 있겠습니다. 이 장에서는 창조에 대해 이야기 해보겠습니다.

어느 교회에서 초청을 받아 설교한 적이 있습니다. 예배를 마치고 성도님들과 교제하는 시간에 어느 집사님께서 자기 아이들이 창조론보다는 진화론에 더욱 영향을 받는 것 같다며 심각하게 걱정하시는 말씀을 들은 적이 있습니다. 참으로 중요한 문제입니다. 하나님께서 천지를 창조하셨다고 믿고 세계를 보는 것과 모든 만물은 적자생존과 자연도태의 법칙에 의해 진화되었다고 믿으며 세상을 사는 것은 실로 하늘과 땅의 큰 차이를 낳게 됩니다. 그렇다면 성경은 창조에 대해 무엇이라고 말씀하고 있습니까? 10가지 중요한 점들을 간략하게 말씀드리면서 중간 중간에 진화론의 문제점들을 지적하고자 합니다.

천지를 창조하신 하나님

먼저 창세기 1장 1절은 태초에 하나님이 천지를 창조하셨다고 말씀합니다. 즉 이 세상의 모든 만물의 궁극적인 기원은 하나님이라는 말씀입니다. 여기서 우리는 하나님의 전능하심과 그의 절대 주권을 보게 됩니다. 우리가 믿는 성경의 하나님이야말로 가장 진정한 의미에서 만유의 주재가 되십니다. 만유를 창조하셨고 지금도 그의 능력과 섭리가운데 만물을 다스리십니다. 또한 우리 인간도 그의 형상을 따라 창조되었다고 성경은 말씀합니다. 따라서 창조주 하나님만이 영광을 받으셔야 합니다. 우리의 삶의 모든 영역에서 그분의 주권 즉 주되심을 인정해야 합니다. 우리가 하는 사업, 우리의 가정, 교회, 학업 그리고 나 개인의 모든 삶의 궁극적인 주인은 하나님이십니다.

다른 모든 우상들은 결국 피조물을 인간이 인위적으로 절대화한 허상에 불과합니다. 그래서 하나님께서는 십계명의 제 1계명에서 내앞에 다른 신을 두지말라고 분명히 말씀하시는 것입니다. 진화론은 만물의 궁극적인 기원에 대해 우연이라고 말할 수밖에 없고 최초의 물질이 어떻게 존재했는가에 대해서는 설명할 수 없습니다. 그러므로 우리가 창조 신앙을 이야기할 때 제일 먼저 기억해야 할 것은 하나님의 절대 주권입니다.

두 번째로 생각할 것은 하나님께서 천지를 '말씀'으로 창조하셨다는 것입니다. 여기서 말씀이란 하나님의 명령, 즉 창조적 진술인데 그 자체가 능력이 있고 주권적임을 창세기 1장은 보여 줍니다. 따라서 하나님의 창조는 소위 'creatio ex nihilo' 라고 해서 무에서 유를 창조하는 것입니다. 이러한 세계관은 세계의 어느 다른 종교나 사상에서도 찾아볼 수 없는 유일하고도 독특한 성경적 세계관입니다. 빛이 있으라 하시매 빛이 있었습니다. 시편 33편 6-9절은 다음과 같이 말씀합니다: "주님은 말씀으로 하늘을 지으시고, 입김으로 모든 별을 만드셨다. 주님은 바닷물을 모아 독에 담으셨고, 그 깊은 바닷물을 모아 창고 속에 넣어 두셨다. 온 땅아, 주님을 두려워하여라. 세상 모든 사람아, 주님을 경외하여라. 주님이 말씀하셔서 모든 것이 생기고, 그가 명하셔서 모든 것이 견고하게 제자리를 잡았다."

베드로후서 3장 5-6절은 "이렇게 말하는 것은 하나님의 말씀으로 하늘이 오랜 옛날부터 있다는 것과, 땅이 물에서 나와서 물로 형성되었다는 것과, 또 물로 그 때의 세계가 홍수에 잠겨서 망해 버렸다는 사실을 그들이 일부러 무시하기 때문입니다"라고 말씀합니다. 또한 시편 147편 18절 및 148편 8절에 보면 하나님께서 지금도 말씀으로 이 만물을 다스리고 계심을 확인할 수 있습니다.

이와 관련하여 세 번째로 생각할 것은 하나님께서는 지혜로 모든 만물을 지으셨다는 사실입니다. 시편 104편 24절에는 "주님, 주께서 손수 만드신 것이, 어찌 이리도 많습니까? 이 모든 것을 주께서 지혜로 만드셨으니, 땅에는 주님이 지으신 것으로 가득합니다"라고 말씀합니다. 목이 긴 기린을 한 번 곰곰히 생각해보십시오. 코가 긴 코끼리를 한 번 상상해보십시오. 귀가 긴 토끼를 보십시오. 입이 길쭉한 악어, 뚱보 하마, 남극에 사는 펭귄, 우리가 많이 키우는 고양이, 강아지 그리고 하늘의 새들과 바다의 물고기들, 산, 나무, 들판, 골짜기, 강과 호수 등등 하나님의 걸작품들을 한 번 머리에 그려보시기 바랍니다. 우리 주 하나님이 높고 위대하지 않은가요? 주님의 세계가 정말 아름답지 않나요?

시편 139편 14절에도 보면 여호와께서 우리 한사람 한사람을 지으심이 신묘막측하다고 감탄을 합니다. 우리의 탄생과 성장 그리고 하루하루 살아가는 이 모든 것이 하나님의 지혜로 말미암은 것을 곰곰히 생각해보면 얼마나 신비롭고 오묘하며 측량할 수 없는 지혜가 있음을 느끼게 되지 않습니까? 그러므로 천지만물은 하나님의 영광과 지혜 그리고 신성과 전능하심을 드러냅니다. 시편 19편 1절에는 "하늘은 하나님의 영광을 드러내고, 창공은 그의 솜씨를 알려 준다" 말씀하며, 사도행전 14장 17절에서는 하나님께서 하늘로서 비를 내리시고 결실기에 여러 가지 음식과 과일로 우리의 마음을 기쁘게 하심으로 자신을 드러내셨다고 말씀합니다. 또한 본문인 로마서 1장 20절에 "하나님의 영원하신 능력과 신성이 그 만드신 만물에 분명히 보여 알게 되므로 우리가 핑계할 수 없다"고 기록되어 있습니다.

성경의 지혜서 중 잠언서도 읽어보면 하나님께서 천지만물을 만드신 것은 그냥 아무렇게나 하신 것이 아니라 그분의 지혜와 법칙을 따라 지은 것이라고 말씀하십니다. 잠언 3장19-20절에 보면 여호와께서는 지혜로 땅의 기초를 놓으셨고 명철로 하늘을 펼쳐 놓으셨으며 지식으로 깊은 물줄기를 터뜨리시고, 구름에서 이슬이 내리게 하신다고 기록되어 있습니다. 따라서 잠언서의 결론은 이 하나님의 지혜를 잘 배우고 그 지혜를 따라 하나님을 경외하는 것이 바로 지혜의 근본이요 명철한 삶이라고 우리에게 훈계합니다. 또한 전도서 12장 1절에도 "젊을 때, 고생스러운 날들이 오고, 사는 것이 즐겁지 않다고 할 나이가 되기 전에 창조주를 기억하라"고 말씀합니다. 청년의 때에 이 지혜의 창조주를 바로 알고 그 분을 온전히 섬긴다면 결코 헛되지 않은 삶을 살 수 있다는 것입니다.

창조에 대한 성자와 성령의 참여

다음에 우리가 네 번째로 생각할 것은 그럼 성자 예수 그리스도 및 성령 하나님은 창조와 무슨 관계가 있느냐 하는 것입니다. 우리는 보통 창조를 성부 하나님께서 하신 것이라고 쉽게 넘어가는 경우가 많이 있는데 성경은 그렇게 말씀하지 않습니다. 잠언 8장을 보면 그리스도께서도 성부 하나님께서 세상을 창조하실 때 중보자로 함께 계셨고, 요한복음 1장에서는 만물이 그로 말미암아 지은바 되었다고 분명히 말씀합니다. 더 나아가 골로새서 1장 16절을 보면 하늘과 땅에서 보이는 것들과 보이지 않는 것들과 혹은 보좌들이나 주관들이나 정사들이나 권세들이나 만물이 다 그로 말미암고 그를 위하여 창조되었다고 하면서, 17-18절에는 예수 그리스도안에 만물이 서 있고 또한 예수님이 만물의 으뜸이라고 말씀합니다. 히브리서 1장 2-3절에도 하나님께서 그 아들로 말미암아 모든 세계를 지으셨고 성자 예수님은 성부 하나님과 동일하게 그 능력의 말씀으로 만물을 붙드신다고 기록되어 있습니다.

성령께서도 창조사역에 매우 적극적으로 관여하심을 창세기에서 읽어 볼 수 있습니다. 하나님의 신이 수면 위에 운행하셨고 그 생기로 인간을 창조하여 인간이 생령이 되었다는 것입니다. 창세기 1장 26절에 보면 하나님께서 인간을 창조하실 때 '우리'의 형상을 따라 '우리'의 모양대로 '우리'가 사람을 만들자고 하시면서 '우리'라는 일인칭 복수 대명사를 세 번이나 반복해서 강조하여 사용하고 있습니다. 창세기 1장에 나오는 하나님이라고 하는 히브리어 '엘로힘'은 문법적으로 따지면 단수 '엘'의 남성 복수형입니다. 따라서 창조사역에는 성부, 성자, 성령 하나님께서 동일하게 역사하셨음을 알 수 있습니다.

이와 관련하여 다섯 번째로 생각해야 할 것은 인간이 하나님의 형상대로 창조함을 받았다는 것입니다. 성경은 인간이 원숭이에서 진화한 것이 아니라 전혀 다른 차원에서 하나님을 닮은 존재라고 선포합니다. 이것은 정말 대단한 차이가 아닐 수 없습니다. 원숭이에서 진화된 인간과 하나님의 형상인 인간, 어느 것이 더 존귀합니까? 어느 것이 더 인권의 궁극적인 기원 및 인간의 존엄성을 잘 설명할 수 있을까요? 우리의 조상이 원숭이라고 한 번 생각해 보십시오. 그 다음에 우리를 지으신 분이 전능하시고 지혜로우신 창조주 하나님 아버지라고 한 번 생각해 보십시오. 이것은 전혀 다른 차원의 세계관입니다.

그렇다면 하나님께서 왜 인간을 자기 형상대로 창조하셨을까요? 그것은 창세기 1장 26-28절의 문맥을 자세히 보면 잘 알 수 있습니다. 하나님의 축복을 받아 땅에 충만하고 하나님의 대리자로서 모든 피조물을 다스리면서 땅을 정복하는 것입니다. 이것을 소위 '문화명령'(cultural mandate)이라고 부릅니다. 또한 역사의 의미가 바로 여기에 있다고 생각합니다. 인간의 역사란 다름이 아니라 이 하나님의 말씀에 대해 인간이 어떻게 활동하고 응답했는가를 보여주는 것입니다. 인류 역사를 통한 인간의 모든 활동을 문화라고 넓게 정의한다면 인간의 총체적인 문화활동이 역사요 하나님의 이 문화명령에 대한 응답의 결과인 것입니다. 그렇기에 인간의 본질은 그저 우연히 단세포 생물에서 수많은 진화를 거쳐 지금까지 진화한 것이 아니라 하나님을 닮아 온 피조물들을 다스리는 역사와 문화의 주체로서 이해해야 할 것을 성경은 말씀합니다. 화란의 어느 기독교 철학자는 인간을 정의하기를 호모 레스폰덴스(Homo Respondens), 즉 '응답적 인간'이라고 했습니다. 인간의 존재 및 그 모든 활동을 창조주 하나님과의 관계에서 볼 때 바로 하나님께서 제정하신 이 명령에 대한 응답이라는 것입니다.

여섯 번째로 생각할 것은 하나님의 창조세계는 정적인 것이 아니라 동적이라는 사실입니다. 창세기 1장에서 우리는 아담과 하와가 에덴 동산에서 살고 있었음을 보지만 요한계시록 21장에서 우리는 새 예루살렘 도성이 하늘에서 예비된 신부처럼 아름답고 화려하게 단장되어 내려오는 것을 보게 됩니다. '동산'(Garden)에서 '도성'(City)으로 변화된 것입니다. 그 모든 변화의 과정이 인류의 문화사요, 영적으로 보면 구속사라고 말할 수 있습니다. 이런 의미에서 다른 화란의 기독교 철학자 반 퍼슨(Van Peursen)은 문화를 여러 가지로 설명하는데 그 중의 하나가 문화란 '복수형 동사'라고 말합니다. 동사란 그 동적인 면을 말하고 복수형이란 그 다양함을 뜻하는 것입니다. 온 세상을 아름답게 만드신 창조주 하나님께서는 장차 가장 아름다운 새 하늘과 새 땅을 창조하심으로 그의 구속의 경륜을 완성하실 것입니다. 그리고 그 새로운 피조물됨은 이미 우리가 예수님을 주와 그리스도로 믿고 말씀과 성령으로 거듭난 생활에서 현재적으로 미리 맛볼 수 있습니다. 지금도 하나님의 나라는 매우 다이내믹하고 은밀하게 성장하고 있으며, 우리 개개 성도들이 점점 주님을 닮아 가는 하나님의 거룩한 백성이 되도록 지금도 성령께서 말씀으로 역사하고 계십니다.

보시기에 좋았던 하나님의 피조세계

일곱 번째로 우리가 살펴보고자 하는 것은 모든 피조물이 하나님 보시기에 좋았다고 하는 사실입니다. 창세기 1장 31절에는 더 나아가 모든 피조 세계는 아름답게 조화를 이루어 매우 좋았다고 말씀합니다. 사도 바울도 디모데전서 4장 4-5절에서 하나님께서 지으신 것은 모두 다 좋은 것이요, 감사하는 마음으로 받으면, 버릴 것이 하나도 없다고 말씀하면서 혼인도 피하고 식물도 폐하는 금욕주의자들의 오류를 비판합니다. 그러나 동시에 지금 현재 우리가 경험하는 피조 세계는 죄로 말미암아 오염되고 변형된 세계임을 기억해야 합니다.

그렇지만 예수 그리스도의 구속사역으로 말미암아 죄에서 해방된 우리들이 궁극적으로 들어갈 하나님의 나라는 매우 좋은 정도가 아니라 가장 좋은, 최상(best)의 세계임을 성경은 말씀합니다. 그러나 진화론은 지금 이 세상에 존재하는 것이 단지 생존경쟁과 환경에 적응한 생물들로 구성되어 있으므로 여기에 대해 어떠한 가치 평가를 내릴 수도 없을 뿐만 아니라 앞으로 올 세계가 과연 지금보다 더 나을 지에 대해서도 전혀 답을 할 수 없습니다. 단지 환경변화에 더 잘 적응하는 생물들만이 생존할 것이라고 말하겠지요.

여덟 번째, 창조에 관해 우리가 기억해야 할 것은 창조주 하나님의 초월적인 주권과 동시에 그분의 내재성, 즉 우리와 함께 하심입니다. 하나님께서는 그가 만드신 모든 피조물을 초월하셔서 존재하시는 분이지만 동시에 사랑의 관심을 가지고 자신이 만드신 피조물들을 계속 다스리시며 특별히 자기 형상으로 창조하신 인간과 인격적인 교제를 나누며 함께 동행하시기를 원하시는 우리의 아버지시며 구원자이시고 또한 위로자가 되신다는 사실입니다. 이것을 망각할 때 인간들은 이신론 즉 하나님의 초월성만 인정하거나, 범신론 즉 하나님의 내재성만을 보는 오류에 빠지게 됩니다. 그러나 성경은 창조기사를 통해 우리가 믿는 하나님이 어떠한 분이신지도 분명히 보여주는 것입니다.

또한 아홉 번째로 하나님의 창조를 통해 성경은 하나님께서 피조물과 언약을 맺으셨고 그 약속을 신실히 지키시는 분이심을 보여준다고 말씀합니다. 예레미야 33장 20-21절, 25-26절을 읽어 보면 여호와 하나님께서는 낮과 밤에 대해 약정, 즉 언약을 맺으시고 그것을 충실히 이행하시기에 주야가 일정하게 반복되듯이 아브라함, 이삭, 야곱, 그리고 다윗과 세운 언약 즉 메시야를 보내심으로 자기 백성을 구원하실 새언약도 신실하게 지키실 것임을 강조하고 있습니다. 우리가 오늘 밤에 자면 다시 태양이 솟아오를 것을 전제하는 것은 하나님의 신실하심에 근거한 것입니다. 그러나 하나님을 믿지 않는 사람들은 과연 이러한 자연법칙의 궁극적인 확실성에 대해서도 자신이 없는 것입니다. 따라서 창조를 믿는 신앙인은 신실하신 주님을 찬양합니다. 이에 반해 진화론자들은 그 입술에 아무런 찬양이 있을 수 없습니다.

논리적인 창조과정

 마지막 열 번째로 하나님께서 천지만물과 인간을 창조하신 것은 임의적이 아니라 그 나름대로의 법칙을 따라 하셨음을 우리는 보게 됩니다. 창세기 1장을 자세히 읽어보면 6일 동안의 창조기사가 첫 3일에는 배경적인 창조기사로 되어 있고 나머지 3일은 그 각각에 대해 보충해 주는 방식으로 되어 있습니다. 첫째날 하나님께서 빛을 창조하신 후 넷째날보다 구체적으로 해와 달과 별들을 지으심으로 주야와 춘하추동 사시 및 연한을 나누게 하십니다. 그 다음 둘째 날에는 물 가운데 궁창 즉 하늘을 만드시고 다섯째 날에는 물 속의 생물들과 하늘에는 모든 새들을 그 종류대로 창조하셨습니다. 셋째 날에는 땅과 바다를 만드신 후 이어서 땅에 풀과 채소, 그리고 과목들을 종류대로 창조하십니다. 이어서 다섯째 날에는 그 식물을 먹고사는 모든 육축과 땅에 기는 생물들을 종류대로 만드신 후 마지막으로 만물의 영장인 인간을 자기 형상대로 창조하십니다.

  여기서 놀라운 것은 하나님께서 모든 생물을 '그 종류대로' 창조하셨다고 분명히 말씀하고 있는데 이것이야말로 진화론을 배격하는 결정적인 단서가 됩니다. 모든 생물들중 종과 종간에는 넘을 수 없는 차이가 있으며 이 모든 것을 하나님께서 창조의 질서로 그렇게 하셨다는 것입니다. 따라서 같은 종안에서는 여러 가지 다양한 변이가 일어날 수 있지만 한 종이 다른 종으로 바뀌는 것은 창조 질서에 어긋나는 것임을 알 수 있습니다. 이를 뒤집어 말한다면 만일 진화론이 맞다고 할 경우에는 지금도 원숭이가 사람이 되는 경우가 나타나야 하지 않겠습니까? 어류에서 양서류로, 양서류에서 파충류로, 파충류에서 다시 조류로, 그리고 조류에서 포유류로 진화되는 케이스들이 지금도 계속 일어나야 할 텐데 인류 역사상 그러한 경우는 없었습니다. 이것을 전문용어로 소위 연결고리가 발견되지 않는다(missing link)고 창조과학자들은 주장하는 것입니다.

  또한 진화론은 사실 현 자연계를 지배하는 소위 열역학 제 2법칙에도 맞지 않습니다. 이 열역학 제 2법칙이란 다른 말로 무질서도(엔트로피) 증가의 법칙이라고 하는데 모든 만물은 시간이 흐를수록 질서도가 감소하고 무질서도가 증가합니다. 아무리 새 자동차도 타지 않고 가만히 둔다해도 10년이 지나고 20년이 지나면 녹이 슬고 점점 그 성능이 떨어집니다. 반면에 진화론은 우연히 어떻게 어떻게 해서 여러 가지 물질들이 이리저리 조합되어 새 자동차가 저절로 생겨났다고 주장하는 것과 같습니다. 하등동물에서 고등동물로 진화되려면 엄청난

에너지가 필요하며 질서도가 증가하는 과정인데 현재 우리가 경험하는 세계에 그러한 법칙은 존재하지 않기 때문에 진화론은 허구일 수밖에 없다는 것입니다. 그외에도 진화론은 더 깊이 생각할 때 인간에게 아무런 삶의 의미를 주지 못합니다. 원숭이로부터 우연히 진화되었고 또한 앞으로 다른 생물로 바뀔지 모르며, 이 모든 법칙은 그저 우연의 지배를 받기 때문에 이 속에는 어떠한 윤리도 없고 그저 적자생존, 약육강식이라는 잔인한 정글의 법칙만이 유일한 법칙이며 따라서 인간의 존엄성도 파괴될 수밖에 없고 신체적으로나 정신적으로 약한 사람들에게 사랑을 베풀 필요도 없는 무자비한 사회를 낳을 수밖에 없지 않겠습니까?

반면에 인격적인 하나님께서는 신묘막측한 지혜와 무한한 사랑으로 이 세상을 창조하셨고 계속해서 신실하게 그 질서를 유지하십니다. 또한 인생들에게 자연 법칙들을 잘 연구하여 자연 세계를 다스릴뿐 아니라 선한 청지기로서 잘 보존할 것도 말씀하셨으며, 이 모든 활동을 통해 하나님의 영광을 드러내고 이웃을 섬기라는 최고의 법인 사랑의 계명을 주셨습니다. 따라서 이 사랑의 법을 따라 우리는 하나님을 온전히 경외하며 또한 우리의 이웃을 우리 자신과 같이 사랑하는 전제하에 하나님의 창조세계를 더욱 개발하고 문화를 발전시켜나가야 합니다.

창조 신앙은 결국 기독교적 세계관의 출발점이라고 말할 수 있습니다. 이것은 우리의 심령 깊은 곳에 경이감을 갖게 하며 조물주에 대해 찬양 드리고자 하는 마음이 우러나게 됩니다. 창조는 하나님의 절대주권을 우리에게 보여줍니다. 전능하신 하나님은 말씀으로 온 세상을 만드셨습니다. 또한 이 세상은 하나님의 지혜가 얼마나 뛰어난지도 보여줍니다. 성자 예수님 그리고 성령 하나님께서도 이 창조사역에 깊이 관여하심도 보았습니다. 우리 사람은 하나님을 닮은 존재로 하나님의 사랑의 계명을 기준으로 하여 이 세상을 올바로 다스리며 보존하는 청지기임도 생각했습니다. 하나님의 피조 세계는 동적이며 가장 좋은 새 예루살렘 도성으로 변화됨도 보았고 따라서 매우 좋은 세계가 궁극적으로는 가장 아름다운 신천신지로 될 것을 성경은 말씀합니다.

동시에 창조 사건은 하나님의 초월성과 내재성을 우리에게 알게 해주며, 지금도 신실하게 그 언약을 지키시는 분임을 상기시켜 줍니다. 마지막으로 하나님의 창조 사역은 그 분의 법칙을 따라 질서정연하게 이루어졌으며 우리도 하나님을 사랑하고 이웃을 내 몸과 같이 사랑하면서 이 세상을 올바로 다스리고 관리해야 할 것을 생각했습니다. 이러한 성경적인 창조 신앙과 진화론의 차이점, 그리고 진화론의 치명적인 약점들이 무엇인지도 간략하게 말씀드렸습니다.

이제 결론적으로 로마서 11장 36절을 보십시오. "만물이 그에게서 나왔고, 그로 말미암아 있고, 그를 위하여 있습니다. 그에게 영광이 세세에 있기를 빕니다. 아멘." 남은 생애 동안 우리는 만물의 근원이 되시며 지금도 이 세상을 다스리시고 궁극적으로 온 만물을 당신의 뜻대로 완성하실 삼위 하나님께 영광돌려야 합니다. 그리고 그분의 말씀을 청종하고 순종하는 주님의 백성이 되어야 할 것입니다.

기도: 전능하시고 신실하신 주님, 주님께서 이 세상을 말씀과 지혜로

창조하셨음을 성경을 통해 알게 하시고 믿게 하심을 진심으로 감사드립니다. 또한 천지를 지으신 여호와 하나님께서 지금도 날마다 순간마다 우리와 함께 하시고 도우심을 찬양합니다. 이 땅에서 우리의 생애가 다할 때까지 더욱 주님을 깊이 알아가게 하시고 사랑하며 우리에게 맡기신 모든 일들을 온전히 잘 감당하게 도와 주옵소서.

2_ 창조주 하나님 시편 104:1-35

　인류 역사상 최초로 우주비행에 성공했던 구 소련의 우주비행사였던 가가린은 1961년 4월 12일 보스토크 1호를 타고 성공적으로 비행을 마친 후 '우주에 갔으나 거기에도 하나님을 찾지 못했다'는 말을 남겼다고 합니다. 그 후 그는 우주비행에 성공한 공로로 중위에서 소령으로 특진하였고 이어 대령으로 진급하였지만 1968년 3월 27일 비행 훈련 중 타고 있던 제트 훈련기가 모스크바 근교 블라디미르주의 한 마을에 추락하여 젊은 나이에 사망하고 말았습니다.

　지구에서는 물론 우주에 갔어도 하나님을 찾지 못했다는 이 가가린의 말에 대해 성경은 전혀 다른 메시지를 우리에게 들려 줍니다. 즉 온 우주만물이 하나님의 피조물로서 여호와 하나님의 광대하심과 존귀와 권위를 드러내고 있다는 것입니다. 로마서 1장 20절에는 "이 세상 창조 때로부터 하나님의 보이지 않는 속성, 곧 그분의 영원하신 능력과 신성은 사람이 그 지으신 만물을 보고서 깨닫게 되어 있습니다. 그러므로 사람들은 핑계를 댈 수가 없습니다"고 말씀합니다. 동일한 현상을 두고도 이 두 가지 관점은 정반대의 입장을 보여 줍니다. 어느 것이 맞습니까?

이 두 가지 주장 중 어느 것이 맞는지를 판단하는 것은 그 재판관이 누구냐에 따라 달라집니다. 그 재판관이 인간의 이성이라면, 이 인간의 제한된 이성이나 경험으로는 궁극적인 판단을 할 수 없습니다. 즉 가가린처럼 자기 눈으로 보지 못했다고 해서 창조주 하나님이 존재하지 않는다는 궁극적인 판단을 내릴 수 없다는 것입니다. 엄격히 말해서 인간의 이성이나 경험만으로는 창조주의 존재나 비존재를 증명할 수 없습니다. 물론 인간의 이성으로도 이 세상의 모든 만물을 깊이 연구해 보면 그 신비로움에 경탄할 수밖에 없습니다. 인체의 구조, 생명체의 신비 등, 이 우주는 놀라운 법칙으로 가득 차 있음을 알게 됩니다.

그러나 이것이 궁극적으로 이 모든 만물과 우주의 법칙을 제정하신 분이 하나님이심을 결정적으로 증명하는 것은 아닙니다. 그저 강한 추측을 할 뿐입니다. 그런데 이러한 추측을 긍정적인 방향이든 부정적인 방향이든 인도하는 보이지 않는 힘이 있습니다. 즉 우리의 이성적 또는 경험적 판단은 자율적인 것이 아니라 보다 깊고, 보다 근원적인 영적인 모티브에 의해서 인도됩니다. 이 영적인 힘은 우리 인간의 이성뿐만 아니라 학문과 문화활동 등 삶의 모든 영역에 하나의 전제로 영향을 미칩니다. 바로 이 영적인 모티브가 무엇인가에 따라 우리의 생각과 판단 그리고 삶의 방향은 결정되는 것입니다. 그러므로 이것을 올바로 분별할 수 있는 영적 분별력을 갖는 것이 매우 중요하다는 것을 알 수 있습니다.

믿음으로 깨닫는 하나님의 창조

여기서 우리가 기억해야 할 중요한 사실은 이 영적인 분별력은 우리 스스로 가질 수는 없다는 것입니다. 왜냐하면 우리 인간은 죄로 말미암아 영적인 어두움 속에 빠져 있기 때문입니다. 우리 인간이 참된 진리를 스스로 깨달을 수 있다면 모든 인간이 동일한 결론에 도달할 수 있어야 할 것입니다. 그러나 현실은 그렇지 못하다는 걸 우리는 잘 압니다. 그러므로 인간의 이성이나 경험을 초월한, 외부에서 참된 진리의 빛, 계시의 빛이 비추어질 때에 우리는 바른 분별력을 가질 수 있습니다. 이 참된 빛을 우리는 하나님의 말씀에서 발견합니다.

이 말씀이 진리임을 깨닫는 것 또한 우리 스스로 하는 것이 아닙니다. 오직 성령께서 역사하심으로 이 성경의 말씀이 진리요 우리의 삶을 비추어 주는 빛임을 믿고, 알게 되는 것입니다. 그렇지 않다면 이 세상에 자기만이 유일한 계시를 갖고 있다는 다른 종교들 가운데서 우리는 무엇이 참된 계시인지 알 수가 없게 될 것입니다. 이러한 의미에서 히브리서 기자는 11장 3절에서 이렇게 말씀합니다.

"믿음으로 우리는 하나님께서 말씀으로 이 세상을 창조하셨다는 것,

곧 보이는 것은 나타나 있는 것에서 생기지 않았음을 깨닫습니다."

여기서 후반절, '보이는 것은 나타나 있는 것에서 생기지 않았다'는 말씀의 뜻은 하나님께서 무에서 유를 창조하셨다는 말입니다. '나타난 것'이란 어떤 기존의 물질을 의미합니다. 하나님께서는 이러한 원물질을 가지고 세상을 창조하신 것이 아니라 아무 것도 없는 데에서 이 모든 세계를 지으셨고 이것은 우리가 궁극적으로는 믿음으로 알게 된다는 것입니다. 이것을 바꿔 말하면, 믿음이 없으면 이 진리를 알 수 없게 된다는 말입니다. 그러므로 믿음이 없으면 결코 하나님을 기쁘시게 할 수 없고, 하나님을 찬양할 수도 없습니다. 본문 말씀을 통해 우리는 우리 주변의 풀 한 포기, 나무 한 그루, 벌레 한 마리, 저 하늘과 이 땅 그리고 바로 저와 여러분을 만드신 그 분을 만나게 됩니다.

시편 104편은 세계를 창조하시고 섭리하시며 마지막에 심판하실 여호와를 찬송하는 시편입니다. 내용을 자세히 보시면 첫 부분은 창세기 1장의 내용과 평행을 이루고 있음을 볼 수 있습니다. 다만 차이점이라고 한다면 창세기 1장은 창조의 사건을 산문체로 서술하고 있다면 이 시편에는 하나님께서 지으신 대자연에 대한 묘사가 마치 한 폭의 그림같이 운문체로, 찬양으로 펼쳐지고 있다는 점입니다. 이 시편 기자는 풍부한 상상력과 탁월한 어휘 구사를 통해 창조주 하나님의 영광을 찬양합니다.

창조주 하나님에 대한 찬양

첫째로 시편 기자는 창조주 하나님을 송축하고 있습니다. 1절에 보면 하나님은 심히 광대하시며 존귀와 권위를 입으신 분이라고 고백합니다. 우리는 하나님의 놀라우신 창조 사역을 묵상하면 할수록 저절로 경탄하고 찬미하게 됩니다. 창조 과학 세미나를 인도하시는 김명현 교수님께서 생명체의 신비를 깨달은 후에 비로소 하나님의 살아계심을 확실히 믿을 수 있었다고 고백하시더군요.

제가 아는 성도님 가운데 신경 치료를 전문으로 하시는 분이 계십니다. 그 분이 발견한 인체의 신경 시스템과 인체의 구조에 대해 설명을 들으면 들을수록 창조주 하나님의 무한한 능력과 지혜에 감탄하지 않을 수 없는 것입니다. 주위를 한번 둘러보십시오. 풀 한포기, 나무 한 그루가 그저 우연히 있는 것이 아닙니다. 이 모든 것이 하나님의 작품이요, 지금도 이 모든 만물을 다스리시며 섭리하시는 아버지 하나님의 은총 가운데 있습니다. 저와 여러분도 이 은총 안에 있습니다. 이것을 깨달으면 깨달을수록 주님의 높고 위대하심을 우리는 찬양 드리지 않을 수 없는 것입니다.

창조주 하나님을 믿는 자와 믿지 않는 자의 가장 중요한 차이 중의 하나는 바로 '찬양'입니다. 이 세상을 자세히 보면서 창조주가 계심을 믿는 사람들은 그 입술에 찬송이 흘러나옵니다. 창조주 하나님의 영광과 존귀와 위엄을 송축하지 않을 수 없습니다. 그 지혜에 감탄하지 않을 수 없습니다. 그 신비에 놀라지 않을 수 없습니다. 이것이 창조주 하나님을 향한 우리의 응답(Response)인 것입니다. 그러나 믿지 않는 사람들은 찬양이 없습니다. 바로 여기에 차이가 있습니다.

섭리의 하나님에 대한 찬양

둘째로 이 세상을 창조하신 하나님은 또한 지금도 만물을 다스리시는 섭리의 하나님이십니다. 4절을 보면 '바람'과 '화염'을 사용하시는 하나님이심을 증거합니다. 이것은 하나님이야말로 모든 자연 법칙을 제정하시고 다스리시는 분이심을 가르쳐주는 것입니다. 창조주 하나님은 자연의 모든 법칙과 도덕적 법칙 그리고 더 나아가 영적인 세계의 모든 법칙을 제정하신 분(Law-Giver)이십니다. 그리고 그 법칙이 계속 지켜지도록 지금도 역사하시는 분이십니다. 그러므로 자연 세계에 일어나는 모든 사건에도 우연이란 없습니다. 노아홍수 사건도 하나님의 특별한 뜻이 있었듯이 지금 북한에 계속되는 가뭄에도 하나님의 특별한 섭리가 있다고 믿습니다. 다만 우리가 이것을 잘 분별해서 하나님의 뜻에 순종해야 하겠습니다.

하나님께서는 지금도 이 세상의 만물들을 다스리고 계십니다. 가령 10-12절에서는 자연을 통한 하나님의 사랑을 보여 주고 있습니다. 하나님께서 흐르는 작은 샘물을 통하여 들짐승들과 새들에게 생기와 기쁨을 주시는 장면이 묘사되어 있습니다. 나아가 우리 주 예수 그리스도께서 우리에게 생명수 샘물이 되심으로 우리는 모든 영적인 갈증에서도 해갈할 수 있습니다. 13절에 보니 하나님께서 비를 내리심으로 온 땅이 풍성한 열매를 맺게 되었습니다. 14절에는 하나님께서 필요에 따라 동물에게는 풀을, 사람에게는 채소를 허락하심을 알 수 있습니다. 나아가 우리 아버지는 우리 개개인의 필요와 속사정까지도 다 아시고 채워 주시는 분이심을 믿을 수 있는 것입니다. 하나님의 은총이 16-17절에서는 초목들을 자라게 하는 우택에 비유되었고, 18절에는 지형의 높고 낮음과 갖가지 특징들을 모든 개개 동물이 이용할 수 있도록 해 주심을 알게 됩니다. 그 외에도 해와 달, 바다와 그 안에 있는 모든 생물들, 그리고 인생의 모든 일까지도 주관하시는 하나님이심을 증거합니다. 이 모든 것들을 우리 인간의 좁은 이성으로 다 이해하는 것은 불가능합니다. 그러므로 시편 기자는 24절에 이렇게 고백합니다. '땅에는 주님이 지으신 것으로 가득합니다.'

우리가 이 섭리의 하나님을 믿을 때 우리에게 다가오는 모든 일들이 하나님의 깊은 뜻 안에 있음을 깨닫게 됩니다. 그러므로 고난이 와도 실망하지 않습니다. 거기에 하나님 아버지의 보이지 않는 섭리가 있음을 믿기 때문입니다. 실패해도 낙심하지 않습니다. 합력해서 선을 이루시는 하나님을 믿기 때문입니다. 어려운 일이 와도 염려하지 않습니다. 공중의 새와 들풀도 먹이시는 하나님께서 우리의 지극히 작은 일까지도 돌보아 주실 줄 믿기 때문입니다.

만물을 완성하시는 심판주

 마지막으로 시편 기자는 창조와 섭리의 하나님은 동시에 심판주 하나님이심을 증거합니다(35절). 세상 만물을 창조하시고 섭리하시는 하나님의 능력과 지혜를 깊이 묵상한 시인은 그 놀라운 행적과 측량할 수 없는 은혜에 깊은 감사와 찬양을 드립니다. 그리고 이 위대한 창조주 하나님께서 자신의 묵상을 가상히 여기시기를 바라며, 마침내 심판주로서 모든 악의 세력과 죄의 뿌리를 제거하시고 심판하실 것을 확신하고 있습니다. 그러므로 이 시편 104편은 알파와 오메가되신 주님께서 천지 만물을 지으시고 지금도 다스리시며 마침내 완성하실 것을 보여 주는 대서사시인 것입니다.

 여기서 우리는 하나님의 절대 주권을 발견합니다. 역사의 주권자로서 모든 죄악을 마침내 심판하실 하나님을 우리는 믿고 고백합니다. 우리가 이 심판주 하나님을 믿을 때 우리의 삶은 정말 진지해지지 않을 수 없습니다. 나의 모든 언행심사, 나의 모든 은밀한 것까지도 아시는 하나님을 진정 두렵고 떨림으로 섬기지 않을 수 없는 것입니다.

 우리 하나님은 천지만물을 창조하신 하나님이시요, 그 모든 만물을 지금도 다스리시는 섭리의 하나님이시며, 마침내 완성하시고 심판하시는 절대 주권자이십니다. 이 하나님을 우리는 아바 아버지라고 부르며 섬기는 그 분의 자녀들입니다. 매일 매일 이 놀라운 하나님 아버지의 사랑을 듬뿍 느끼면서 주님의 지혜를 마음껏 찬양도 하고 마침내 모든 것을 심판하실 하나님도 묵상하며 살아가야 할 것입니다.

기도: 전능하시고 신실하신 주님, 주님께서 이 세상을 말씀으로 지혜로 창조하셨음을 성경을 통해 알게 하시고 믿게 하심을 진심으로 감사드립니다. 또한 천지를 지으신 여호와 하나님께서 지금도 날마다 순간마다 우리와 함께 하시고 우리를 도우심을 찬양합니다. 이 땅에서 우리의 생애가 다할 때까지 더욱 주님을 깊이 알아가게 하시고 주의 법을 사랑하며 우리에게 맡기신 모든 일들을 온전히 잘 감당하게 도와주옵소서.

3_ 하나님의 기묘하신 일 욥기 37:14-24

　미국에서 복음주의 영성 센터(Center for evangelical spirituality)의 원장으로 유명한 개리 토마스(Gary Thoma)라는 분이 쓰신 책들 가운데 '성스러운 오솔길'(*Sacred Pathways*)이라는 제목의 책이 있습니다. 한글로는 『영성에도 색깔이 있다』(CUP)는 제목으로 번역되었습니다. 이 책에서 저자는 영성이란 '하나님과 관계 맺는 방식'이라고 정의하면서 그 길은 하나가 아니며 우리 각자의 영적 기질에 따라 다르며 9가지 영적 기질을 제시합니다.

　그가 분류한 것을 보면 첫째로 '자연주의적인 영성'(Naturalists: Loving God Out of Doors)이 있습니다. 이런 영성을 추구하는 사람들은 책을 읽거나 설교를 듣는 것보다는 하늘을 관찰하거나 잔잔한 호수 그리고 사시 사철 변화하는 자연을 보면서 더 주님을 깊이 만나는 사람들입니다.

둘째로 '감각주의적인 영성'(Sensates: Loving God With the Senses)입니다. 이러한 영성을 강조하는 분들은 장엄한 예배, 정교한 건축, 고전음악에 이끌리는 감각 스타일입니다.

셋째로 '전통주의적 영성'(Traditionalists: Loving God Through Ritual and Symbol)이 있는데 이것은 주로 전통적인 예배 의식, 상징, 성례 등에서 영적 양분을 얻는 것입니다.

넷째로 '금욕주의적 영성'(Ascetists: Loving God in Solitude and Simplicity)을 추구하는 분들도 있는데 이 분들은 혼자 조용히 수도원에서 기도하는 것밖에 바라는 것이 없습니다.

다섯째로는 '행동주의적 영성'(Activists: Loving God Through Confrontation)인데 베드로처럼 칼을 뽑아야 직성이 풀리는 스타일입니다. 당장 실천에 옮겨야 하는 것입니다.

여섯째로 '박애주의적 영성'(Caregivers: Loving God by Loving Others)이 있습니다. 남을 도와 주기를 기뻐하는 사람들, 선한 사마리아인과 같은 삶을 살아가는 성도들을 말합니다.

일곱째로 '열정주의적 영성'(Enthusiasts: Loving God with Mystery and Celebration)이 있는데 기도할 때에도 '주여' 삼창을 부르고 큰 소리로 통성기도 해야 주님이 들으시는 것 같고 은혜 받았다고 생각하는 분들이 있지요.

여덟째로 '묵상주의적 영성'(Contemplatives: Loving God Through Adoration)은 수도원에 가지는 않아도 보다 고요하고 관조적인 신앙

생활을 추구하는 것입니다.

그리고 마지막으로 '지성주의적 영성'(Intellectuals: Loving God with the Mind)이 있는데 이것은 인간의 지성을 많이 사용할 것을 강조하는 것입니다.

그렇다면 한번 생각해 봅시다. 여러분은 어떤 종류의 영성을 추구한다고 생각하십니까? 언제 그리고 어디에 있을 때 하나님을 가장 가깝게 느끼십니까? 예배당에서 예배를 드리는 것과 야외에서 하나님께서 만드신 아름다운 만물을 즐기며 예배 드리는 것 중 어느 것이 더 좋으십니까?

물론 개리 토마스가 만든 구분이 절대적이지는 않습니다. 다만 중요한 것은 나와 다른 영적 기질을 가진 사람을 비판해서는 안 된다는 점입니다. 또한 어떤 그리스도인들은 이 아홉 가지 기질 중 한 가지가 아니라 다수의 기질을 동시에 가질 수도 있습니다. 다른 분들은 '처음에는 열성주의였다가 묵상주의를 거쳐 감각주의로 변화' 할 수도 있습니다.

하지만 이 모든 것들에 꼭 필요한 공통분모가 있는데 그것은 바로 "네 마음을 다하고 목숨을 다하고 뜻을 다하고 힘을 다하여 주 너의 하나님을 사랑하라"는 말씀입니다. 이 말씀에 따르면 신앙의 모든 참된 표현에는 마음, 목숨, 뜻 그리고 힘이라고 하는 이 네 가지 본질적인 요소가 있다는 것입니다. 이 본질을 잃지 않는 한에서 우리는 각자에게 주신 영적 기질에 맞게 하나님을 사랑할 자유가 있는 것입니다.

자연주의적 영성

이 아홉 가지 중에서 이 자연주의적 영성에 대해 생각해 봅시다. 이 자연주의적 영성을 추구하는 사람은 예배당 건물보다는 하나님께서 직접 지으신 야외에서 예배를 드릴 때 가장 감동적인 예배를 드릴 수 있다고 생각합니다. 그래서 이런 분들은 야외에서 성경을 읽을 때 가장 큰 은혜를 받습니다. 가령 성경에 '생수의 강'이라고 하는 표현이 나오는데 이것은 예배당 안에서 읽기보다는 실제로 강가에서 읽을 때 훨씬 더 그 의미를 깊이 깨닫지 않겠습니까?

하나님께서는 성경뿐만 아니라 직접 만드신 피조물을 통해 자신을 우리에게 드러내십니다. 그러므로 이 세상은 우리에게 가장 놀라운 또 하나의 책으로 "이 세상 창조 때로부터, 하나님의 보이지 않는 속성, 곧 그분의 영원하신 능력과 신성"을 분명히 보여 줍니다(롬1:20). 이것은 모든 사람들에게 공통적이기 때문에 자연 계시(natural revelation) 또는 일반 계시(general revelation)라고 합니다.

교회사를 살펴 보면 이런 자연주의적 영성을 깊이 추구한 분들이 적지 않았습니다. 가령 이태리의 아시시(Assisi)에 살았던 성 프란시스(St. Francis)는 그 대표적인 분입니다. 우리도 물론 자연을 사랑합니다만 성 프란시스는 자연을 너무 사랑해서 하나의 가족처럼, 형제자매처럼 대했습니다. 한 가지 유명한 일화가 있습니다. 언젠가 그는 수백 마리의 새들에게 설교한 적이 있답니다. 하나님께서 돌보시는 사랑에 대해 설교하니까 새들이 모두 일어서서 프란시스가 설교 후 걸어 나갈 때까지 기다리고 있다가 새들에게 떠나라고 말한 후에야 날아갔다는 것입니다. 또 다른 일화는 어느 마을에 늑대가 와서 사람을 잡아 먹자 그 마을 사람들이 힘을 합쳐 마침내 늑대를 잡았습니다. 사람들이 그 사나운 늑대를 죽이려고 했을 때 성 프란시스가 나타나 늑대를 감화시켜 더 이상 사람을 잡아먹지 않도록 교훈하고 마을 사람들은 죽이는 것 대신 다른 먹을 것을 주자 그 늑대가 그렇게 온순해졌다는 것입니다.

우리 주변에 있는 풀 한 포기, 나무 한 그루, 곤충 하나도 나와 무관한 것이 아니라 주님의 은혜 안에서 함께 하나님 나라의 완성을 소망하면서 탄식하며 기다리는 한 가족이라고 한번 생각해 보십시오. 이것은 참으로 놀라운 사실이 아닐 수 없습니다.

만물에 깃든 하나님의 손길

시편 84장 3절에 보시면 아주 귀한 구절이 있습니다. "참새도 주의 제단 곁에서는 제 집을 찾고, 제비도 새끼를 칠 보금자리를 얻습니다. 만군의 주님, 나의 왕, 나의 하나님"이라고 말씀하지요. 주님의 집에는 하찮은 참새도 거할 곳이 있고 제비도 새끼를 낳아 키울 보금자리가 있다는 것입니다. 주님의 나라가 완성되면 이렇게 모든 만물도 평화롭게 회복될 것임을 암시하는 소중한 말씀입니다.

예수님께서도 말씀하셨지요. 참새 한 마리도 하나님께서 허락하지 않으시면 떨어지는 법이 없다고 말입니다. 그러면서 야외에서 귀한 영적인 교훈을 우리에게 많이 가르쳐 주셨지요. 들의 백합화를 보라, 공중의 나는 새를 보라고 하시면서 우리에게 하나님을 신뢰하는 진정한 믿음이 무엇인지 깨우쳐 주셨습니다. 농부가 뿌린 씨앗이 어디에 떨어져 어떻게 자라는가를 통해 하나님의 나라가 어떻게 시작되는지 설명해 주셨습니다. 한 겨자씨가 자라 큰 나무가 되는 것을 통해 하나님의 나라가 어떻게 성장하는지 깨우쳐 주셨습니다. 알곡과 가라지를 가리키시면서 하나님 나라가 확장되는 데 영적인 방해세력이 얼마나 많은지도 경고해 주셨습니다. 값비싼 진주를 통해 하나님 나라가 얼마나 소중한가를 알려 주셨습니다. 어부가 싱싱한 고기와 썩은 고기를 나누는 모습을 통해 하나님 나라의 엄중한 심판도 말씀해 주셨습니다. 추수가 임박한 밭을 보여 주시면서 영적 추수의 사명도 일깨워 주셨습니다.

또한 마가복음 1장 13절에 보면 우리 주님께서 시험을 받으실 때 들짐승과 함께 계셨고 천사들이 수종 들었다고 말씀합니다. 사나운 들짐승들이 주님 앞에 온순해져 순복하는 모습을 한번 상상해 보십시오. 성 프란시스는 아마 이 주님의 모습을 닮은 것이라고 말할 수 있을 것입니다. 나아가 마가복음 6장 31-32절에 보면 주님은 제자들이 너무 바쁠 때 잠시 한적한 곳에 와서 쉬라고 말씀하십니다. 우리가 바쁜 일상 생활에서 벗어나 주님이 만드신 아름다운 숲 속에서 진정 주님이 주시는 안식을 한번 맛보시기 바랍니다. 가능하면 가까운 공원으로 가셔서 천천히 산책도 해 보시고 자연의 아름다움과 신비로움을 보시면서 주님의 위대하심을 깊이 묵상하고, 기도하시면서 주님과 교제하는 시간을 가져 보시기 바랍니다. 우리 영혼이 새 힘을 얻고 지친 심신이 주님의 은혜로 회복될 것입니다. 또한 이러한 영성을 추구하는 분들은 영적으로 지치고 상처 받았을 때 고요한 자연 속에서 치유와 회복을 얻을 수 있습니다.

본문 말씀은 고난을 당하고 있는 욥을 향해 엘리후라는 친구가 마지막으로 변론하는 부분입니다. 엘리후는 자연을 다스리시는 하나님에 관한 긴 설명을 마친 후 욥에게 하나님의 기묘하신 일과 섭리를 생각해 보라고 촉구합니다. 그럼으로써 욥이 하나님 앞에서 자신의 미약하고 한정된 지혜를 깨닫고 스스로 겸손히 자성하기를 바랐던 것입니다.

먼저 14절 전반부에 보면 천지를 지으시고 다스리시는 하나님의 무한하신 능력을 잠잠히 바라보고 생각해 보라고 말씀합니다. 현대인들은 너무 바쁘게 살아가기 때문에 자칫 이 잠잠히 하나님을 바라보는 일을 소홀히 하기 쉽습니다. 출애굽기에 보면 뒤에는 애굽 군대가 쫓아오고 앞에는 홍해가 가로막힌 그 위급한 상황에서도 모세는 외쳤습니다. "두려워하지 말아라. 너희는 가만히 서서 주께서 오늘 너희를 어떻게 구원하시는지 지켜 보기만 하여라. 너희가 오늘 보는 이 이집트 사람을 다시는 볼 수 없을 것이다. 주께서 너희를 구하여 주시려고 싸우실 것이니, 너희는 진정하여라"(출 14:13-14). 주님이 지으신 자연 세계 속에 가만히 서서 하나님의 하나님 되심을 온전히 체험하실 수 있기를 바랍니다.

하나님의 기묘하심을 즐거워하라

둘째로는 하나님의 기묘하신 일을 궁구하라고 말씀합니다. 그리할 때 우리는 많은 지혜를 얻을 수 있고, 주님의 높고 위대하심을 깨달을 수 있기 때문입니다. 솔로몬 왕은 자연을 관찰하기를 좋아했습니다. 그는 정원을 만들고 거기에 아름다운 공작새와 같은 희귀한 동물과 나무들을 길렀습니다. 자연을 연구하므로 솔로몬은 사람과 하나님에 대하여 많은 것을 배웠습니다. 그는 자연에서 배운 많은 것들을 잠언으로 기록하거나 왕궁에서 다른 사람과 함께 이야기를 나누기도 하였습니다. 열왕기상 4장 32-33절에 보니 잠언을 3000개나 말하였고 노래도 1005개를 지었으며 "레바논에 있는 백향목으로부터 벽에 붙어서 사는 우슬초에 이르기까지, 모든 초목을 놓고 논할 수 있었고, 짐승과 새와 기어다니는 것과 물고기를 두고서도 가릴 것 없이 논할 수 있었다"고 말씀합니다. 그야말로 만물박사가 된 것입니다.

코끼리가 코로 물을 얼마나 뿜어낼 수 있는지 아십니까? 어느 잡지에 보니 코끼리가 한 번에 물을 빨아들여 뿜어낼 수 있는 양이 최대 8리터라고 합니다. 대단하지요? 또한 벌들이 질서 정연하게 일하는 모습을 보면 놀라지 않을 수가 없습니다.

15절에는 번개를 생각해 보라고 말씀합니다. 16절에는 구름이 어떻게 하늘에 떠 있는지, 17절에는 어떻게 따뜻한 남풍이 부는지, 18절에는 아름다운 하늘을 보라고 합니다. 이런 자연의 오묘한 조화와 질서를 보면 볼수록 우리는 하나님을 경외하지 않을 수 없게 되는 것입니다. 결국 하나님을 경외하고 찬양하고 그 위엄을 높이라는 말입니다(23-24절). 우리가 하나님의 기묘하신 일을 궁구하면 할수록 우리는 보잘것없는 피조물임을 깨닫게 됩니다. 하나님의 무한하고 크신 능력을 깨달을수록 우리 자신의 한계와 무능력을 깨닫는 것입니다. 그럴 때 우리는 겸손히 하나님 앞에 엎드리게 됩니다. 따라서 우리가 이 대자연을 깊이 묵상하면 할수록 겸손히 하나님을 인정할 수밖에 없습니다.

하나님의 기묘하신 일을 궁구하여 하나님의 놀라우신 능력과 은혜를 깨닫는 사람은 하나님의 높고 위대하심을 찬양하고 그 은혜에 감사하며 그의 뜻만을 이루어 드리는 삶으로 헌신하게 될 것입니다. 기쁨의 삶, 감사의 삶이 될 것입니다. 욥과 같이 너무나 어려운 고통 중에 있을 지라도 하나님께서 하신 신기한 일들을 곰곰이 생각할 때 그 주님의 능력을 체험하게 될 것입니다.

기도: 오묘하신 창조주 하나님 아버지, 주님께서 만드신 만물을 보면서 주님의 능력을 묵상하며 주님을 온전히 섬기는 저희들 되게 하여 주옵소서.

4_ 하나님의 두 증인 시편 19:1-14

　본문 말씀을 보면 하나님의 영광을 증거하는 두 요소를 발견하게 됩니다. 첫째는 1-6절에서 말씀하는 '우주적이고 자연적인 영광'이며 7-13절에서 말씀하는 '하나님의 영광'입니다. 전자를 일반 계시라고 하고 후자는 특별 계시라고 말할 수 있습니다.

하늘은 하나님의 영광을 드러내고

　먼저 우주 만물에 나타난 하나님의 영광에 관한 말씀을 생각하겠는데 이것도 다시 두 부분으로 나누어 볼 수 있습니다. 1-4절 전반부에서는 하늘에 나타난 하나님의 영광에 대해서 말씀합니다. 둘째로 4절

후반부에서 6절까지는 태양의 특별한 영광에 대해 말씀합니다.

1절에서 "하늘은 하나님의 영광을 드러내고, 창공은 그의 솜씨를 알려 준다"고 말씀합니다. 다윗은 목동이었기에 양들을 푸른 초장과 쉴 만한 물가로 인도하면서 아마도 나무 그늘 밑에 쉬면서 하늘을 바라보곤 했을 것입니다. 그러면서 하늘에 나타난 하나님의 영광을 묵상했을 것이며 그가 가진 악기를 연주하면서 하나님을 찬양했을 것입니다.

자연의 조화와 질서는 신자가 아닌 분들도 대부분 인정합니다. 이러한 자연의 법칙은 어느 정도 주관적이지 않고 객관적으로 타당하기 때문에 이러한 자연의 질서를 기초로 하나님의 존재와 능력, 그의 신성과 영광을 어느 정도 알 수 있다는 것입니다. 바울 사도는 로마서 1장 20절에서 "이 세상 창조 때로부터, 하나님의 보이지 않는 속성, 곧 그분의 영원하신 능력과 신성은, 사람이 그 지으신 만물을 보고서 깨닫게 되어 있습니다. 그러므로 사람들은 핑계를 댈 수가 없다"고 말씀하고 있습니다. 따라서 엄격한 의미에서 우주의 만물은 중립적이 않습니다. 그들은 계속해서 하나님께서 지으신 창조의 법칙에 순응함으로 하나님의 영광을 계속해서 드러내고 있습니다.

2절에서 "낮은 낮에게 그의 말씀을 전해 주고, 밤은 밤에게 그의 지식을 알려 준다"고 했는데 무엇을 말하고 무슨 지식을 전한다는 말씀입니까? 낮은 하나님의 영광을 말하고 밤은 하나님의 영광의 지식을 전한다고 합니다. 낮과 밤이 일정한 시간에 정해진 법칙대로 움직이는 것 자체가 우연이 아니요 하나님의 설계임을 증거한다는 말씀입니다.

3-4절에 "그 이야기 그 말소리, 비록 아무 소리가 들리지 않아도 그

소리 온 누리에 울려 퍼지고, 그 말씀 세상 끝까지 번져 간다"고 말씀합니다. 얼핏보면 낮과 밤이 무슨 말을 하는 것 같지 않습니다. 그러나 외면적인 침묵가운데서도 그들의 증거는 모든 곳에 들린다는 것입니다. 우리 인간의 과학도 이제는 고도로 발달해서 많은 자연 법칙을 알고 있고 따라서 어느 정도의 예측도 가능합니다. 그러나 아직도 우리가 아는 것보다는 모르는 부분이 사실은 더 많습니다. 우주 만물의 법칙을 우리 인간이 완전히 아는 것은 불가능할 것입니다. 하지만 자연은 하나님의 뜻대로 변함없이 운행하고 있습니다.

창세기 1장 1절에 보시면 태초에 하나님이 천지를 창조하셨다고 말씀합니다. 즉 이 세상의 모든 만물의 궁극적인 기원은 하나님이라는 말입니다. 여기서 우리는 하나님의 전능하심과 그의 절대 주권을 보게 됩니다. 우리가 믿는 성경의 하나님이야말로 가장 진정한 의미에서 만유의 주재가 되십니다. 만유를 창조하셨고 지금도 그의 능력과 섭리가운데 만물을 다스리십니다. 또한 우리 인간도 그의 형상을 따라 창조되었다고 성경은 말씀합니다. 그렇기 때문에 창조주 하나님만이 영광을 받으셔야 합니다. 우리의 삶의 모든 영역에서 그분의 주권 즉 주되심을 인정해야 합니다. 우리가 하는 사업, 우리의 가정, 교회, 학업 그리고 나 개인의 모든 삶의 궁극적인 주인은 하나님이십니다. 다른 모든 우상들은 결국 피조물을 인간이 인위적으로 절대화한 허상에 불과합니다. 하나님께서는 십계명의 제1계명에서 내 앞에 다른 신을 두지 말라고 분명히 말씀하시는 이유입니다. 진화론은 궁극적으로 만물의 궁극적인 기원에 대해 우연이라고 밖에 말할 수 없고 최초의 물질이 어떻게 존재했는가에 대해서는 설명할 수 없습니다. 그러므로 우리가 창조 신앙을 이야기할 때 항상 기억해야 할 것은 하나님의 절대 주권입니다.

두 번째로 4절 후반절에서 6절까지의 말씀은 '태양의 특별한 영광'에 대해 말씀합니다. 이것은 당시 근동 지역에서 태양을 신으로 섬기는 것과는 대조적으로 태양 빛의 밝기와 열은 하나님의 능력과 지식을 반영하는 것이라고 말씀하고 있습니다. "해에게는, 하나님께서 하늘에 장막을 쳐 주시니, 해는 신방에서 나오는 신랑처럼 기뻐하고, 제 길을 달리는 용사처럼 즐거워한다. 하늘 이 끝에서 나와서 하늘 저 끝으로 돌아가니, 그 뜨거움을 피할 자 없다."

이 지구에서 볼 때 태양보다 더 밝고 찬란한 것은 없을 것입니다. 그래서 이 태양의 영광은 하나님의 영광을 나타내는 메타포로 사용됩니다. 가령 말라기서를 보면 장차 오실 메시야를 '의로운 태양'이라고 말씀하고 있습니다.

하나님 말씀의 영광을 보도록

하나님께서는 이러한 천지를 '말씀'으로 창조하셨습니다. 여기서 말씀이란 하나님의 명령, 즉 창조적인 진술로서 그 자체가 능력이 있고 주권적임을 창세기 1장은 보여줍니다. 따라서 하나님의 창조는 무에서 유를 창조하는 것입니다. 이러한 세계관은 세계의 어느 다른 종교나 사상에서도 찾아볼 수 없는 유일하고도 독특한 성경적 세계관입니다. 빛이 있으라 하시매 빛이 있었습니다. 말씀으로 하늘을 지으셨고 바닷물을 모아 무더기같이 쌓으셨습니다. 나아가 하나님께서 지금도 말씀으로 이 만물을 다스리고 계신다고 성경은 말씀합니다. 그러므로 모든 민족들은 여호와를 두려워하며 경외해야 하는 것입니다.

7-10절에는 하나님의 말씀에 나타난 완전한 하나님의 영광에 대해 말씀하고 있습니다. 그러면서 좀더 구체적으로 그 말씀이 가지고 있는 윤리적인 효과가 무엇인지도 설명합니다. 다시 말씀드려서 창조의 세계는 하나님의 영원하신 권능과 신성을 나타내지만(God), 율법에는 하나님 자신의 계시가 나타나 있다는 말씀입니다(Yahweh).

7절에 "주의 교훈은 완전하여서 사람에게 생기를 북돋우어 주고, 주의 증거는 참되어서 어리석은 자를 깨우쳐 준다"고 말씀합니다. 하나님의 법은 오류가 없어 우리의 지친 영혼을 새롭게 회복시켜 줍니다. 새 힘을 주고 위로를 줍니다. 십계명과 같은 여호와의 계명에 나타난 하나님의 성품과 뜻은 확실하고 분명하여 우둔한 자로 지혜롭게 합니다.

8절에 "주의 교훈은 정직하여서 마음에 기쁨을 안겨 주고, 주의 계명은 순수하여서 사람의 눈을 밝혀 준다"고 말씀합니다. 하나님의 말씀을 순종하면 마음이 청결하여지며 양심이 깨끗해져서 주님이 주시는 기쁨을 경험하게 되고, 여호와의 계명은 우리의 영적인 눈을 밝혀 진리와 거짓을 분별할 수 있게 하는 것입니다. 하나님의 말씀을 깊이 묵상하며 순종하는 자는 영적인 안목과 분별력이 생깁니다. 또한 하나님 나라에 대한 비전이 생기게 됩니다.

9-10절에 "주의 말씀은 티 없이 맑아서 영원토록 흔들리지 아니하고, 주의 법령은 참되어서 한결같이 바르다. 주의 교훈은 금보다, 순금보다 더 사랑스럽고, 꿀보다, 송이꿀보다 더 달다"고 말씀합니다. 이것은 우리가 하나님의 말씀을 주의해서 지키면 그것이 우리의 삶을 성결하게 지켜 준다는 것입니다. 하나님의 말씀은 거룩하기 때문에 그 말씀대로 사는 자는 거룩하고 깨끗한 삶을 살게 됩니다. 그러므로 우리는 이 땅에서 재물보다 하나님의 말씀을 더 사모하고 추구해야 합니다. 꿀보다 더 달고 귀한 하나님의 말씀을 항상 읽고 묵상해야 합니다.

11절에서 13절까지의 말씀에서 다윗은 이 말씀을 지킴으로 죄에서 자유로운 삶을 살게 해 달라고 간구합니다. "그러므로 주의 종이 그 교훈으로 경고를 받고, 그것을 지키면, 푸짐한 상을 받을 것이다. 그러나 어느 누가 자기 허물을 낱낱이 알겠습니까? 미처 깨닫지 못한 죄까지도 깨끗하게 씻어 주십시오. 주의 종이 일부러 죄를 지을세라 막아 주셔서 죄의 손아귀에 다시는 잡히지 않게 지켜 주십시오. 그 때에야 나는 온전하게 되어서, 모든 죄악을 벗어 버릴 수 있을 것입니다." 하나님의 말씀대로 계속해서 경책을 받으며 그 말씀대로 순종하며 사는 자는 하나님께서 반드시 상급으로 갚아 주신다고 말씀합니다. 또한 그 말씀이 우리를 인도하여 범죄하지 않도록 합니다. 범죄하려는 유혹이 들 때 주님께서 말씀으로 시험에서 승리하신 것처럼 우리도 말씀으로 모든 사탄의 유혹을 이길 수 있는 것입니다.

마지막 14절의 기도는 다윗의 결론적인 고백입니다. "나의 반석이시요 구원자이신 주님, 나의 말과 나의 생각이 언제나 주의 마음에 들기를 바랍니다." 외적으로 나타나는 말과 내적인 묵상이 주님 앞에 열납되어지기를 원하고 있습니다.

창조 신앙은 기독교적 세계관의 출발점입니다. 이것은 우리의 심령 깊은 곳에 경이감을 갖게 하며 조물주에 대해 찬양 드리고자 하는 마음이 우러나게 됩니다. 아름다운 자연을 보면서 여러분은 하나님의 임재와 그분의 무한한 능력을 보십니까? 창조 세계는 하나님의 절대주권을 우리에게 보여줍니다. 전능하신 하나님은 말씀으로 온 세상을 만드셨습니다. 또한 이 우주 만물은 하나님의 지혜가 얼마나 뛰어난지도 보여줍니다. 하나님의 창조 사역은 그 분의 법칙을 따라 질서정연하게 이루어졌기 때문입니다.

더 나아가 우리는 보다 더 분명한 계시인 하나님의 말씀을 청종할 때 우리가 얼마나 많은 축복을 받는지도 보았습니다. 우리가 하나님의 말씀을 사랑하고 순종할 때 우리의 삶이 성결해지고 우리의 영적인 안목도 넓어짐을 생각했습니다. 바라기는 우리의 남은 생애가 만물의 근원이 되시며 지금도 다스리시고 궁극적으로 그 만물을 당신의 뜻대로 완성하실 삼위 하나님께 영광돌리며 그 말씀에 청종하는 주님의 귀한 백성되시길 기원합니다.

기도: 창조주 하나님 아버지, 우리에게 아름다운 세계를 선물로 허락하심을 감사드립니다. 풀 한 포기, 꽃 한 송이 속에서도 주님의 놀라운 지혜와 아름다움을 볼 수 있는 안목을 허락하여 주옵소서. 동시에 더욱 귀한 당신의 말씀을 선물로 주심을 찬양합니다. 이 말씀을 통해 주

님을 더욱 깊이 알아가게 하시고 그 말씀대로 살아 주님을 기쁘시게 해드리는 생애가 되게 하여 주소서.

제2장

고통하는 우주

1 의롭게 될 죄인 (창 3:1-24)
2 불 뱀과 놋 뱀 (민 21:4-9)
3 청년이여, 기억하라! (전 11:9-12:14)
4 피조물의 소망 (롬 8:18-25)

1_ 의롭게 될 죄인 창 3:1-24

　수년전 빌 클린턴이 미국 대통령으로 재임할 당시 한동안 매스컴이 연일 그의 추문으로 시끄러웠던 적이 있습니다. 전 세계의 지도자로서 주목받던 그도 개인적인 삶에서는 별 수 없는 인간이요 죄인임을 우리는 분명히 보았습니다. 그도 나름대로의 세계관과 가치관에 기초해서 그렇게 행동했을 것입니다. 그러나 우리가 성경적인 세계관을 가지고 있든 아니든 간에 이 사건을 볼 때 그의 삶에는 분명 문제가 있음을 알 수 있습니다.

　그렇다면 여기서 우리는 이 세상에 존재하는 '악'의 문제(the problem of evil)를 다루지 않을 수 없습니다. 도대체 이것이 어디에서 왔으며 왜 있는가 하는 것이지요. 더 나아가 왜 선한 사람들에게 악한 일들이 일어나는가 하는 것은 인류의 역사만큼 오래된 문제이기도 합니다. 2차 대전 당시 나찌에 의해 희생당한 600만 명의 유대인들, 얼마 전 쓰나미로 희생당한 무고한 어린 생명들, 9.11 테러로 생명을 잃은 수많은 사람들을 생각할 때마다 이 주제는 언제나 우리에게 실존적인 관심사가 아닐 수 없습니다.

인간은 죄인입니다. 나아가 모든 인간은 죄인입니다. 모든 인간은 전적으로 부패하여 스스로는 도저히 구원할 수 없는 죄인이라고 하는 것이 성경적인 인간관입니다. 인간은 원래 하나님의 형상으로 지음 받은 고귀한 존재였지만 범죄하고 타락함으로 죄인이 되었고 따라서 모든 인간은 전적으로 부패하여 스스로는 도저히 구원할 수 없는 죄인이라고 성경은 봅니다. 얼핏 이것은 매우 부정적으로 보일지 모르겠습니다. 만물의 영장으로, 하나님을 닮은 존재로 창조된 인간 원래의 모습과 전적으로 부패하고 타락한 죄인으로서의 인간은 정말 극과 극의 대조가 아닐 수 없습니다. 그러나 성경은 이 두 가지 모두를 100% 인정하고 있습니다. 천하보다 더 가치 있는 존재인 동시에 버려지만도 못한 죄인이라는 이 두 가지 면을 동시에 올바로 이해하지 못한다면 우리는 인간이 과연 어떠한 존재인지 바로 알 수 없습니다. 내가 누구입니까? 이 질문에 대한 올바른 답은 이 두 가지를 동시에 가르치는 하나님의 말씀 안에서 찾을 수 있다고 봅니다.

'높은 데서 떨어진' 인간

본문 말씀인 창세기 3장은 하나님의 형상으로 창조된 인류의 시조 아담과 하와가 어떻게 해서 타락하게 되는가를 잘 설명해 주고 있습니다. 타락(fall into sin)이라고 하는 말의 뜻은 문자 그대로 '높은 데서 떨어졌다'는 의미입니다. 즉 인간이 본래의 존귀한 위치에서 죄를 범한 죄인의 상태로 그 가치가 저하되었고, 그 원래적인 의로움을 상실하여 더 이상 하나님의 영광을 드러내지도 못하고 하나님의 형상으로서 만물을 올바로 다스리지도 못하는 비참한 죄인이 되었다는 것입니다.

본문 1절에서 6절에 보면 타락한 천사가 뱀의 모습으로 나타나 하와를 유혹합니다. 사실 하와는 선악과를 따먹지 말라고 말씀하신 하나님의 음성을 직접 듣지 못했고 남편 아담을 통해 간접적으로 들었습니다. 그러기에 사탄은 아담 대신 하와에게 접근하여 하나님의 명령의 진정성과 확실성에 의심을 제기하면서 달콤하게 유혹합니다. "하나님이 정말로 너희에게, 동산 안에 있는 모든 나무의 열매를 먹지 말라고 말씀하셨느냐?"(창 3:1 후반부) 그러자 하와는 그만 탐욕과 호기심에 눈이 어두워 금단의 열매를 따먹게 됩니다.

나아가 하와는 뱀에게 "그러나 하나님은, 동산 한가운데 있는 나무의 열매는, 먹지도 말고 만지지도 말라고 하셨다. 어기면 우리가 죽는다고 하셨다"(3절)라고 대답함으로써 하나님의 말씀을 가감하고 자신의 생각을 임의로 덧붙입니다. 그러자 사탄은 한 걸음 더 나아가 "너희는 절대로 죽지 않는다"(4절)고 말하면서 "하나님은, 너희가 그 나무 열매를 먹으면, 너희의 눈이 밝아지고, 하나님처럼 되어서, 선과 악을 알게 된다는 것을 아시고, 그렇게 말씀하신 것이다"(5절)고 유혹합니다. 사탄의 본질인 교만한 마음, 즉 하나님과 같이 되고자 하는 교만한 마음을 하와에게 심어주자 하와는 그러한 세계관으로 다시 그 선악과를 보게 됩니다.

여기서 우리는 세계관이 하나의 안경과 같은 역할을 하는 것을 알게 됩니다. 하나님의 말씀이라는 올바른 안경을 쓰고 선악과를 보았을 때 그것은 결코 먹어서는 안 될 열매였지만, 그와는 반대로 교만한 마음, 인본주의적인 세계관이라는 잘못된 색안경을 쓰고 선악과를 보았을 때 그것은 6절에 나타난 바와 같이 첫째 먹음직도 하고 둘째 보암직도 하고 셋째로 지혜롭게 할 만큼 탐스럽기도 한 나무 열매로 보이게 됩니다. 즉 바르지 못한 세계관은 사물을 왜곡해서 잘못 인식하게 만들고 그 결과 잘못된 행동을 낳게 함을 볼 수 있습니다. 결국 하와는 선악과를 따먹게 되었고 아래 그림과 같이 이것을 아담에게 주자 그도 하나님의 말씀을 잊어버리고 함께 죄를 짓게 됩니다.

인류의 시조를 타락하게 만든 이 세 가지 유혹은 사도 요한이 요한일서 2장 16절에서 이 세상의 모든 것이 "육체의 욕망과 눈의 욕망과 세상 살림에 대한 자랑"이라고 지적한 것과 일치합니다. 이와 동일한 시험을 우리 예수님께서도 받으셨습니다. 예수님께서 공생애를 시작하시기 전 광야에서 40일간 금식하실 때 사탄이 이와 동일한 시험을 했습니다. 먼저 "네가 하나님의 아들이거든, 이 돌들에게 빵이 되라고 말해 보아라"(마 4:3)고 하면서 육신의 배고픔을 통해 유혹했습니다.

두 번째로는 "네가 하나님의 아들이거든, 여기에서 뛰어내려 보아라. 성경에 기록하기를 '하나님이 너를 위하여 자기 천사들에게 명하실 것이다' 그리고 '그들이 손으로 너를 떠받쳐서, 너의 발이 돌에 부딪치지 않게 할 것이다' 하였다"(마4:6)라는 말로 시험했습니다. 마지막으로는 매우 높은 산으로 데리고 가서, 세상의 모든 나라와 그 영광을 보여주면서 "네가 나에게 엎드려서 절을 하면, 이 모든 것을 네게 주겠다"(마4:9) 그러나 아담과 하와가 이 유혹에 넘어가 범죄, 타락함으로 그 후손으로 태어난 모든 인류가 함께 죄인 된 반면에, 제2의 아담으로 오신 예수님께서는 이 시험들을 모두 온전히 극복하시고 나아가 죄의 권세를 십자가의 죽음과 부활로 깨뜨리시고 승리하셨습니다. 이에 우리는 다시 주님 안에서 의인이 될 수 있게 된 것입니다.

　죄를 범한 인간, 그들은 먼저 눈이 밝아졌다고 7절은 말씀합니다. 하지만 사실상 이 말의 뜻은 하나님 말씀 중심의 세계관이 아니라 죄로 오염된 세계관을 가지게 되었다는 것입니다. 곧 이어 오염된 세계관은 오히려 자신들의 수치를 깨닫게 했고 그 수치를 가리기 위해 무화과 나뭇잎으로 치마를 합니다. 그러나 그 임시방편은 얼마 있지 않아 말라 버리고 맙니다. 나아가 그들이 동산에 거니시는 여호와 하나님의 음성을 듣자 그 낯을 피하여 동산 나무 사이에 숨게 됩니다. 범죄의 결과 하나님과 인간의 교제가 단절, 왜곡 또는 변형된 것을 분명히 보게 됩니다. 또한 그럼에도 불구하고 우리는 여기서 끝까지 포기하지 않으시고 죄인을 찾으시는 하나님의 사랑을 볼 수 있고 동시에 그 사랑에 온전히 응답할 수 없는 전적으로 부패한 죄인의 모습을 확인할 수 있습니다.

그러나 9절에 보면 하나님께서는 계속 잃어버린 양을 찾는 목자의 심정으로 아담과 하와를 찾으십니다. "네가 어디 있느냐?" 그 때 아담은 두렵고 떨리는 마음으로 대답합니다. "하나님께서 동산을 거니시는 소리를, 제가 들었습니다. 저는 벗은 몸인 것이 두려워서 숨었습니다"(창 3:10). 하나님께서 그 먹지 말라고 한 열매를 먹었느냐고 물으시자 아담은 자신의 죄를 정직하게 고백하기보다는 "하나님께서 주신" 여자가 내게 주어서 먹게 되었다고 말함으로써 그 범죄의 책임을 하와에게 전가합니다. 이것은 궁극적으로는 하나님께 전가하는 책임을 더 큰 죄를 짓게 됨을 의미합니다(12절). 하와도 마찬가지로 자신의 책임을 뱀에게 전가시켜 버립니다. 자신의 행동에 대해 책임지는 인격체로 창조되었지만 이제 범죄 타락한 죄인은 그 죄를 정당화하고 그 책임을 하나님과 사탄에게 전가하는 더 큰 죄를 범하게 된 것입니다. 이제 이렇게 타락하고 철저하게 부패한 인간이 어떻게 스스로를 구원할 수 있겠습니까?

예수님과 사탄과의 대립관계 선언

여호와 하나님께서는 먼저 이러한 범죄를 낳게 한 사탄 즉 뱀에게 결정적인 심판을 선포하십니다. 15절에 보면 "내가 너로 여자와 원수가 되게 하고, 너의 자손을 여자의 자손과 원수가 되게 하겠다. 여자의 자손은 너의 머리를 상하게 하고, 너는 여자의 자손의 발꿈치를 상하게 할 것이다." 이 말씀은 매우 중요하여 소위 '원시복음'(proto Evangelium)이라고 부릅니다. 여기서 '여자의 자손'은 궁극적으로 남자와 상관없이 동정녀의 몸에서 탄생하실 예수 그리스도를 의미합니다. 즉 예수님과 사탄 간에는 도저히 화합할 수 없는 대립관계 (antithesis)가 설정되고 결국 예수님께서 십자가에 죽으시고 부활하심으로 그 죄와 사망의 권세를 깨뜨리심으로써 사탄을 향해 궁극적인 심판을 선포하시고 그의 재림으로 그 심판이 완성된다는 것을 의미합니다. 반면에 뱀이 발꿈치를 상하게 할 것이라는 말씀은 예수님께서 당하실 모든 고난을 상징합니다.

그러나 하나님께서는 이와 동시에 죄를 범한 인간에게도 책임이 있음을 상기시키시면서 여자는 잉태의 고통과 남편을 섬기는 수고를 부과하게 되고 아담에게는 그로 인하여 땅이 저주를 받아 종신토록 수고하여야 그 소산을 먹게 될 것을 말씀하십니다. 이전에는 에덴동산의 여기저기에 풍성하게 맺혀있는 열매들을 수고하지 않고도 먹을 수 있었지만 죄의 영향으로 온 피조계가 변형되고 오염되어 저주를 받아 땅은 가시덤불과 엉겅퀴를 내게 되었습니다. 여기서 우리는 죄의 우주적인 영향(cosmic effect of sin)을 확인합니다. 인류의 대표였던 아담과 하와의 타락은 단순히 그들만의 타락이 아니라 모든 인류의 타락을 의미했으며, 인류의 타락은 동시에 그들이 다스려야 할 전 피조계에 영향을 미쳤습니다. 죄는 아담과 하와 개인의 삶뿐만 아니라 그 이후의 인간 사회, 가정, 국가, 정치 구조, 경제, 과학 등 모든 영역에서 마치 기생충처럼 붙어 하나님의 창조 세계를 변질시키고 부패하게 합니다. 그렇기 때문에 사도 바울은 로마서 8장 19절에서22절에 피조물이 다 이제까지 함께 탄식하며 함께 고통하고 있으며 그 썩어짐의 종노릇한 데서 해방되기를 기다린다고 말씀하는 것입니다.

이렇게 엄청난 결과를 낳아 결국 '사망'이 왕노릇하게 됩니다. 19절을 보면 하나님께서 이렇게 선포하십니다. "너는 흙에서 나왔으니, 흙으로 돌아갈 것이다. 그 때까지, 너는 얼굴에 땀을 흘려야 낟알을 먹을 수 있을 것이다. 너는 흙이니, 흙으로 돌아갈 것이다." 죄의 대가는 사망입니다. '정녕 죽으리라'고 말씀하신 하나님의 경고는 결국, 타락한 인간들의 마음에 죄의식을 낳게 되고 그 범죄에 따른 심판을 초래하였습니다. 결국 타락은 낙원에서 추방되는, 즉 심리적이고, 신분적이며, 나아가 환경적인 추락의 형태로 진행됩니다. 이것은 인간의 타락이 본질상 육체와 영혼 그리고 그를 둘러싼 환경 전체를 파괴하는 전적인 타락임을 보여주는 것입니다.

이러한 엄청난 심판을 선고받자 아담은 이제 조금 정신을 차린 것 같습니다. 20절에 보시면 하나님께서 사탄에 대한 심판과 메시야를 통한 구원의 복음을, 그리고 그와 그의 아내에게 선포하신 심판을 듣자 아내의 이름을 처음으로 하와라고 부릅니다. 이것은 '생명이 있는 모든 것의 어머니'라는 뜻인데 결국 그의 신앙고백이 담긴 것이 아닐 수 없습니다. 즉 하와의 후손으로 오신 예수 그리스도로 말미암아 그들이 죄에서 구속함을 얻게 될 것을 믿음의 눈으로 바라보면서 소망 가운데 남은 삶을 살았을 것입니다. 바로 그 믿음을 보시고 여호와 하나님께서는 아담과 그 아내를 위하여 가죽옷을 지어 입히십니다. 곧 말라 없어질 무화과 나뭇잎이 아니라, 짐승의 생명을 취하여 그 피 흘린 희생으로 말미암아 가죽옷을 입게 됩니다. 이것은 인간의 선행이나 의로는 절대로 우리가 구원받을 수 없고 오직 하나님의 방법, 즉 어린 양 예수 그리스도의 희생으로 말미암아 우리가 의롭게 되고 하나님의 백성으로, 자녀들로 회복됨을 보여주는 예표인 것입니다. 그러므로 히브리서 기자는 피 흘림이 없으면 죄 용서함도 없다고 말씀합니다.

하나님의 보존 은혜

하나님께서는 아담과 하와가 범죄 타락한 이후 그들을 즉시 죽이지 않으셨습니다. 나아가 하와에게 잉태의 고통은 더하셨지만 자녀를 낳음으로써 그들의 후손이 계속 번성하도록 허락하셨습니다. 아담도 땀을 흘리고 수고해야 하지만 그 결과 식물을 먹고 생명을 보존할 수 있도록 하셨습니다. 이것은 하나님의 놀라운 은혜가 아닐 수 없습니다. 죄가 이 세상에 들어오긴 했어도 이 은혜 때문에 아름다운 창조 세계의 질서와 구조를 완전히 파괴시키지는 않았습니다. 이것을 우리는 보통 하나님의 '일반 은총' 또는 '보존 은총'이라고 말합니다. 가령 하나님께서 제정하신 결혼 및 가정 제도도 죄가 들어오자 매춘, 가정 파괴 등의 문제가 발생하게 됩니다. 그러나 이러한 문제들이 결혼의 신성함과 가정의 소중한 가치 자체를 완전히 파괴시키지는 못한다는 것입니다. 창조 세계의 구조는 죄의 영향에도 불구하고 하나님의 보존 은총으로 계속 그 질서를 유지하고 있습니다. 다만 그 방향이 원래의 궤도를 이탈하여 잘못된 목적으로 사용되는 것입니다. 예수님께서도 마태복음 6장에서 하나님께서는 악인에게나 선인에게나 동일하게 햇빛을 비춰주시고 의로운 자나 불의한 자에게 비를 내려 주시며 사시사철과 결실기를 통해 자신의 선하심과 은혜로우심 그리고 온전하심을 계속 보여 주신다고 말씀하셨습니다.

그렇지만 하나님께서는 범죄 타락한 인간들을 그냥 두시지 않고 에덴동산에서 내어 보내십니다. 본문 22-24절에 보니 생명나무를 먹고 영생하지 못하도록 그리고 스스로의 힘으로는 도저히 다시 이 낙원으로 돌아올 수 없도록 천사들과 화염검 즉 불 칼로 지키게 하십니다. 죄를 범한 인간은 하나님의 선물인 영생을 상실하였고 스스로의 힘으로는 도저히 구원할 수 없는 상태에 처하게 되었음을 알 수 있습니다.

전적으로 타락하고 부패한 인간은 이제 하나님을 하나님으로 인정하려하기보다는 그것을 억누르고 그 대신 다른 우상들을 만들어 섬기기 시작합니다. 그래서 칼빈은 인간을 '우상 만드는 공장'(fabrica idolatorum)이라고 불렀습니다. 하나의 우상으로는 결코 만족하지 않기 때문이지요. 그래서 로마서 1장 22-23절에 보면 타락한 죄인은 "스스로 지혜가 있다고 주장하지만, 실상은 어리석은 사람이 되었습니다. 그들은 썩지 않는 하나님의 영광을, 썩어 없어질 사람이나 새나 네 발 짐승이나 기어 다니는 동물의 형상으로 바꾸어 놓았다"고 말씀합니다.

여기서 우리는 하나님께서 주신 십계명 제 1, 2 계명의 의미를 다시금 깊이 생각해 볼 필요가 있습니다. 제일 첫째 되는 계명은 여호와 하나님 앞에 다른 신을 두지 말라는 것입니다. 즉, 하나님을 하나님으로 알고 온전히 경외하라는 말씀이겠지요. 하지만 죄인의 삶은 이것과 정반대인 다른 신을 섬기는 삶임을 쉽게 알 수 있습니다. 대부분의 사람들이 하나님을 하나님으로 인정하려는 것을 억누르는 대신 그 자리에 황금이나 명예, 학위나 권력 등 다른 우상들로 대체시키는 삶을 살아갑니다.

그런데 그 다음 두 번째 계명은 하나님께서 우상을 만들지 말라고 하십니다. 왜 우상, 즉 이 세상에 있는 피조물의 아무 형상도 만들지 말라고 하셨을까요? 언뜻 보기에 이것은 제 1계명과 중복되는 것처럼 보일지 모릅니다. 그러나 이것은 사실 이중적인 깊은 의미가 있습니다. 첫째는 우상을 만드는 일은 보이지 않는 영이신 창조주 하나님을 보이는 피조물로 바꾸어 버리고 제한하는 허망하고 미련한 일입니다. 동시에 둘째로 이 세상 피조물의 형상을 만들어 하나님처럼 섬기며 경배하는 것은 진정한 하나님의 형상인 인간의 본질적인 위치마저 상실해 버리는 결과를 초래합니다. 다시 말해 하나님께서는 이 제 2계명을 통해 우리들이 우상의 '형상'을 만들 것이 아니라 우리가 바로 하나님의 '형상'임을 기억하고 우리의 삶을 통해 그 분의 영광을 드러내어야 한다는 것입니다. 따라서 우상을 만드는 것은 하나님의 지위뿐만 아니라 우리 인간의 참된 위치마저 부정하고 왜곡하는 어리석음을 범하는 것입니다. 즉 우리가 우상을 숭배하는 순간 우리는 더 이상 하나님의 형상(Image of God)이 아니라 형상들의 형상(Image of images)으로 전락하는 것임을 알 수 있습니다.

하나님의 형상이자 부패한 죄인

따라서 성경적인 인간관은 어쩌면 매우 양면적이라고 말할 수 있습니다. 처음에는 하나님의 형상을 따라 창조된 만물의 영장이라고 하면서도 동시에 전적으로 부패한 죄인이라고 선포합니다. 무한한 가치와 존엄성을 가진 인간인 동시에 가장 악한 존재라는 것입니다. 이 두 가지는 얼핏 상반된 면이지만 한 인간 속에 함께 공존하고 있다고 성경은 말하고 있습니다.

나아가 인간의 타락은 매우 '극단적'(radical)이며 전 피조계에 영향을 미치고 있습니다. 마치 기생충이나 바이러스가 우리 몸에 들어와 영양분을 빨아먹으며 우리의 건강을 해치고 병에 걸리게 하는 것과 같이 죄는 창조된 세계에 들어와 모든 영역에서 그 해독스러운 영향을 미치고 있습니다. 그러므로 지금 우리가 경험하는 세상은 뒤틀린 세상이요, 깨어진 세계입니다.

하지만 동시에 우리는 하나님의 보존 은총도 보았습니다. 더 나아가 아담과 하와가 타락한 직후에 하나님께서는 바로 메시야를 보내어 그들을 구원해 주시겠다고 약속하셨습니다. 그들에게 그 표로 가죽옷을 지어 입히심으로 장차 예수 그리스도의 희생을 통해 그들이 다시금 구속될 것을 미리 보여 주셨습니다. 그러자 이들은 하나님의 약속을 신뢰했던 것 같습니다. 이것은 아담이 그 아내의 이름을 하와라고 붙인 것을 통해 어느 정도 알 수 있습니다. 이러한 의미에서 아담과 하와는 장차 '의롭게 될 죄인'이라고 말할 수 있을 것입니다.

그러므로 인간의 범죄 가능성에 대하여 우리는 다음과 같이 정리할 수 있겠습니다.

인간이 처음 창조되었을 때에는 죄를 범할 가능성을 가진(*posse pecare*, be able to sin), 자유의지를 가진 인격체로 창조되었습니다. 즉 하나님께서는 인간을 로봇이 아닌 자유로운 선택이 가능하지만 그 선택에 대해서는 책임을 져야 하는 존재로 지으셨다는 말입니다.

그러나 그들이 범죄 타락한 이후에 모든 인간은 죄를 안 지을 수 없는(*non posse non pecare*, not be able not to sin) 전적으로 부패한 죄인이 되었습니다. 하나님 보시기에 의인은 한 사람도 없으며(롬 3:10), 모든 사람이 죄를 지음으로 하나님의 영광에 이를 수 없고(롬 3:23) 자신의 선행이나 노력으로는 도저히 구원에 이를 수 없는 존재가 되고 만 것입니다.

하지만 그리스도 안에 있는 성도들은 주님께서 그의 죽으심과 부활로 구속 사역을 이미 이루셨기에 이것을 믿는 믿음으로 인해 '의롭게 된 죄인'이라고 말할 수 있습니다. 즉 이제는 죄를 안 지을 수 있는(*posse non pecare*, be able not to sin) 가능성이 있는 새로운 생명체, 새 피조물이 된 것입니다. 이 새로운 피조물은 하나님의 생명으로 거듭났기에 더 이상 죄와 상관없으며(요일 5:18), 하나님의 사랑을 믿음으로 세상을 넉넉히 이깁니다(롬 8:37, 요일 5:4).

그리고 마지막으로 주님 다시 오실 그때에 우리는 이제 더 이상 죄를 지을 수 없는(*non posse pecare*, not be able to sin), 즉 죄와는 아무 관계가 없는 거룩한 하나님의 백성으로, 정결한 그리스도의 신부로 단장하여 하나님께서 예비하신 그 아름다운 낙원에 들어가 영원히 주님을 새 노래로 찬양하며 그 구속의 은혜를 감사할 것입니다. 아담과 하와가 잃어버렸던 낙원이 이제 그리스도 안에서 다시 회복되기 시작했고 장차 주님의 재림으로 완성될 것입니다. 그러므로 그리스도인들은 그 아름다운 낙원을 소망하며 오늘도 주님의 백성답게 그 구속의 은혜를 찬양하고 신앙의 정절을 지키며 주님의 인도하심을 따라 이 세상에서의 남은 생애를 주님을 위해 살아드리는 하나님의 백성들 되시길 간절히 바랍니다.

기도: 거룩하신 아버지 하나님, 우리는 주님 앞에 설 때마다 철저히 타락한 죄인임을 고백합니다. 우리의 힘으로는 도저히 구원받을 수 없는 부패한 심령이지만 예수 그리스도 안에서 또한 온전히 회복할 수 있게 하심을 진심으로 감사드리며 찬양드립니다. 이제 의롭게 된 주님의 백성으로서 더욱 죄에 대해 죽고 주님의 형상을 닮아가는 새로운 피조물이 되게 하여 주소서.

2_ 불 뱀과 놋 뱀 민 21:4-9

최근 몇 해 동안 지구촌에는 여러 가지 비극적인 사건들이 일어났습니다. 여러 곳에서 홍수가 나서 큰 피해를 입히더니, 지진이 일어나 많은 사람들이 목숨을 잃었습니다. 산불이 전국토의 절반을 태우고 이웃 나라에까지 번진 경우가 있는가 하면 미국에는 허리케인, 동아시아에는 태풍들이 엄청난 피해를 남겼습니다. 그 외에도 테러범들에 의해 무고한 생명이 희생당하고 있습니다.

이러한 일련의 사건들을 보면서 우리는 어떤 영적인 교훈을 받아야 할까요? 우선 무엇보다 피해를 당한 분들을 도와야 하겠습니다. 필요하다면 특별 구제헌금도 해야 합니다. 동시에 주님 앞에서 우리 자신을 살피는 계기로 삼아야 할 것입니다. 고린도전서 10장을 보면 사도 바울이 옛날 이스라엘 민족이 광야에서 범죄하여 하나님의 심판을 받았던 사건들을 언급하면서 6절에 다음과 같이 말합니다. "이런 일들은, 우리 조상들이 악을 좋아한 것과 같이 우리가 악을 좋아하는 사람이 되어서는 안 된다는 것을, 우리에게 가르쳐주는 본보기가 되었습니다."

지금 세계를 보면 점점 더 죄악이 깊어지는 것 같습니다. 미국도 영적으로 볼 때 점점 타락하고 있습니다. 옛날의 미국이 아닌 것을 많이 느끼게 됩니다. 유럽도 교회가 점점 약해지고 있습니다. 현재 추세로 간다면 얼마 후 유럽에 그리스도인들이 소수가 될 위기에 처할 것입니다. 왜 이렇게 되었습니까? 우리는 이러한 상황에서 어떻게 해야 하겠습니까?

문제의 핵심은 우리의 죄악

먼저 문제의 핵심이 무엇인지 바로 알아야 합니다. 가장 근본적인 문제는 바로 우리의 죄악입니다. 미국이나 유럽에도 성경이 분명히 죄라고 지적하고 있는 일들을 합법화하고 있습니다. 가령 유럽이나 미국에는 동성연애자들이 매우 많습니다. 하나님의 말씀에 귀 기울이지 않고 자신의 정욕을 따라 사는 것 그것이 바로 죄입니다.

본문에도 보면 이스라엘 백성들이 다시 하나님 앞에서 범죄 합니다. 4절에 보니 그들의 마음이 조급해졌습니다. 왜 그렇습니까? 가나안 땅에 거의 다 왔는데 에돔 왕이 자기 땅을 통과하지 못하게 하자 할 수 없이 다시 방향을 바꿉니다. 38년 동안 광야 생활에 시달린 이스라엘 백성들이 이제는 심신이 지친 나머지 참지 못하고 마음이 상하여 원망하기 시작한 것입니다. 거의 다 왔다고 생각했는데 다시 가나안 땅을 등지고 홍해 길로 가야만 하는 이스라엘 백성들의 마음을 이해하지만, 이것 때문에 마음이 상하지 않도록 조심했어야 했습니다.

우리는 어떤 다급한 일을 당하여도 당황하지 말고 침착하게 잠잠히 여호와 하나님을 신뢰해야 하겠습니다. 무엇보다 우리의 마음을 지켜야 합니다. 섭섭한 마음이 들려고 할 때 우리가 받은 하나님의 은혜를 먼저 기억해야 합니다. 홍해를 기적적으로 건넜고, 거의 40년간 매일 만나를 먹었으며 물 한 방울 나지 않는 사막에서도 목마르지 않도록 선한 목자같이 인도해 주신 하나님께 감사하고 온전히 신뢰했다면 그들은 이렇게 쉽게 원망하지 않았을 것입니다.

불평을 극복하는 인내와 소망

기억하십시오. 신앙생활에는 반드시 두 가지 요소가 있어야 합니다. 그것이 무엇입니까? 그것은 바로 '인내'와 '소망'입니다. 인내 없이 열매를 맺을 수 없습니다. 소망이 없으면 불평이 먼저 나오기 때문입니다.

이스라엘 백성들의 마음이 상한 결과 어떻게 되었습니까? 하나님과 모세를 원망하기 시작했습니다. 5절을 보십시오. 그 원망의 내용이 나오지요. 음식도 없고 물도 없습니다. "왜 우리를 이 광야에서 죽게 합니까?" 불평불만합니다.

　이런 배은망덕한 이스라엘 백성들을 향해 하나님께서 무서운 심판을 내리십니다. 6절을 보십시오. 많은 사람들이 불 뱀에 물려 죽기 시작합니다. 이 불 뱀은 당시 광야 지역에 많이 서식하고 있었는데 붉은 반점이 있고 한 번 이 뱀에 물리면 치명적이라고 합니다. 사실 하나님께서는 지금까지 이스라엘 백성들을 눈동자와 같이 보호해 주셔서 이 뱀들에게 물린 사람이 한 사람도 없었습니다. 그러나 그들이 불평불만하자 하나님께서 보호의 손길을 거두셨고 마침내 불 뱀들이 많은 생명을 앗아가게 된 것입니다. 만유의 주재이신 여호와 하나님을 부인하고 받은바 은혜에 감사할 줄 모르는 자들은 이러한 심판을 받을 수밖에 없음을 우리는 기억해야 하겠습니다.

　하나님의 심판을 받자 이스라엘 백성들은 다시 정신을 차립니다. 회개하면서 모세에게 중보기도를 요청합니다(7절). 모세는 언제나 하나님과 백성들의 중보자였고 백성들을 위해 기도하는 중보 기도자였습니다. 모세가 간절히 하나님 앞에 기도했습니다. "이 백성들의 죄악을 용서하옵소서. 긍휼히 여겨 주시고 이 재앙을 그쳐 주옵소서."

　지금은 기도할 때입니다. 우리가 주님 앞에 회개하면서 주님의 긍휼을 구해야 하겠습니다. 우리가 주님의 말씀대로 순종하지 못한 것 겸손히 참회합시다. 더 감사하지 못한 것 회개합시다. 함께 모여 기도하는 일에 최우선을 두지 못한 것 뉘우칩시다. 주님의 백성들이 진심으로 주님 앞에 엎드릴 때 주님께서 우리를 불쌍히 여겨 주십니다. 주님께서 그 기도 들어 주실 줄 믿습니다. 앞으로도 더욱 이 모세와 같이 교회를 위해, 우리의 조국을 위해 간절히 중보하는 귀한 기도의 사람들 되어야 할 것입니다.

　모세의 중보 기도를 들으신 여호와 하나님께서 모세에게 구원 계획을 말씀하십니다. 8절에 보니 놋으로 뱀을 만들어 나무에 달아 놓으라고 하십니다. 그러면서 '누구든지' 그것을 보는 자마다 살게 될 것이라고 약속해 주십니다. 하나님이 조금 이상하지 않습니까? 그냥 낫게 해 주시면 되지 왜 놋으로 뱀을 만들라고 하십니까? 얼핏 이해가 되지 않습니다.

　여러분, 성경에서 뱀은 무엇을 상징합니까? 아담과 하와를 유혹한 뱀은 마귀요, 우리를 범죄 하게 만든 죄악의 상징입니다. 그러므로 이스라엘 백성들이 뱀에게 물렸다는 것은 바로 그들이 범죄 했다는 것입니다. 뱀에게 물리면 그 독이 우리 몸에 퍼져서 죽게 되는 것처럼 죄라고 하는 독성이 우리의 몸과 영혼을 죽게 만듭니다. 그러므로 이스라엘 백성들이 놋 뱀을 바라볼 때 무엇을 생각하겠습니까? 자신들의 죄를 생각하게 됩니다. 우리가 하나님 앞에 원망하고 불평해서 하나님께서 이 뱀을 보내셨구나, 하나님 우리가 잘못했습니다, 용서해 주십시오. 회개하게 됩니다. '누구든지' 이 놋 뱀을 보는 사람은 다시 나음을 얻었습니다. '누구든지' 입니다. 무슨 뜻입니까? 자신의 죄를 진정으로 회개하고 주님의 말씀을 그대로 믿고 순종하는 자는 아무리 많은 죄를 지었든 적은 죄를 지었던 남녀노소 상관없이 모두 그리고 반드시 구원 얻는다는 것입니다.

복음을 듣고 순종할 때

　그러므로 예수님께서 이 사건을 요한복음 3장에서 인용하시면서 니고데모에게 복음을 증거하십니다. "모세가 광야에서 뱀을 든 것 같이, 인자도 들려야 한다. 그것은 그를 믿는 사람마다 영생을 얻게 하려는 것이다"(14-15절). 모세가 뱀을 들어 올린 것은 그 백성들의 죄를 하나님께서 심판하시고 용서하신다는 상징입니다. 이와 같이 우리 예수님께서 십자가에 달리신 것은 우리의 모든 죄를 대신 짊어지시고 우리가 받아야 할 저주를 대신 지셨습니다. 우리가 받아야 할 심판을 대신 감당하심으로 우리에게 용서와 영생의 축복을 허락해 주신 것입니다.

　조금만 어려운 일이 생겨도 불평하고 원망하는 이스라엘 백성들을 다시금 불쌍히 여기시고 그들에게 구원의 길을 베풀어 주신 하나님께서 우리를 이처럼 사랑하셔서 자신의 독생자를 친히 이 땅에 보내어 주셨습니다. 십자가에 못 박혀 죽게 하심으로 '누구든지' 자신의 죄를 진심으로 뉘우치고 예수님을 믿기만 하면 구원을 얻게 된다고 말씀하십니다. 바로 이것이 복음입니다. 바로 이것이 구원의 진리입니다.

　하나님께서 아들을 세상에 보내신 것은, 세상을 심판하시려는 것이 아닙니다. 오히려 자기 아들을 보내서라도 이 세상을 구원하시려는 것입니다. 그러므로 하나님의 아들 예수를 그리스도로 메시야로 구세주로 믿는 사람은 심판을 받지 않습니다. 그러나 믿지 않는 사람은 하나님의 독생자의 이름을 믿지 않았기 때문에 이 큰 사랑마저도 거부했기 때문에 이미 심판을 받았다고 주님은 말씀합니다. 심판을 받았다고 하는 것은, 진리의 빛, 생명의 빛이 세상에 들어왔지만, 사람들이 자기들의 행위가 악하므로, 빛보다 어둠을 더 좋아하였다는 것을 뜻한다고 주님은 설명하셨습니다. 악한 일을 저지르는 사람은, 누구나 빛을 미워합니다. 그리고 빛으로 나아오지 않습니다. 그것은 자기 행위가 드러날까 보아 두려워하기 때문이지요. 그러나 진리를 행하는 사람은 빛으로 나아옵니다. 하나님의 사랑을 받고 믿었기 때문입니다.

우리는 어떻습니까? 난리와 난리 소문이 들리고, 전쟁의 소식이 끊이지 않습니다. 유럽의 교회들이 계속해서 문을 닫는다고 합니다. 이 모든 일들이 나와 아무런 상관이 없는 이야기입니까? 아닙니다. 주님께서 계속해서 우리에게 경고하시는 사인임을 깨달아야 합니다. 우리를 깨우쳐서 더욱 믿음 위에 바로 서고 말씀 위에 바로 세우시기 위함인 것입니다.

불 뱀에 물렸던 이스라엘 백성들이 믿음의 눈으로 놋 뱀을 쳐다보았습니다. 그 순간 그들은 다시 나음을 얻었다고 본문 9절은 말씀하고 있습니다. 하나님의 말씀이 나의 생각과 경험으로 볼 때 이해가 되지 않아도 믿고 순종하니 약속하신 축복을 받게 된 것입니다. 하나님께서는 그 놋 뱀에 예물을 드리면 구원받는다고 하지 않으셨습니다. 그 놋 뱀을 가지고 상처를 문지르면 낫는다고 말씀하지도 않았습니다. 모세를 바라보라고 하지도 않으셨고 나무 장대를 바라보라고 하지도 않으셨습니다. 오직 그 놋 뱀을 바라보라고 하십니다. 그들 중에는 이런 사람들도 있었을 것입니다. '저 놋 뱀을 쳐다보면 산다고, 그게 말이나 되는 소리야. 뱀에 물리면 약을 바르고 치료해야지 저 나무에 달린 뱀을 쳐다본다고 어떻게 살게 된다는 거야.' 믿지 않고 순종하지 않은 무리들은 다 죽음을 당했습니다.

하나님께서 우리에게 허락하시는 구원은 종종 너무 쉽기 때문에 사람들이 이해하지 못하고 믿지 못할 수도 있습니다. 그러나 주님께서 말씀하시는 복음은 누구든지 진심으로 자신의 잘못을 회개하고 십자가에 달려 피 흘려 돌아가신 주님, 죄인의 모습으로 오신 그 주님만 바라보고 그 분만 믿기만 하면 용서와 구원 그리고 영원한 생명을 얻게 되는 것입니다. 놋 뱀에는 독이 없습니다. 그와 같이 우리 주님께서는 죄가 한 점도 없는 하나님의 어린 양으로 돌아가신 것입니다.

우리 모두 다시금 이 시간에 이 말씀 앞에 우리 자신을 비추어 보십시다. 우리가 원하는 방향으로 주님께서 인도하시지 않는다고 해서 우리가 너무 쉽게 주님께 원망하거나 불평하지는 않습니까? 우리가 열심히 기도했는데도 응답 받지 못했을 때 우리가 너무 조급해 하지는 않았는지요? 하나님의 시간과 그 계획을 신실하게 인내하면서 순종하기보다 우리의 생각이 앞서지는 않았는지 되돌아봅시다. 혹시 아직도 죄의 권세에 눌려 구원의 확신이 없는 분이 계십니까? 사람보지 마시고 오직 십자가의 주님만 바라보시기 바랍니다. 동시에 하나님의 말씀에 절대 순종함으로 놋 뱀을 만들어 나무에 세워 많은 백성들을 구원했던 모세처럼 우리도 십자가의 복음을 부끄러워하지 말고 아직도 거듭나지 않은 영혼들, 아직도 구원 받아야 할 많은 영혼들에게 담대히 복음을 증거하는 성도들이 되어야 할 것입니다.

기도: 자비로우신 아버지 하나님, 패역하여 도저히 구원받을 자격이 없는 저희들에게 독생자 예수 그리스도를 이 땅에 보내주시고 십자가에 달려 죽게 하심을 감사합니다. 그 주님을 믿음의 눈으로 바라보고 마음으로 믿어 구원얻는 저희들이 다 되게 하옵소서. 아직도 이 단순하면서도 가장 소중한 진리를 알지 못하시는 분들에게 성령께서 역사하여 주셔서 모두가 함께 구원의 축복에 참여할 수 있도록 인도하여 주옵소서.

3_ 청년이여, 기억하라! 전 11:9–12:14

　제가 독일 쾰른한빛교회에서 시무할 때 독일 교회의 한 목사님께서 제가 섬기던 교회를 방문하셔서 설교하신 적이 있습니다. 예배 후에 이 분과 이야기하며 우리교회의 가장 인상적인 점이 무엇인가 여쭤 보았습니다. 이 분이 하시는 말씀이 "교회가 매우 젊습니다. 젊은 사람들이 참 많군요"라고 하셨습니다. 노인들이 많이 계시는 독일 교회를 보시다가 유학생들과 2세들이 많은 교회를 보시면서 이 점이 가장 인상적이었던 것 같습니다.

　한 교회에 젊은이들이 많다는 것은 분명 주님께 감사할 조건이라고 생각합니다. 그리고 여기에는 분명 주님의 특별한 뜻이 있다고 믿습니다. 매주일 새로운 청년들을 교회로 부르시는 하나님의 뜻은 무엇일까요? 그렇다면 교회가 젊은이들을 어떻게 섬겨야 하겠습니까? 교회가 청년들을 잘 섬기기 위해서는 인생에 대한 전도서의 교훈에 귀를 기울여야 합니다.

청년이 인생을 살면서 반드시 기억해야 할 것 세 가지, 이것은 청년의 과거와 현재 그리고 미래와 연결되어 있습니다. 과거를 보며 기억해야 할 것이 있고, 현재 나의 모습을 보며 잊지 말아야 할 것, 그리고 미래를 향한 비전 속에서 반드시 명심해야 할 것, 세 가지입니다. 청년의 때에 배워야 할 것도 많고 잊지 말아야 할 것이 많이 있지만 반드시 기억해야 할 세 가지 주제는 무엇이겠습니까?

창조주이신 하나님을 기억하라

첫째는 하나님이 창조주이심을 기억해야 합니다. 본문 12장 1절에 보니 "너는 청년의 때 곧 곤고한 날이 이르기 전, 나는 아무 낙이 없다고 할 해가 가깝기 전에 너의 창조자를 기억하라"고 말씀합니다. 나의 과거, 내 삶의 뿌리, 내 인생의 근원이 누구인지를 기억하는 것, 매우 중요합니다. 왜 중요합니까? 이것은 바로 나의 나됨을 바로 알게 해주기 때문입니다. 내가 누구인지, 나의 정체성(identity)을 바로 가르쳐 주기 때문입니다. 내가 어디서 와서 어디로 가고 있으며, 내 삶의 궁극적인 목표가 무엇인지를 깨닫게 해주는 기초가 되기 때문입니다.

어느 청년이 정신적인 방황 끝에 자살을 했습니다. 그의 유서에는 이렇게 적혀 있었다고 합니다. "나는 뿌리가 잘렸다. 나는 어디서 와서 어디로 가는지 모른다. 나는 삶의 의미가 없다."(I am uprooted. I do not know where I am from. I do not know where I am going. I have no meaning of life.) 내 삶의 뿌리를 바로 아는 것 얼마나 중요합니까! 내 존재의 근거는 창조주 하나님께 있다고 성경은 말씀합니다. 바로 이 사실을 청년의 때에 기억해야 한다는 말입니다.

우리가 하나님의 창조주되심을 기억하는 것은 바로 내 삶의 주인은 내가 아니라 하나님이심을 깨닫는 것입니다. 내 인생의 주권이 나에게 있는 것이 아니라 나를 만드신 하나님께 있음을 고백하는 것입니다. 창세기 1장 1절은 태초에 하나님이 천지를 창조하셨다고 말씀합니다. 이 세상의 모든 만물의 궁극적인 기원은 하나님이라는 말입니다. 여기서 우리는 하나님의 전능하심과 측량할 수 없는 지혜와 그분의 절대 주권을 보게 됩니다. 성경의 하나님이야말로 가장 진정한 의미에서 만유의 주재가 되십니다. 만유를 창조하셨고 지금도 그의 능력과 섭리 가운데 만물을 다스리십니다.

또한 우리 인간도 그의 형상을 따라 창조되었다고 성경은 말씀합니다. 인간이 하나님의 형상대로 지음을 받았다는 것은 무엇을 의미합니까? 이것은 인간이 다른 피조물과는 전혀 다르다는 의미입니다. 다른 어느 피조물도 하나님을 닮은 존재는 없습니다. 우리 인간은 하나님을 닮은 존재입니다. 어떤 의미에서 그렇습니까? 그것은 한마디로 인간이 다른 피조물과 다른 모든 점이 하나님 닮은 점이라고 말할 수 있습니다. 즉 의로움, 거룩한 삶, 인격성, 도덕성, 창조성, 영성 등 인간에게만 있는 고유한 면들이 모두가 하나님의 모습을 닮은 점이라고 할 수 있습니다. 우리가 인간의 기본 권리와 존엄성을 말할 때 바로 이 하나님의 형상을 생각한다면 가장 바르게 이해할 수 있다고 봅니다. 왜냐하면 인간의 본질은 바로 하나님을 닮은 것이기 때문에 인권과 인간의 가치는 신성한 것이라고 말할 수 있기 때문입니다.

인간이 하나님의 형상대로 창조되었다는 것은 무엇을 의미합니까? 그것은 인간을 바로 알기 위해서는 먼저 하나님을 바로 알아야 함을 의미합니다. 하나님의 하나님 되심을 바로 알 때 나의 나됨도 분명히 깨닫게 됩니다. 내 삶의 궁극적인 근원이 누구이며, 내가 무엇을 하며 어떻게 살아야 하는 지에 대한 대답이 확실해지는 것입니다.

이사야 45장 5-7절에 "나는 주다. 나 밖에 다른 이가 없다. 나 밖에 다른 신은 없다. 네가 비록 나를 알지 못하였으나, 나는 너에게 필요한 능력을 주겠다. 그렇게 해서, 사람들이, 해가 뜨는 곳에서나, 해가 지는 곳에서나, 나 밖에 다른 신이 없음을 알게 하겠다. 나는 주다. 나 밖에는 다른 이가 없다. 나는 빛도 만들고 어둠도 창조하며, 평안도 주고 재앙도 일으킨다. 나 주가 이 모든 일을 한다."

나에게 닥치는 모든 일들, 평안한 일뿐만 아니라 심지어 환난도 하나님과 무관한 것은 하나도 없습니다. 나에 관한 모든 사건들의 의미는 바로 나와 하나님과의 관계, 거기에 연결되어 있음을 잊지 말아야 합니다. 여러분은 과연 하나님께서 여러분을 창조하신 분이심을 매일 매일 순간 순간 기억하고 살아가십니까?

하나님의 명령을 기억하라

두 번째로 청년이 기억해야 할 것이 무엇입니까? 하나님의 명령입니다. 하나님을 경외하고 그 말씀을 지키며 사는 것이 사람의 본분이라고 13절은 말씀합니다. 나의 나됨의 뿌리를 안 사람은 이제 현재 나의 삶을 지탱하는 가장 중요한 기둥인 삶의 원리가 무엇인지를 알아야 합니다. 그것은 바로 창조주 하나님의 말씀입니다. 바로 이러한 의미에서 하나님을 경외하는 것이 지혜의 근본이라고 잠언 기자는 강조합니다. 하나님을 경외하는 것은 무엇입니까? 구체적인 삶의 상황 속에서 그 명령을 지키는 것입니다. 바로 이것이 가장 인생의 본래적 목적을 이루는 삶이라는 것입니다. 하나님의 말씀을 떠난 인생은 결국 허무함으로 끝납니다. 헛되고 헛되며 헛되고 헛되니 모든 것이 헛되고 맙니다. 바로 이것이 전도서의 결론 아닙니까?

잠언 3장 1-10절을 보면 이러한 진리를 보다 더 구체적으로 말씀하고 있습니다.

"아이들아, 내 가르침을 잊지 말고, 내 계명을 네 마음에 간직하여라. 그러면 그것들이 너를 장수하게 하며, 해가 갈수록 더욱 평안을 누리게 할 것이다. 인자와 진리를 저버리지 말고, 그것을 목에 걸고 다니며, 너의 마음 속 깊이 새겨 두어라. 그러면 하나님과 사람 앞에서 네가 은혜를 입고 귀중히 여김을 받을 것이다. 너의 마음을 다하여 주님을 의뢰하고, 너의 명철을 의지하지 말아라. 네가 하는 모든 일에서 주님을 인정하여라. 그러면 주님께서 네가 가는 길을 곧게 하실 것이다. 스스로 지혜롭다고 여기지 말고, 주님을 경외하며 악을 멀리하여라. 그러면 이것이 너의 몸에 보약이 되어, 상처가 낫고 아픔이 사라질 것이다. 너의 재산과 땅에서 얻은 모든 첫 열매로 주님을 공경하여라. 그러면 너의 창고가 가득 차고, 너의 포도주 통에 햇포도주가 넘칠 것이다."

하나님의 법, 그 말씀, 그 명령을 잊어버리지 말고 지키면 평강과 장수의 복을 받습니다. 하나님과 사람 앞에서 은총과 귀중히 여김을 받습니다. 저는 당시 유학오는 학생들을 심방하면 대부분의 경우에 이 잠언 3장의 말씀으로 권면했습니다. 유학 생활하면서 꼭 기억하도록 기도합니다. 그리고 그 말씀대로 살아 하나님이 축복을 받는 경우를 이미 보고 있습니다.

시편 103장 17-18절에도 "그러나 주님을 두려워하는 사람에게는 주의 사랑이 영원에서 영원까지 이르고, 주의 의로우심은 자손 만 대에 이를 것이니 곧 언약을 지키고 법도를 기억하여 행하는 사람에게 그 사랑이 이른다."

청년이 무엇으로 그 행실을 깨끗하게 하겠습니까? 오직 주의 말씀을 따라 삼갈 것입니다. 하나님의 모든 말씀이 정확한 진리입니다. 일부만 진리가 아닙니다. 모든 기록된 말씀은 하나님의 지혜, 하나님의 진리입니다. 11절을 보십시오. "지혜로운 사람의 말은 찌르는 채찍 같고, 수집된 잠언은 잘 박힌 못과 같다. 이 모든 것은 모두 한 목자가 준 것이다." 오직 주님의 말씀으로 경성함을 받을 때 우리의 삶을 주님께서 선하게 인도해 주시는 것입니다. 12절에도 보면 "한 마디만 더 하마. 나의 자녀들아, 조심하여라. 책은 아무리 읽어도 끝이 없고, 공부만 하는 것은 몸을 피곤하게 한다." 이 말씀은 공부하지 말라는 교훈이 아닙니다. 오해하지 마십시오. 하나님의 말씀을 무시하고 자기 힘으로 바벨탑을 쌓지 말라는 경고입니다. 하나님을 잊어버리고 사는 인생의 모든 노력은 결국 물거품이요 헛수고가 되고 맙니다. 왜 그럴까요? 왜냐하면 인간은 전적으로 부패하고 타락한 죄인이기 때문에 하나님의 말씀대로 살지 않으면 자기 욕심이나 생각대로 살다가 결국 헛된 삶을 살게 될 가능성이 많기 때문입니다.

이 말씀은 청년들에게만 주어진 말씀이 아닙니다. 아무리 육체적으로 노인이라 할지라도, 영적으로 청년이 있습니다. 반면에 아무리 젊은 사람이라도 비전도 없이 대충대충 살아가는 영적으로 늙은이가 있습니다. 우리가 진정 하나님의 말씀을 사모하고 읽고, 묵상하고, 암송하고 그 말씀에 굳게 서서 믿음으로 살아간다면 우리는 영원한 청년입니다. 비록 육신은 후패하여도 잎사귀가 청청하며 결실하는 청년의 삶을 살아가시길 바랍니다.

하나님의 심판주되심을 기억하라

마지막 세 번째로 청년이 기억해야 할 것이 무엇일까요? 그것은 바로 하나님의 심판주되심입니다. 이것은 미래에 반드시 일어날 것입니다. 본문 11장 9절에도 "젊은이여, 젊을 때에, 젊은 날을 즐겨라. 네 마음과 눈이 원하는 길을 따라라. 다만, 네가 하는 이 모든 일에 하나님의 심판이 있다는 것만은 알아라"고 하셨고, 12장 14절에도 "하나님은 모든 행위를 심판하신다. 선한 것이든 악한 것이든 모든 은밀한 일을 다 심판하신다"고 경고합니다. 우리가 청년 시절에 멋모르고 행한 모든 은밀한 일들, 사람들은 몰라도 하나님께서는 다 알고 계십니다. 그리고 그 책임을 물으실 것입니다. 우리는 우리가 젊어서 행한 모든 일에 대해서 하나님 앞에서 책임져야 합니다.

사람은 하나님의 말씀(Wort)에 대해 우리는 응답(Antwort)할 존재로 지음을 받았습니다. 다른 동물들은 그저 하나님의 말씀에 복종할 뿐입니다. 그러나 인간은 하나님의 형상으로 지음을 받았기 때문에 '예'라고 응답할 수도 있고 '아니오'라고 응답할 수도 있습니다. 그러나 중요한 것은 그 응답(Antwort)에 대해 책임져야(verantworten) 한다는 사실입니다. 바로 여기에서 독일어의 책임(Verantwortlichkeit)이라는 단어가 나온 것입니다. 바로 이러한 의미에서 화란의 유명한 기독교 철학자인 헹크 헤르쯔마(Henk Geertsema) 교수님은 인간을 '응답적 인간'(Homo Respondens)이라고 불렀습니다. 사실 이 세상에 존재하는 모든 것이 하나님의 말씀에 대한 반응과 응답으로 존재하는 것 아닙니까? 하나님께서 말씀하시매 하늘이 있었고 땅이 드러나고 바다가 생겼습니다. 하나님의 전능하신 말씀에 대한 응답으로 모든 만물이 존재하게 된 것입니다. 나아가 우리 인간은 하나님 앞에 어떤 응답을 드릴 것인지 선택할 수 있는 특권을 부여받은 것입니다. 그러나 이 특권은 동시에 그 선택에 대해, 그 응답에 대해 하나님의 심판이 있음을 의미합니다.

그러므로 우리는 청년의 때를 아무렇게 보낼 수 없습니다. 쓸데없는 일에 시간을 보내기에는 너무나 아까운 시절입니다. 청년은 미래의 주역입니다. 교회의 미래는 오늘 헌신하는 청년들에게 달려 있습니다. 나아가 한국 교회, 아니 하나님의 나라가 바로 청년 한 사람 한 사람의 어깨에 지워져 있음을 잊어서는 안 됩니다.

하나님이 심판주이심을 잊고 사는 삶은 어리석은 삶입니다. 이것은 마치 시험칠 때가 다가와도 전혀 준비하지 않는 수험생과 같습니다. 준비하지 않고 멋대로 놀던 학생은 결국 부끄러움을 당하고 말 것입니다. 그러므로 심판의 날이 오기 전에 하나님의 하나님되심을 기억해야 합니다. 본문에 보면 12장 1-7절까지 '전에'라는 말이 반복됩니다. "젊을 때에 너는 너의 창조주를 기억하여라. 고생스러운 날들이 오고, 사는 것이 즐겁지 않다고 할 나이가 되기 전에, 해와 빛과 달과 별들이 어두워지기 전에, 먹구름이 곧 비를 몰고 오기 전에, 그렇게 하여라. 육체가 원래 왔던 흙으로 돌아가고, 숨이 그것을 주신 하나님께로 돌아가기 전에, 네 창조주를 기억하여라."

그러면서 인생의 덧없음을 재미있는 문학적 은유법을 통해 강조하고 있습니다. "그 때가 되면, 너를 보호하는 팔이 떨리고, 정정하던 두 다리가 약해지고, 이는 빠져서 씹지도 못하고, 눈은 침침해져서 보는 것마저 힘겹고, 귀는 먹어 바깥에서 나는 소리도 못 듣고, 맷돌질 소리도 희미해지고, 새들이 지저귀는 노랫소리도 하나도 들리지 않을 것이다. 높은 곳에는 무서워서 올라가지도 못하고, 넘어질세라 걷는 것마저도 무서워질 것이다. 검은 머리가 파뿌리가 되고, 원기가 떨어져서 보약을 먹어도 효력이 없을 것이다. 사람이 영원히 쉴 곳으로 가는 날, 길거리에는 조객들이 오간다. 은사슬(육신의 기력)이 끊어지고, 금그릇이 부서지고(생명의 종말), 샘에서 물 뜨는 물동이가 깨지고, 우물에서 도르래가 부숴지기 전에(육신을 유지하기 위해 필요하던 모든 것들이 쓸모없게 됨), 네 창조주를 기억하여라."

우리의 삶은 실로 잠깐입니다. 태어나는 것은 순서가 있지만 이 세상을 떠나는 것은 순서가 없습니다. 몇 년전 화란에 다녀왔는데 거기서 저의 논문을 지도해 주신 교수님댁을 잠시 들렀습니다. 이 분은 화란의 국회에서 기독교 연합당의 상원의원이시면서 3개 대학에서 기독교철학을 강의하시고 계시는 석좌교수님이신데, 이번에 한 대학에서 은퇴하시게 되었습니다. 그러면서 그 동안 키워놓은 후임자에게 자리를 물려주려고 하는데 이 분이 배가 아파 병원에 가보니 암말기라는 진단이 나온 것입니다. 방사선치료를 받았지만 결국 얼마 후 세상을 떠났습니다. 저는 이 소식을 듣고 너무 충격을 받았습니다. 저와 같은 연배에 정교수로 임명받고 앞길이 창창한 사람이지만 언제 이 세상을 떠날지는 아무도 모릅니다. 젊다고 해서 우리가 주님 앞에 많은 시간이 남아 있는 것은 아닙니다. 바로 오늘 이 시간에 주님께서 부르시면 가야 할 인생임을 기억합시다.

사랑하는 청년 여러분들은 젊은 시절에 디모데처럼 복음과 함께 고난을 받으십시오. 바울처럼 눈물로 복음의 씨를 뿌리십시오. 에스라처럼 하나님의 말씀을 깊이 연구하여 말씀의 사람이 되십시오. 엘리야와 같이 기도의 무릎이 더욱 견고해지는 기도의 사람이 되십시오. 어떤 상황에서도 다니엘처럼 절대 감사하십시오. 감당해야 할 학업은, 뼈를 깎는 노력으로 최선을 다하십시오. 생활에 있어서는 요셉처럼 깨끗한 그릇이 되십시오. 뜻을 정하고 말씀을 따라 자신을 정결하게 준비하십시오. 자기를 부인하고 십자가를 지고 날마다 주님을 따르는 제자의 훈련을 하십시오. 그러면 하나님께서 주님의 시간에 여러분을 귀하게 사용하실 것입니다.

우리도 주님의 말씀대로 살아 영적인 젊음을 영원히 누릴 수 있음을 기억합시다. 인생의 황혼이 오기 전에 더욱 여호와 하나님을 경외하며 그 말씀을 청종함으로 약속의 축복을 받아 누리는 귀한 은혜가 함께 있기를 바랍니다.

기도: 하나님 아버지, 저희들에게 참된 지혜를 주옵소서. 인생이 얼마나 짧고, 인간이 얼마나 타락한 죄인인지 깨닫게 하소서. 동시에 우리를 지으신 창조주 하나님을 바로 알고 그 말씀에 온전히 순종함으로 주님 앞에 설 때 부끄러움이 없는 지혜로운 삶을 살 수 있도록 인도하여 주옵소서.

4_ 피조물의 소망 롬 8:18-25

하나님께서 만드신 해맑은 하늘, 푸른 나무와 풀들, 정확하고 질서 있게 운행되는 이 우주만물을 볼 때 우리는 하나님의 권능과 지혜를 어느 정도 알 수 있습니다. 이런 의미에서 바울 사도는 로마서 1장 20절에 "이 세상 창조 때로부터, 하나님의 보이지 않는 속성, 곧 그분의 영원하신 능력과 신성은, 사람이 그 지으신 만물을 보고서 깨닫게 되어 있습니다. 그러므로 사람들은 핑계를 댈 수가 없습니다"고 말씀합니다. 하나님은 보이지 않습니다. 하나님의 영원하신 능력도 우리의 눈에는 보이지 않습니다. 하나님의 신성, 즉 하나님의 하나님 되심도 우리의 육안으로는 볼 수 없습니다. 그러나 우리가 하나님을 볼 수 있는 길이 있습니다. 하나님의 영원하신 권능을 볼 수 있는 방법이 있습니다. 하나님의 거룩하심과 하나님 되심을 느낄 수 있는 것이 있는데 그것이 바로 이 우주만물입니다. 왜냐하면 하나님께서 이 모든 것을 지혜롭게, 권능으로 만드셨기 때문입니다. 우리가 조금만 유심히 우리 주변을 한번 살펴보십시오. 풀 한포기, 나무 한그루에서도 우리는 주님의 높고 위대하심을 깨달을 수 있습니다. 눈을 들어 하늘을 한번 보십시오. 날마다 순간마다 온갖 아름다운 그림을 보여주는 저 하늘만 보아도 우리는 창조주 하나님의 영광을 알 수 있지 않습니까?

어떤 사람들은 이 세계가 우연히 이렇게 있다고 생각하고 주장합니다. 그러나 성경은 분명히 하나님께서 만드셨다고 말씀합니다. 여러분, 어느 것이 더 믿기 쉽습니까? 한 생명이 어머니에게서 탄생하는 모습을 보면서 아기가 아름답게 자라는 모습을 보면서 이 모든 것이 과연 우연히 그렇게 되었다고 말하는 것이 더 설득력이 있다고 생각하십니까? 아니면 이 모든 것을 계획하시고 지금도 다스리시며 운행하시는 분이 있다고 보는 것이 훨씬 더 우리의 마음에 다가오지 않습니까? 이 세계는 우연히 있는 세계가 아니라 창조된 세계입니다.

그래서 우리 예수님께서도 말씀하셨습니다. "하늘에 나는 새를 생각해 보라, 들에 피는 이 백합화를 보아라. 참새 한 마리도 하나님의 허락이 없으면 떨어지지 않는다. 솔로몬의 모든 부귀영화도 이 꽃만 못하였다. 오늘 피었다지는 이 이름 없는 풀 한 포기도 전능하신 하나님께서 이렇게 귀히 입히시고 먹이시거든 하물며 너희들을 돌봐 주시지 않겠느냐? 그러므로 염려하지 말라. 근심하지 말라. 오직 먼저 그 나라와 그 의를 구하라. 즉 먼저 하나님을 바로 섬기라. 그러면 이 모든 것을 너희에게 더해 주실 것이다."

우리가 주변의 아름다운 경치를 보면서 먼저 좋으신 우리 창조주 하나님을 만나야 하겠습니다. 꽃 한 송이 속에서도 그 분의 능력과 지혜를 볼 수 있어야 하겠습니다. 우리에게 축복으로 주시는 어린 아기의 모습 속에서도 주님의 아름다움을 깊이 체험하고 찬양하는 시간이 되어야 하겠습니다. 우주만물의 조화를 보면서 평화롭게 들판에서 풀을 뜯고 있는 젖소를 보면서 우리를 먹이시고 입히시는 주님을 더욱 더 깊이 신뢰해야 합니다.

피조물이 탄식하고 있다

그런데 본문에 보면 이 만물 즉 피조물이 탄식한다고 말씀하고 있습니다. 22절에 보니 "피조물이 다 이제까지 함께 탄식하며 함께 고통하는 것을 우리가 아나니"라고 말씀하지요. 이것이 무슨 뜻입니까? 우리 주변에 있는 풀들이 벌레들이 탄식하는 것이 여러분 보이십니까? 들리십니까? 우리가 이 말씀을 바로 알기 위해서는 인간의 타락을 말하지 않을 수 없습니다.

하나님께서 세상을 창조하신 마지막 날에 인간을 만드시고 "생육하고 번성하여 땅에 충만하여라. 땅을 정복하여라. 바다의 고기와 공중의 새와 땅 위에서 살아 움직이는 모든 생물을 다스려라"(창 1:28)고 하셨습니다. 이것은 인간이 하나님을 대신하여 창조 세계를 바로 다스리고 개발하여 하나님의 영광을 드러내도록 하신 것입니다. 특히 인간을 하나님의 형상대로(창 1:27) 지으신 것은 바로 이 청지기의 사명을 감당케 하기 위한 것이었습니다. 그러나 인간의 타락으로 말미암아 이 세상의 만물도 그 영향을 받게 되었습니다. 하나님과의 아름답던 평화는 깨어져 버렸습니다. 사람과 사람 사이의 관계도 멀어지게 되었습니다. 그 결과 온 우주도 이 죄의 영향을 받게 되었습니다. 서로 평화롭게 지내던 짐승들에게도 이제는 약육강식의 법칙이 지배하게 되었고(창 3:14) 땅도 저주를 받아 가시덤불과 엉겅퀴를 내게 되었습니다(창 3:17-18). 인간의 타락 이후로 자연은 인간에게 도움을 주기도 하였지만 때로는 큰 재해의 원인이 되기도 하였습니다. 그래서 바울 사도는 본문 22절에서 모든 피조물이 이제까지 함께 신음하며, 해산의 고통을 함께 겪고 있다고 말씀하는 것입니다.

그리고 20절에도 보면 "피조물이 허무에 굴복했지만, 그것은 자의로 그렇게 된 것이 아니라, 굴복하게 하신 그분이 그렇게 하신 것"이라고 말씀합니다. 여기서 '허무한 데 굴복한다'는 말은 원래 '목적하는 일에 도달하지 못한다'는 뜻인데 이는 하나님께서 피조물을 창조하신 원래의 의도, 즉 하나님의 영광을 위하여 창조되었으나 이러한 하나님의 의도와는 달리 피조물들이 하나님께 영광을 돌리지 못하고 있다는 사실을 말해 줍니다. 나아가 이렇게 된 것은 '자기 뜻이 아니다', 즉 하나님께 영광을 돌리지 못하는 원인이 피조물에게 있지 않고 다른 데 있음을 시사합니다. 이것은 바로 아담과 하와의 범죄 타락 때문이라는 말씀입니다. 그래서 '오직 굴복케 하시는 이로 말미암음이라', 즉 여기서 '굴복케 하시는 이'는 바로 하나님이십니다. 이 타락의 영향을 받은 세상은 이제 더 이상 좋지 않게 되었습니다. 사자가 풀을 뜯으며 어린 양과 뛰어놀던 세계, 어린아이가 독사의 굴에 손을 넣어도 해를 받지 않던 시대는 지나갔습니다. 그 결과 세상에는 죽음이 들어오고 파괴가 이르렀으며, 불안과 분열이 왔고 인간과 관계를 맺고 있는 모든 만물이 함께 고통을 당하게 된 것입니다.

가령 여기에 넓은 숲을 한번 생각해 보십시오. 이 숲을 사람이 전혀 손을 대지 않고 가꾸지 않으면 어떻게 됩니까? 금방 잡초가 자랍니다. 잔디밭도 마찬가지죠? 사람이 계속해서 관리하지 않으면 금방 좋은 잔디들은 죽어버리고 나쁜 잡초들만 무성해지고 맙니다. 사람이 살면서 잘 가꾸는 집의 정원은 아름답습니다. 그러나 사람이 살지 않는 집의 정원은 온갖 잡초들로 엉켜 있음을 볼 수 있지 않습니까? 그러니까 우리가 현재 경험하고 있는 이 피조세계가 결코 정상도 아니요 하나님께서 처음 창조하셨을 때의 모습도 아님을 알 수 있습니다.

이 사실을 모르면 우리는 진화론에 빠지기 쉽습니다. 진화론이 수백 년 동안 많은 사람들에게 영향을 미쳤지만 세상의 기원이나 현재 상태에 대하여 설명할 정확한 근거를 제공하지 못합니다. 진화론이 무엇입니까? 쉽게 말해서 모든 것이 우연에서 시작되었고 계속 발전하며, 진보하고 있다는 것입니다. 그러나 성경은 정반대입니다. 성경의 가르침은 현재 이 세상의 상태는 타락의 결과로 온 것이라고 말합니다. 점점 더 발전하는 것이 아니라 오히려 모든 것은 보다 좋은 상태에서 현재의 모습으로 퇴보했다는 것입니다. 현재 모든 피조물의 상태는 하나님에 대한 인간의 반역과 어리석음 때문에 인간에게 주어진 형벌의 일부로 하나님께서 선고하셨던 저주의 결과라는 것입니다. 그러므로 피조물이 이러한 상태에서 고통을 받는 것은 그 피조물 자체가 행한 어떠한 죄 때문이 아니라 인간이 행한 죄 때문인 것입니다.

성경은 시간이 지남에 따라서 생물이 진화할 것이라든가, 사회 환경이 진보할 것이라든가, 나아가 인간의 노력으로 완전한 유토피아가 도래할 것이라는 생각은 전혀 잘못된 것이라고 강력하게 선언합니다. 도리어 20절에서는 정반대 현상이 일어나고 있음을 말합니다. 즉, 피조물 자체에는 '허무한 것' 밖에는 아무것도 찾아볼 수가 없다는 것입니다. 피조물 자체에는 낙관적인 관점을 가질 만한 아무것도 없습니다. 과학도 사실 이 점을 확증하고 있습니다. 환경의 파괴, 자원의 고갈 그리고 우주가 팽창되기 때문에 결국 소멸된다고 하여 진화론이 틀렸다는 점을 열역학 제 2법칙으로 증명하였습니다.

최근 세계 천문학계에 지각변동이 일어나고 있다고 합니다. 우주의 정체에 대해 그리고 그 미래에 대해 학자들이 요즘 더 확실한 대답을 내놓고 있습니다. 그것은 미항공우주국이 2001년 6월 발사하여 지상 150만km 상공에 떠 있는 WMAP라는 위성이 맹활약하면서 우주의 수수께끼를 풀어내고 있기 때문입니다. 학자들이 관측 자료를 종합해 보니 시간이 흐를수록 우주의 팽창속도가 빨라지고 있다는 것입니다. 즉 현재의 우주는 1 Mpc (메가파섹, 약 300만 광년)당 초속 71km의 속도로 팽창하고 있다고 합니다. 이것은 마치 브레이크 없는 자동차가 점점 더 가속도가 붙는 것과 같습니다. 이처럼 우주가 가속 팽창하면 우주의 운명은 어떻게 될까요? 결국 우주가 산산조각이 나게 될 것이라고 합니다. 그래서 이것을 소위 '빅립'(big rip)이론이라고 하는데 크게 찢어져 최후를 맞게 될 것이라는 것입니다. 정말 이렇게 된다면 우주는 다시 티끌로 되돌아가게 될 것이라고 말합니다. 이것은 이미 성경에서 찾아볼 수 있는 사실입니다. 성경은 분명히 이 세상에 종말이 있고 그 후에는 심판이 있을 것이라고 선포합니다.

피조세계는 회복을 기다린다

그런데 소망이 있습니다. 왜 그렇습니까? 예수 그리스도께서 오셔서 구속의 역사를 성취하셨기 때문입니다. 우리 주님의 구속은 단지 인간만을 회복하는 것이 아니라 모든 피조물을 원래의 아름답고 선한 모습으로 회복시키는 우주적인 구속입니다. 본문 18절에서 장차 성도들에게 나타날 영광을 소개한 바울은 또한 피조물의 소망에 대해서도 언급합니다. 19절에 피조물들 역시 성도들과 마찬가지로 하나님의 아들들이 나타나기를 고대한다는 것입니다. 아담의 범죄 이후로 인류는 하나님과 함께 사는 특권을 상실했습니다. 그러나 하나님께서는 인생을 불쌍히 여기시고 자신의 독생자를 보내어주심으로 누구든지 그를 '믿는 자마다 하나님의 자녀가 되는 권세'를 주셨습니다. 그러므로 우리는 예수 그리스도를 믿기만 하면 의롭다 하심을 얻고 동시에 하나님의 유업을 얻는 후사가 되는 것입니다. 바울은 본문에서 그러한 하나님의 아들들이 나타나기를 모든 피조물들이 탄식하며, 고통 가운데서 소망한다고 말씀하고 있는 것입니다.

여러분들 중에 혹시 왜 우주 만물도 우리 인간처럼 구속받아야 하는가? 이렇게 질문하실 분이 계실지도 모르겠습니다. 그러나 만물의 영장인 인간이 타락함으로 하나님과의 관계가 끊어진 후 인간과의 관계에 있는 만물도 고통 가운데 놓이게 되었기 때문입니다. 즉 인간의 타락은 인간만의 파멸이 아니라, 피조물 전체에 미치는 고통이었습니다. 그러므로 인간이 예수 그리스도의 구속은 우리 죄인이 하나님의 자녀로 회복되는 영광뿐만 아니라 만물의 해방을 뜻하는 것입니다.

인간의 구속으로 만물도 회복됩니다. 바로 이러한 의미에서 바울 사도는 21절에서 이렇게 말씀합니다. "그것은 곧 피조물도 사멸의 종살이에서 해방되어서, 하나님의 자녀가 누릴 영광된 자유를 얻는다는 것"입니다. 썩어지는 과정, 이것이 바로 죄로 인해 일어나고 있는 만물의 비참한 모습입니다. 오늘날 공해로 인하여 파괴되고 있는 환경을 생각하면 문제는 심각합니다. 하지만 이제 우리는 회복의 때를 약속받았습니다. 우리는 그리스도를 믿음으로써 하나님의 자녀, 즉 양자가 되었으며 만물을 지배하고 다스릴 위치를 회복했습니다. 그리스도 안에서 새로운 피조물이 되었습니다.

그러나 이것이 완성된 것은 아닙니다. 이것이 완성되는 때는 '우리 몸의 구속'이 완전히 이루어지는 때, 즉 새 하늘과 새 땅이 임하는 때입니다. 이러한 하나님의 계획은 반드시 성취됩니다. 왜냐하면 이미 예수님의 부활이 그것을 보증해 주고 있기 때문입니다. 우리의 비천하고 썩어질 육체가 주님의 영광의 몸과 같이 변화될 때 이 모든 만물도 허무한 데 굴복한 것에서 해방될 것입니다.

그러므로 우리에게는 이 회복의 소망이 있습니다. 요한계시록 21장 1절에서 사도 요한은 새 하늘과 새 땅의 비전을 봅니다. 이제 모든 피조물도 이러한 영광을 소망 중에 기다립니다. '장차 우리에게 나타날 영광'(18절)을 소망 중에 기다립니다. 피조물이 더 이상 죽고 썩는 세계가 아니라 영원히 새 하늘과 새 땅에서 누릴 하늘나라의 영광이 다가오고 있습니다. 타락한 인간으로 말미암아 이 땅에 죽음의 저주가 왔듯이, 이제 예수 그리스도 안에서 회복된 구속의 역사로 말미암아 생명의 축복이 오는 것입니다. 죄로 인한 썩어짐의 종노릇에서 벗어나, 구속을 통한 자유와 영광이 옵니다. 죽음의 그림자는 사라지고 영원한 생명의 빛이 비칩니다. 하나님과 인간의 관계가 회복됨으로써 인간과 인간의 관계, 인간과 자연의 관계는 변화되는 것입니다. 모든 만물이 구원을 받아 하나님의 영광에 이르게 됩니다. 하늘에 있는 것이나 땅에 있는 것이나 땅 아래 있는 모든 것이 하나님을 찬양하며 영광을 돌리게 됩니다.

그렇다면 오늘 우리는 과연 어떻게 살아야 하겠습니까? 우리의 사명과 책임은 무엇입니까? 그것은 바로 그날이 올 때까지 주님의 뜻을 따라 이 땅에서 하늘나라의 비전을 실현해 나가는 것입니다.

구속받은 성도들은 자연을 창조의 아름다움으로 회복하는 것이 하나님의 뜻임을 인식하고 자연을 더 잘 보호하고 관리해야 하겠습니다. 더 나아가서 우리는 우리에게 다가오는 어떤 어려움도 인내하면서 소망 가운데에서 믿음으로 살아가야 하겠습니다. 우리가 이 소망으로 구원을 얻었기 때문입니다(24절). 성령의 처음 익은 열매를 받은 우리들입니다. 하나님 나라의 백성으로 아버지 하나님의 자녀로 이미 인치심을 받은 우리입니다. 그러나 우리의 몸의 구속은 아직 완전히 이루어지지는 않았습니다. 아직도 이 세상에서 우리는 어려움을 당합니다. 하지만 낙심해서는 안됩니다. 참으면서 기다려야 합니다(25절).

하나님께서 만드신 우주의 아름다움을 보다 깊이 들여다 보며 주님을 찬양합시다. 동시에 우리는 죄로 말미암아 왜곡되고 뒤틀려서 허무한 데 굴복하고 썩어짐의 종노릇하는 피조물의 탄식소리도 들을 수 있어야 하겠습니다. 나아가 여기에서 머무르지 말고 예수 그리스도께서 이루신 구속의 역사로 말미암아 새로운 피조물이 되었고 장차 주님께서 다시 오심으로 완성될 새 하늘과 새 땅을 바라보며 소망 가운데 인내하면서 주님의 거룩하신 영광을 드러내는 삶을 살아야 할 것입니다.

기도: 만물의 창조주가 되신 하나님 아버지, 우리에게 이렇게 아름다운 세계를 주심에 감사와 찬양을 드립니다. 하지만 저희들이 범죄하고 타락하여 이 세상도 함께 탄식하며 허무한 데 굴복함을 보며 주님께 회개합니다. 이제 주님의 구속으로 우리의 심령을 새롭게 하셔서 우리를 통해 만물도 소생함을 얻게 하옵소서.

제3장

포괄적인 구속과 일상

1 포괄적인 구속 (골 1:13-23)
2 십자가의 의미 (창 3:21-24)
3 그리스도의 성육신 (창 3:15-24)
4 우리 시대의 남은 자들 (사 10:20-23)
5 변하는 세상, 영원한 말씀 (사 40:6-11)
6 말씀과 일상 생활 (골 3:16-17)

1_ 포괄적인 구속 골 1:13-23

많은 그리스도인들이 신앙 생활을 하면서도 구원에 대한 확신이 없는 경우를 자주 보게 됩니다. 구원의 확신은 있는데 종종 자신의 실패와 나약함 때문에 그 확신이 흔들리고 고민에 빠져 있는 분들도 많이 있습니다. 사실 저도 이 문제 때문에 많이 고민했던 경험이 있습니다만 말씀을 공부하면서 해답을 찾게 되었습니다.

본문은 사도 바울이 골로새 교회에 쓴 서신의 일부입니다. 당시 골로새 교회의 교인들은 거의 대부분 개종한 이방인들이었으며, 이 도시는 우수한 모직물과 염색업으로 잘 알려진 국제 도시였습니다. 이 골로새는 동양과 서양을 연결하는 소아시아 내의 주요 무역로 상에 위치해 있어 동·서양 문화가 빈번히 접촉하고 있었습니다. 특히 동방의 신비 종교가 많은 영향을 미쳤고 유대의 율법주의, 그리고 그리스의 사변 철학적 종교나 다른 이교 사상에 휩싸이기가 쉬웠다고 합니다. 특별히 당시에 유행하던 이단인 이원론적 영지주의자들이 예수 그리스도가 단지 보이지 않는 영계의 한 세력에 불과하다고 주장했습니다. 그리스도의 인성과 신성도 부인하고 그의 역사적 탄생과 생애 그리고 죽으심도 부정하자 바울이 이것을 비판하면서 예수 그리스도의 우주적 주권에 대해 본문에서 먼저 말합니다. 예수는 창조주로서의 권위를 가지시며(15-17절), 또한 구속주로서 교회의 머리가 되시고(18-19절) 우리를 위한 화목제물이 되셨습니다(20-22절). 그러면서 계속해서 골로새 교인들이 이 진리에 기초한 믿음 안에 거하고 그 터위에 굳게 서라고 23절에서 권면합니다.

흑암의 권세에서 아들의 나라로

본문 13-14절을 보니 하나님께서 우리를 예수 그리스도안에서 흑암의 권세에서 건져내사 그의 사랑의 아들의 나라로 옮기셨는데 그것이 구속, 즉 죄사함이라고 말씀합니다. 여기서 흑암의 권세란 물론 죄악의 권세를 상징합니다. 또한 '구속'(die Erlösung)이란 '빚을 갚는다'는 의미가 있습니다. 구약 성경에 보면 한 사람이 도저히 갚지 못할 빚을 져서 그 채권자의 종이 되었는데 제 3자가 나타나 그 빚을 모두 갚아 주고 그 종된 사람의 신분을 다시 회복시켜 주는 것을 구속이라고 말씀합니다. 본문에서는 예수 그리스도의 피가 대속물이 되어 그 결과 죄의 권세에 있던 우리들이 완전히 자유롭게 되고 용서함을 받았다는 것입니다. 우리의 모든 빚을 주님께서 다 갚아 주셨다는 것입니다. 그러므로 예수님의 죽음은 대속적 죽음입니다. 우리를 구원하신 것, 즉 흑암의 권세에서 건져내신 것과 주님의 나라로 소속을 옮기셨다는 말씀은 모두 완료형 시제입니다. 이 말씀 때문에 우리는 우리의 구원에 대해 확신을 가질 수 있습니다. 우리의 구원이 우리의 힘이나 선행에 좌우된다면 우리는 확신할 수 없습니다. 우리의 구속이 만유의 주재이신 예수님의 보혈과 그 죽으심에 근거해 있으므로 가장 확실한 것임을 알 수 있습니다. 여러분이 진정 이 예수님을 구주로 영접했다면 구원에 대한 확신이 흔들릴 때마다 이 말씀을 항상 기억하시기 바랍니다.

15-17절은 창조주로서의 예수 그리스도에 관한 말씀인데 창조에 대해 말씀드릴 때 설명드린 바와 같이 성자 예수님께서도 성부 하나님과 동일하게 창조 사역에 동참하셨고 지금도 우주 만물을 다스리시며 운행하신다는 말씀입니다. 15절에서 18절 사이에 모든 피조물 또는 만물이라는 단어가 여섯 번이나 반복해서 나타납니다. 그것은 바로 예수님의 우주적인 주권과 그의 탁월하심을 강조하는 것입니다. 또한 19절에는 예수님 안에 모든 충만이 거한다고 말씀하시는데 그것은 모든 능력과 신적인 속성들이 충만하게 예수님 안에 거한다는 말씀으로 다시 한번 영지주의자들에 대해 예수 그리스도의 주권과 그의 신성을 강조하는 말씀입니다.

그 다음에 20절에 보시면 구원은 동시에 '화목'(die Vershönung)이라고 말씀합니다. 즉 원래의 아름답고 조화로운 하나님과의 관계가 죄로 말미암아 왜곡되고 변형되었지만 이제는 그리스도 안에서 다시금 그 화목된 관계로 돌아가는 것입니다. 또한 구원이란 병에 걸려 아프다가 이제 건강을 회복하고, 위험한 상황에 처해 있다가 다시 안전한 상태로 회복되는 것을 의미합니다. 즉 창조는 건강하던 상태였고, 타락 이후 모든 만물은 병에 걸린 상태였는데 이제 예수 그리스도의 죽으심과 부활로 인해 그 병에서 회복되었다는 말입니다. 그러므로 여기서 우리는 예수님의 구원이 단지 우리 개개인을 향한 개별적인 구원일 뿐만 아니라 전 우주적인 회복을 뜻함을 알 수 있습니다. 본문 20절을 다시 한 번 봅시다. 인간의 타락이 우주적인 영향을 미쳤기 때문에 예수 그리스도의 구속 사역 역시 우주적이라는 것입니다. 따라서 우리가 죄에서 구속함을 받았다면 단지 우리의 영혼만이 새롭게 거듭나는 것이 아니라 우리의 삶의 모든 영역이 새로워져야 하는 것입니다.

신구약 전체에 흐르는 구속의 언약

이제 두 번째로 생각할 점은 하나님께서 이러한 구원의 계획을 신구약 성경 전체를 통해 점진적으로 계시해 주신 것을 읽어볼 수 있습니다. 자기 백성을 죄에서 구속할 뿐만 아니라 그들을 축복해 주시겠다는 언약이 성경 전체에 흐르는 맥락입니다. 그것을 간단하게 살펴보겠습니다.

하나님께서는 먼저 창세기 3장 15절에서 아담과 하와가 범죄하여 타락한 직후에 바로 메시야를 보내어 주시겠다는 약속을 하셨고 그 결과 가죽옷을 그들에게 지어 입히셨습니다. 이어서 노아 시대에도 하나님께서는 홍수 심판 이후에 노아와 그의 가족들, 그리고 그와 함께 한 모든 생물들과 더불어 언약을 맺으시면서(창 9:9-17), 더 이상 세상을 물로 심판하지 않겠다는 약속을 하시고 그 증거로 무지개를 보여 주셨습니다.

다음에는 하나님께서 아브라함을 부르시고 그에게 축복하시면서 자손이 번성하고 축복의 땅을 기업으로 주겠으며 그로 인해 천하만민이 복을 받을 것이라고 말씀하셨습니다(창 12:1-3; 13:14-17; 15:1-21; 17:1-21). 그 언약의 증표로 하나님께서는 할례를 행하라고 말씀하십니다. 즉 그의 자손으로 오신 예수 그리스도를 통해 모든 민족들이 하나님께로 돌아와 하나님의 나라를 기업으로 상속받는 놀라운 영적인 축복을 누리는 믿음의 조상이 된 것입니다.

그 다음 하나님께서는 다시 모세와 그와 함께 한 이스라엘 백성들과 언약을 맺으시는데 그 대표적인 것이 출애굽기 20장에 나오는 십계명입니다. 이 십계명은 하나님께서 은혜로 그들을 구원하신 후 구원받은 하나님의 백성들이 이 땅에서 어떻게 살아야 할지를 구체적으로 명시하고 있습니다. 이스라엘 백성들은 이 계명들을 지킴으로 구원받은 백성의 삶을 살아야 했지만 동시에 그 율법을 다 지킬 수 없음을 깨달았고 그 결과 메시야의 구속을 소망하며 살았던 것입니다.

그 후 하나님께서는 다윗과 언약을 맺으셨습니다(삼하 7). 즉 그 자손인 예수님을 통해 하나님 나라가 임하며 그 나라는 영원할 것을 말씀하셨던 것입니다. 그리고 이 모든 언약은 예수님의 오심으로 완성됩니다. 마지막 성만찬을 행하실 때 주님은 잔을 들어 축사하시면서 잔은 우리들과 세우는 새 언약으로써 자신의 보혈을 통해 우리들이 죄에서 구속함을 입을 것이라고 말씀하셨습니다. 그러므로 성경에 계시된 하나님의 언약을 모두 종합해 보면 그것은 결국 우리의 구속을 위한 것이며 그 중심에 예수 그리스도께서 서 계심을 알 수 있습니다. 예수님은 모든 언약을 성취하셨기에 신·구약 성경이 만나는 초점이 되며 구속사의 주인공이십니다. 그분은 원래 하나님이시며 창조주로서 모든 만물이 그로 말미암아, 그를 위하여 창조되었고 만물이 그 안에 함께 서계십니다(15-17절).

하나님 나라의 임재

그렇다면 이제 세 번째로 그리스도의 구속 사역이 어떻게 하나님의 나라를 이 땅에 임하게 하였는지 생각해 보겠습니다. 본문 13절에도 보면 하나님께서 우리를 그의 사랑의 아들의 나라로 옮기셨다고 말씀하십니다. 이 사랑의 아들의 나라란 다른 말로 하나님의 나라를 의미하는데, 사실 그리스도께서 죄로 말미암아 부패한 피조계를 십자가의 보혈로 화평을 이루어 만물을 회복시키는 것과 하나님의 나라가 도래한다는 것은 같은 의미입니다. 우리가 구원을 얻는다는 것은 결국 하나님 나라의 시민이 된다는 뜻이요, 하나님 나라의 시민이 된다는 것은 우리가 하나님을 우리의 왕으로 인정하고 우리의 모든 삶의 영역에서 그분의 통치하심을 인정하는 것입니다. 따라서 하나님의 나라란 어느 일정한 공간적인 지역을 의미하는 것이 아니라 하나님의 다스리심이 미치는 모든 영역을 포함합니다. 또한 이 하나님의 나라란 성경에 나타난 모든 언약의 핵심, 즉 하나님이 우리의 하나님이 되시고 우리가 하나님의 백성이 되는 관계가 정립된 것을 뜻합니다. 이런 의미에서 하나님의 나라, 언약, 그리고 우리의 구속은 서로 긴밀한 연관 관계에 있습니다.

그럼 네 번째로 예수님의 사역이 어떻게 우리의 구원을 이루시며 하나님의 나라를 현재적으로 임하게 하셨을까요? 예수님께서는 3년간의 공생애 동안 하나님 나라에 관해 말씀하셨을 뿐만 아니라 그것이 현재적으로 임했음을 실제 여러 가지 표적으로 보여 주시며 증명하셨습니다. 예수님은 천국의 복음을 전파하셨을 뿐만 아니라 그분이 오심으로 죄의 세력이 심판을 받고 타락한 세상이 회복되는 역사를 여러 가지 방법으로 드러내셨습니다. 먼저 예수님께서는 귀신을 쫓아내셨습니다. 이는 단지 예수님의 전능하심을 보여 준다기보다는 하나님 나라의 현재성을 증명하는 것임을 확인 할 수 있습니다(마 12:28). 병든 자를 고치시며, 죽은 자를 살리시는 이 모든 사역이 바로 하나님 나라가 임재하면 일어나는 일들입니다. 왜냐하면 하나님의 나라에는 병이나, 귀신이나, 사망이 왕노릇할 수 없기 때문입니다.

그러므로 주님은 누가복음 17장 21절에서 제자들에게 "하나님의 나라는 여기 있다 저기 있다고 할 수 없고 바로 너희 안에 있느니라"고 말씀하십니다. 예수님이 현재 그들과 함께 하시기에 하나님의 나라가 바로 현재적으로 임재하고 있다는 것입니다. 그런데 성경은 이 하나님 나라의 현재성과 동시에 미래성도 말씀합니다. 즉 하나님의 나라가 이미 우리 가운데 있지만 아직 완전히 완성되지는 않았다는 것입니다. 예수님이 다시 오실 그 때 하나님의 나라는 완성됩니다. 우리는 아직도 주님의 초림과 재림 사이에서, 즉 하나님 나라의 현재성을 맛보는 동시에 미래에 완성될 그 나라를 소망하며 살아가는 종말론적인 신앙인들입니다.

성경을 자세히 보면 종말이라고 하는 단어를 단지 세상의 끝날이라는 의미로 쓰지 않습니다. 오히려 종말이란 주님의 초림과 재림의 중간기간 전부를 의미하고 있습니다. 우리가 예수 그리스도 안에서 구원을 얻어 하나님 나라의 백성이 되었지만 우리의 구원이 완전히 완성된 것은 아닙니다. 죄의 상징인 뱀의 머리가 십자가와 부활로 인해 부서졌지만 사탄의 세력이 아직도 꿈틀거리며 역사하기 때문에 성도들은 이 세상에 살면서 계속 옛사람의 세력과 새생명의 세력간에 갈등을 느낍니다. 이것을 종말론적 긴장관계라고 부릅니다. 그 대표적인 경우가 로마서 7장에 나타난 사도 바울의 탄식입니다.

성령에 의해 적용되는 구속역사

그렇다면 다섯 번째로 이러한 종말론적인 영적 전투에서 우리가 어떻게 승리하며 살아갈 수 있는가 하는 것입니다. 바로 여기에 성령의 역사하심이 있습니다. 성령께서 왜 오순절날 임하셨습니까? 그것은 예수님께서 십자가에 죽으신 후 사흘만에 부활, 승천하심으로 성취하신 구속의 역사를 이제 각 개개인에게 적용하시기 위해 오신 것입니다. 그래서 우리가 주님의 말씀을 듣고 하나님께서 우리를 부르신다는 사실을 깨닫게 되는데 이것 또한 성령의 역사입니다. 말씀과 성령의 역사로 우리는 이제 거듭나게 됩니다. 그리고 예수님을 주와 그리스도로 믿고 우리의 죄를 회개하게 됩니다. 그리할 때 하나님께서 우리를 죄없는 자로 인정해 주십니다. 또한 우리를 하나님의 자녀로 인정해 주십니다. 그렇기 때문에 로마서 8장 15절에 보면 성령을 양자의 영이라고도 말씀합니다. 이제 하나님의 자녀가 된 그리스도인들을 성령께서는 그의 평생 성결하게 하십니다. 그래서 성령을 비둘기에 비유하기도 합니다. 마치 부모님들이 자식들을 연단하듯 거룩하신 하나님의 영이 우리 성도들의 삶을 진정 거룩한 삶으로 점점 변화시키십니다. 이 세상과 구별된 하나님의 백성다운 빛과 소금의 삶, 왕 같은 제사장의 삶, 신령한 주님의 사람들로 성화시키십니다. 점점 더 죄에 대해 죽게 하시고 의에 대해 살게 하십니다.

또한 어려움이 닥쳐와도 넘어지지 않도록 붙잡아 주십니다. 힘들 때 새 힘을 주시고 지쳐 쓰러질 때 말할 수 없는 탄식으로 우리를 위해 기도하시면서 위로해 주시고 계속해서 선한 싸움을 싸우도록 격려해 주십니다. 날마다 순간마다 말씀으로 감화하시고 성령의 아름다운 열매를 맺도록 역사하십니다. 그리스도의 몸된 교회를 섬기도록 은사를 주시고 서로 주님의 몸을 세우며 천국 복음을 확장하도록 선교의 영으로 역사하십니다. 그리하여 궁극적으로 우리가 하나님 앞에 서는 그날 주님의 영광스러운 모습으로 변화되게 하심으로 우리의 구원을 완성하십니다. 바로 이것이 진리의 성령께서 하시는 일입니다. 이 성령을 우리 믿는 성도들 모두에게 주님께서 선물로 주셨습니다. 얼마나 감사합니까! 그래서 본문 22절에도 보면 주님께서 우리를 구속하신 것은 우리가 거룩하고 흠 없고 책망할 것이 없는 자로 하나님 앞에 세우고자 함이라고 말씀하시는 것입니다.

그러므로 우리 구원받은 그리스도인의 삶을 다음과 같이 정리할 수 있습니다. 그리스도인들은 두 가지 종류의 세계에 살고 있습니다. 즉, 궁극적으로는 하나님의 나라에 속한 사람들이지만 아직도 죄악이 영향을 미치고 있는 이 세상에 발을 붙이고 있습니다. 하나님의 나라가 우리 안에 새생명으로 씨앗이 뿌려지고 싹이 나서 아름답게 자라고 있지만 때로는 세상의 여러 가지 염려와 근심으로, 또는 사탄의 유혹으로 넘어지기도 하고 쓰러지기도 합니다. 그러나 그 때마다 주님의 영이 우리 안에서 말씀으로 역사하셔서 우리의 영혼을 감화 감동하십니다. 예수님의 십자가를 다시금 바라보게 하시고 그 부활의 능력을 힘입어 오늘도 다시금 주님 앞에 바로 서도록 역사하십니다. 예수님의 초림으로 실제적으로 시작된 하나님의 나라는 지금도 이름없이 빛도 없이 섬기며 수고하시는 모든 주님의 종들에 의해 조용히 성장하고 있습니다. 때로는 하나님을 대적하는 무리들에 의해 핍박도 받고 여러 가지 고난을 겪으며 심지어 생명을 빼앗기는 경우가 있으나 그럼에도 불구하고 역사의 주인이시며 우주의 주권자이신 하나님의 구속적인 경륜은 그의 때에 온전히 이루어질 것입니다. 예수 그리스도께서 하늘의 보좌를 버리시고 겸손히 섬기시는 종으로 오셔서 우리의 죄를 위해 십자가에서 죽으심으로 사탄의 나라를 깨뜨리시고 부활, 승천하셔서 지금도 우리를 위해 기도하십니다. 이 엄청난 구속의 은혜로 인하여 언제 어디서든 우리는 주님을 경배하게 되었고 서로 사랑하며 섬기는 그리스도인들이 되었습니다.

내용을 정리하자면, 구원받은 그리스도인의 삶을 다섯 가지 차원에서 다음과 같이 말씀드릴 수 있습니다. 첫째, 그리스도인의 삶의 동력(dynamic)은 삼위일체 하나님의 은혜로운 역사로 인한 것입니다. 둘째, 크리스챤 라이프의 목적(goal)은 모든 일을 하나님의 영광을 위해 하는 것입니다. 셋째, 우리 성도들의 삶의 동기(motive)는 하나님께 대한 감사와 사랑으로 살아가는 것입니다. 넷째, 신앙인의 삶의 상황(context)은 항상 코람데오(*Coram Deo*) 즉 '하나님 앞에서' 임을 잊지 말아야 합니다. 그리고 마지막으로, 그리스도인의 삶의 기준(cannon)은 하나님의 말씀으로서 이제 구원을 받은 성도답게 말씀에 순종해야 한다는 것입니다.

이런 의미에서 영국의 청교도 신학자였던 윌리엄 에임즈(William Ames)라는 분은 크리스챤 라이프를 "하나님을 향하여 살아 드리는 삶"이라고 말했습니다. 매우 적절한 표현이라고 생각됩니다. 그러므로 본문 마지막 23절의 말씀처럼 우리는 이 구원받은 확실한 믿음 안에 거하고 터위에 굳게 서서 복음의 이 귀한 소망에서 흔들리지 말아야 할 것입니다.

기도: 구원의 주님, 이 시간에도 우리가 받은 구원의 의미가 무엇인지 상고해 보았습니다. 이 엄청난 주님의 축복을 받았사오니 이제부터는 축복을 받은 자다운 삶을 살 수 있도록 인도해 주옵소서. 순간마다 우리 앞에 어려운 일이 닥칩니다. 주의 성령께서 우리를 진리가운데 인도해 주시고 우리의 인격이 계속해서 연단받아 주님을 닮아갈 수 있도록 인도해 주옵소서.

2_ 십자가의 의미 창 3:21-24

    우리 속담에 '옷이 날개'라는 말이 있습니다. 좋은 옷을 입으면 그만큼 멋있어 보인다는 말이겠지요. 군인이 군복을 입으면 정말 씩씩하게 보입니다. 신부가 웨딩드레스를 입고 있으면 너무나 아름답지요. 집을 나설 때 옷매무새에 신경쓰게 됩니다. 우리의 이미지에 영향을 주기 때문입니다. 그런데 사람이 최초로 옷을 입게 된 이유는 사실 멋을 내기 위해서가 아니었습니다. 본문에 보니 인간이 범죄한 결과로 옷을 입게 되었다고 말씀합니다. 아담과 하와가 에덴동산에 처음 살 때에는 옷이 필요 없었습니다. 기후도 온화했고 부끄러워할 것도 없는, 그야말로 낙원이었기 때문입니다. 유럽에 살면서 안 좋은 날씨가 계속될 때에는 저도 에덴동산에서 한번 살아봤으면 하는 생각이 종종 듭니다.

그러나 아담과 하와가 하나님의 말씀을 어기고 선악과를 따먹음으로 타락하고 말았습니다. 그러자 그들은 자신들이 기대했던 것처럼 하나님같이 된 것이 아니라 죄책감과 부끄러움에 휩싸이게 되었습니다. 이 수치심과 죄책감은 그들 자신의 노력으로는 도저히 해결할 수 없었습니다. 그나마 그들이 허둥지둥 만들어 낸 것이 무엇이었습니까? 무화과나무 잎으로 엮은 치마였습니다. 하지만 햇볕이 쬐자마자 어떻게 되었습니까? 잎이 말라버려 아무 소용이 없었습니다. 다시 만들곤 했지만 마찬가지였습니다. 벗은 데 대한 부끄러움만 더해갔고 치마 만드는 수고만 더했을 뿐이었습니다. 그러자 하나님께서 이 옷 대신에 새로 가죽옷을 입혀 주셨다고 본문은 말씀합니다. 이것은 무엇을 의미합니까?

가죽옷의 의미

먼저 가죽옷은 하나님의 선물이었습니다. 은혜로우신 하나님께서 범죄한 아담에게 찾아 오셨습니다. 그리고 동산 나무 사이에 숨어 있던 아담에게 물으셨습니다. "네가 어디 있느냐?" 그들이 지은 죄 값으로 당장 멸망시킬 수도 있었지만 사랑으로 참으시고 다시 부르신 것입니다. 지금도 마찬가지입니다. 하나님께서는 우리가 죄 가운데 빠져 있을 때 우리를 불쌍히 여기시고 우리 이름을 부르시면서 친히 찾아와 주십니다. "아무개야 네가 어디 있느냐?"고 물으십니다. 잃은 양을 찾아 헤매는 목자의 심정으로 죄인들을 찾으시는 것입니다. 이것은 혼내 주려고 부르시는 음성이 아닙니다. 간절한 사랑의 부르심입니다. 이 주님의 자비로운 음성이 들리십니까? 지금 이 순간 그 음성을 들을 수 있기를 바랍니다.

하나님께서는 짐승을 잡아 그 가죽으로 옷을 만드셨습니다. 그리고 그것을 아담과 하와에게 선물로 주십니다. 아무 죄없는 짐승이 범죄한 사람 대신에 죽임을 당한 것입니다. 이것은 바로 하나님의 독생자 예수 그리스도의 죽으심을 미리 구체적으로 보여 주신 것입니다. 주님의 죽으심으로 우리가 구원을 선물로 받게 됩니다. 이 진리를 사도 바울은 로마서 5장 15-17절에서 다음과 같이 설명합니다.

"그러나 하나님께서 은혜를 베푸실 때에 생긴 일은, 한 사람이 죄를 지었을 때에 생긴 일과 같지 않습니다. 한 사람의 범죄로 많은 사람이 죽었으나, 하나님의 은혜와 예수 그리스도 한 사람의 은혜로 말미암은 선물은, 많은 사람에게 더욱더 넘쳤습니다. 또한, 하나님께서 주시는 선물은 한 사람의 범죄의 결과와 같지 않습니다. 한 범죄에서는 심판이 뒤따라와서 유죄 판결이 내려졌습니다마는, 많은 범죄에서는 은혜가 뒤따라와서 무죄 선언이 내려졌습니다. 아담 한 사람이 범죄함으로 그 한 사람으로 말미암아 죽음이 지배하게 되었다면, 넘치는 은혜와 의의 선물을 받은 사람들은, 예수 그리스도 한 분으로 말미암아, 생명으로 지배할 것이 아닙니까?"

무화과 나무 잎으로 만든 옷은 인간의 아이디어요 가죽옷은 하나님의 아이디어입니다. 무화과 나무 잎으로 만든 옷은 인본주의의 옷이요 가죽옷은 신본주의의 옷입니다. 인본주의란 사람이 자기 생각에 옳은 대로 사는 것입니다. 자기 소견, 자기 고집, 자기 방식대로 행동함을 의미합니다. 하나님의 의보다 자기의 의를 앞세우는 것입니다. 그러나 우리 인간의 의는 결국 얼마 가지 못하고 시들어버리는 나뭇잎처럼 진정으로 우리의 죄문제를 해결하지 못합니다. 죄의 문제는 사람의 힘으로는 해결할 수 없기 때문입니다. 하나님께서 지어주신 가죽옷을 입은 후에야 죄는 가리워지고 해결됩니다. 이것은 바로 하나님의 의를 우리에게 입혀 주신 것을 의미합니다. 인간이 죄악에서 구원받는 것은 인간의 공로나 노력으로 되는 것이 아니라 하나님이 내려 주시는 가죽옷이라고 하는 선물에 의해서만 가능하다는 말입니다. 오직 은혜로, 오직 믿음으로 구원받습니다. 그래서 바울 사도는 에베소서 2장 8-9절에서 말씀합니다.

"여러분은 믿음으로 말미암아 은혜로 구원을 받았습니다. 이것은, 여러분에게서 난 것이 아니요, 하나님의 선물입니다. 구원이 행위에서 난 것이 아님은, 아무도 그것을 자랑할 수 없게 하려고 하시는 것입니다."

우리의 구원은 하나님의 선물로 값없이 받는 것입니다. 아무리 죄가 많은 사람일지라도 그 죄를 위하여 속죄 제물이 되신 예수 그리스도를 구주로 믿으면 구원을 받습니다.

하나님께서 아담부부에게 지어주신 가죽옷은 그들이 만들었던 옷과는 비교도 안될 정도로 좋은 것입니다. 하나님께서 우리에게 주신 의는 인간이 만들어 낸 의와는 비교가 되지 않습니다. 그러므로 아기 예수는 하나님께서 우리에게 주신 최고의 선물입니다. 이 하나님의 선물은 성탄절에 아이들이 자기 전에 장화나 양말을 내어놓고 눈이 빠지도록 기다리는 산타클로스 할아버지께서 주는 선물과는 비교가 되지 않습니다. 이 선물은 믿음으로 받으면 영원히 내 것이 됩니다. 죄의 수치가 가려지고 다시 의인이 됩니다.

피흘림이 있어야

두 번째로 우리가 생각해야 할 점은 이 가죽옷을 짓기 위하여 피흘림과 죽음이 있었다는 사실입니다. 가죽옷을 하나 만들기 위해서는 짐승들이 죽어 피를 흘려야합니다. 짐승의 가죽을 벗겨 잘 가공해야 좋은 가죽옷이 나오게 됩니다. 가죽옷을 만들기 위해 하나님께서는 에덴동산에 있는 짐승을 잡으셨을 것입니다. 그 가죽을 벗기고 기름과 피를 다 짜낸 후에 가공해서 사람이 입을 수 있는 옷을 만들어 입혔을 것입니다. 이렇듯 가죽옷이란 피흘림과 죽음이 있은 후에 나오는 산물입니다. 이것은 바로 인간의 영혼을 구원하기 위해서는 피흘림과 죽음이 있어야 한다는 것을 의미합니다.

왜 죽어 피를 흘려야 합니까? 그것은 피가 생명이기 때문입니다. 레위기 17장 11절에 분명히 말씀합니다. "생물의 생명이 바로 그 피 속에 있기 때문이다. 피는 너희 자신의 죄를 속하는 제물로 삼아 제단에 바치라고, 너희에게 준 것이다. 피가 바로 생명을 지니고 있기 때문에,

죄를 속하는 것이다." 따라서 히브리서 9장 22절에 "피를 흘림이 없이는, 죄를 사함이 이루어지지 않는다"고 말씀합니다. 사람의 피는 소용이 없습니다. 죄인이기 때문입니다. 오직 여자의 후손으로, 죄와 상관없이 오신 어린 양 예수 그리스도의 보혈로 속죄함을 받게 됩니다. 따라서 아담과 하와가 입었던 가죽옷은 우리 죄를 위한 대속의 제물이 되기 위해 하나님의 아들이 육신을 입고 오셔서 고난당하시고 십자가에 돌아가심으로 우리가 그의 의로 옷입고 구원 얻을 것을 예시한 것입니다.

구약의 모든 제사들 역시 예수 그리스도의 피흘리심을 예표한 사건들이었습니다. 그래서 어떤 분은 구약을 짜면 양의 피가 흐르고 신약을 짜면 그리스도의 속죄의 피가 흐른다고 말합니다. 성경에서 피를 발견하지 못하면 아무 것도 보지 못한 것입니다. 성경은 피가 흐르는 책입니다. 성경은 생명이 흐르고 있는 책입니다. 우리는 성경에 흐르고 있는 피를 볼 수 있어야 하고 그 피의 의미를 바로 알 수 있어야 구원받은 성도입니다. 성경책에 과거에는 빨간색을 칠했습니다. 예수 그리스도의 보혈을 상징한 것입니다. 기독교의 복음은 피의 복음이요, 피를 통한 복음입니다. 죄로 말미암아 생명을 잃어버린 사람에게 예수의 피로 말미암아 생명을 다시 회복해 주는 것입니다.

어느 날 형제가 풀밭을 걸어가다가 형이 벌에 쏘였습니다. 형이 풀밭에 엎드려 아파하고 있는데 그 벌이 동생에게 또 덤벼들었습니다. 동생이 무서워 소리지르며 도망하니까 형이 "무서워 마라 그 벌은 침이 이미 뽑혔다. 내가 이미 쏘였기 때문이야"라고 말해주고 안심시켰습니다. 마찬가지입니다. 우리의 맏형되시는 예수 그리스도께서 사망의 쏘는 침을 대신 맞아 주셨으므로 우리는 구원을 받는 것입니다.

요셉의 삶 또한 예수님의 모습을 미리 생생하게 보여 줍니다. 요셉은 원래 야곱이 노년에 얻은 아들이었기 때문에 아버지의 특별한 사랑을 받아 다른 형들과는 달리 채색옷을 입었습니다. 그러나 형들의 시기와 미움은 그 옷을 벗겨냅니다. 그리고 형들은 수염소를 죽여 그 옷을 피에 적시고 짐승에 의해 죽었다고 야곱에게 거짓말을 합니다. 종으로 팔려간 요셉은 종의 옷을 입고 섬깁니다. 그러다가 보디발의 집에서 섬길 때 보디발의 아내가 그 옷을 붙잡고 유혹했습니다. 그러나 요셉은 그 유혹을 떨쳐 버리고 하나님 앞에서 깨끗하게 살았습니다. 억울하게 다시 감옥에 갇혔지만 결국 바로의 꿈을 해석함으로 바로는 자기의 인장 반지를 빼어 요셉의 손에 끼우고 그에게 세마포 옷을 입히고 금사슬을 목에 걸어 애굽의 국무총리로 세웁니다. 우리 예수님은 하늘 보좌의 영광스러운 옷을 벗으시고 종의 옷을 입으셨습니다. 십자가에서 피흘리실 때 마지막 남은 옷마저 빼앗겼습니다. 그러나 부활 승천하심으로 영광의 옷을 다시 입으십니다. 그리고 다시 오셔서 온 세상을 심판하실 것입니다.

출애굽 당시 하나님께서는 이스라엘 백성들에게 문설주에 양을 잡아 피를 바르라고 말씀 하셨습니다. 장자를 죽이는 심판이 애굽 전역에 임할 때 죽음의 사자가 대문에 양의 피를 바른 집에는 들어가지 않고 지나가 버리겠다는 것이었습니다. 그 대문에 페인트칠을 잘해서 넘어가는 것이 아닙니다. 그 집에 착한 사람이 살아서도 아닙니다. 오직 그 피를 볼 때에 넘어간다고 하였습니다. 그러므로 우리가 유월절 어린 양이신 예수님의 피를 믿음으로 내 마음의 문설주에 바르면 구원을 받습니다.

우리 주님께서 십자가에 달리시기 전날 밤 최후의 만찬 식탁에서 떡을 떼어주면서 이것은 너희를 위하여 주는 내 몸이라 하셨습니다. 잔을 나누시며 이것은 많은 사람을 위하여 흘리는바 나의 피 곧 언약의 피라고 하셨습니다. 예수님께서 십자가에 못박히실 때 군병들이 그 겉옷을 벗기고 제비 뽑았습니다. 우리에게 의의 옷을 입혀 주시기 위해 주님은 남은 겉옷까지 아낌없이 주셨던 것입니다. 그리고 십자가에서 외치셨습니다. "다 이루었다." 유월절양으로서 구속의 사명을 단번에 완수하셨다는 선언입니다.

왜 예수님께서 우리를 대신하여 죽으셨습니까? 우리를 사랑하시기 때문입니다. 자식이 아프거나 잘못되면 부모 마음이 괴로운 법입니다. 대신 아파주고 대신 고통받고 싶습니다. 사랑하기 때문입니다. 사랑하는 남편이 병들거나 잘못되면 아내의 마음이 아픕니다. 대신 아파주고 싶습니다. 사랑하기 때문입니다.

한국전쟁 때 이야기입니다. 남편은 군대갔고 임신한 부인이 혼자 품팔이하면서 근근히 살아 가다가 해산 예정일이 다가왔습니다. 애기옷은 고사하고 먹을 양식도 없어서 평소에 조금 알던 어느 선교사님댁을 찾아가기로 결심했습니다. 날은 어둑어둑해지면서 막 진통이 오기 시작했습니다. 선교사님댁이 거의 다와 가는데 도무지 견딜 수가 없었습니다. 다리 위를 지나다가 금방 아기를 낳을 것 같아서 급히 다리 밑으로 내려가 정말 아기를 낳았습니다. 추운 겨울날이었습니다. 산모는 자기 옷을 전부 벗어서 그 아기를 겹겹이 싸서 품에 꼭 껴안고는 얼어 죽고 말았습니다.

아침 일찍이 선교사님이 구호품을 싣고 막 나가는 참인데 다리 위에서 지프차가 고장이 났습니다. 그때 다리 밑에서 아기 울음소리를 듣게 됐습니다. 내려가 보니 그 지경이었습니다. 선교사는 산모를 장사지내고 그 아이를 키웠습니다. 아이가 10살쯤 됐을 때 선교사는 아이를 데리고 어머니 산소로 데리고 가서 지난 얘기를 다 해주었습니다. 그러니까 그 아이가 자기 옷을 다 벗어서 엄마 산소를 덮어주면서 "엄마, 매서운 칼바람이 부는 겨울에 절 낳으시느라 얼마나 추우셨나요" 하면서 통곡을 하더란 것입니다. 엄마가 대신 죽음으로 죽어야 할 아기를 살렸습니다. 우리도 마찬가지입니다. 우리가 죽어야 할 처지에 대신 우리 주 예수 그리스도께서 죽어주시고 우리를 살려내셨습니다. 내 대신 피흘리시고, 죽으시고, 가죽옷으로 나를 감싸주셔서 구원해 주심을 믿고 그 은혜로 살아가시기를 바랍니다.

예수 그리스도로 옷을 입어야

마지막으로 우리는 계속해서 이 하나님께서 입혀주신 온전한 가죽옷을 입어야 합니다. 베이커라고 하는 성서학자가 창세기 1장에서 3장까지의 주석을 쓰기 위하여 과거의 에덴동산으로 추정되는 유프라

데스강과 티그리스강 유역에서 지내며 직접 실험을 해보았다고 합니다. 옷을 벗고 무화과 나뭇잎을 엮어 치마를 해 입었습니다. 한시간이 지나자 말라 부스러지기 시작합니다. 결국 무화과 나뭇잎으로 엮은 옷은 한 시간용 밖에 되지 않는 즉석용 옷일 뿐이란 결론입니다. 무화과 잎으로 만든 옷은 불완전한 옷이요, 곧 햇빛에 말라버리기 쉬운 옷입니다. 이런 옷을 입고는 아무 것도 할 수 없습니다. 완전한 옷, 이것은 곧 예수 그리스도로 옷입는 것입니다.

그러면 우리가 어떻게 예수 그리스도로 옷입을 수 있습니까? 갈라디아서 3장 27절에 보니 "누구든지 그리스도와 연합하여 세례를 받은 사람은, 그리스도로 옷을 입은 사람입니다"고 하였습니다. 우리가 우리 죄를 고백하고 예수님께서 나의 죄 때문에 죽으셨음을 믿고 세례를 받으면 그리스도로 옷입었다는 말입니다. 세례를 받으시는 분들은 이 진리를 명심하시기 바랍니다. 이미 세례를 받으셨습니까? 세례 받은 후에도 우리는 계속해서 예수 그리스도로 옷입어야 합니다. "밤이 깊고, 낮이 가까이 왔습니다. 그러므로 우리는 어둠의 행실을 벗어 버리고, 빛의 갑옷을 입읍시다. 낮에 행동하듯이, 단정하게 행합시다. 호사한 연회와 술취함, 음행과 방탕, 싸움과 시기에 빠지지 맙시다. 주 예수 그리스도로 옷을 입으십시오. 정욕을 채우려고 육신의 일을 꾀하지 마십시오"라고 로마서 13장 12-14절에서 말씀하고 있습니다. 예수님으로 옷입기 위해서는 먼저 어둠의 일을 벗어야 합니다. 어떻게 벗습니까? 회개가 바로 옷을 벗는 행위입니다. 성경에 보면 '옷을 찢는다'는 표현이 아주 많이 나오지요? 이것도 회개를 뜻합니다. 이 로마서 13장은 방탕했던 청년 어거스틴을 변화시켜 성자로 만든 위대한 말씀입니다. 우리는 지금 어떤 옷을 입고 있습니까?

아담과 하와가 범죄하여 에덴 동산에서 추방됩니다. 더 이상 그 동산에 살 자격이 없기 때문입니다. 그런데 그 때 하나님께서는 에덴 동산 동편에 그룹들, 즉 천사들과 에덴 동산 주위를 두루 도는 화염검을 두셨다고 본문 24절에서 말씀합니다. 그것은 하나님께서는 에덴 동산을 완전히 없애지 아니하시고 생명나무의 길을 지키시기 위함이었던 것입니다. 이것은 무엇을 의미하겠습니까? 이것은 다시 우리 인간에게 에덴동산의 축복과 생명나무를 돌려주실 계획이 있음을 암시하는 것입니다. 그렇지 않으면 아예 에덴동산을 없애버리시지 왜 남겨 두셨겠습니까? 과연 하나님께서는 예수 그리스도의 속죄를 통해 우리 죄의 문제를 해결하시고 낙원을 회복하여 영원한 생명, 즉 생명나무의 실과를 먹게 해 주셨습니다. 이런 의미에서 예수 그리스도는 하늘에서 내려온 '산 떡'(living bread)입니다. 누구든지 이 떡을 먹는 자는 영원한 생명을 누린다고 주님은 약속하셨습니다.

약속의 말씀대로 하나님께서는 동정녀 마리아를 통해 예수 그리스도를 이 땅에 보내셨고 예수님께서는 예언된 말씀 그대로 자신을 드려 만민을 구원하기 위한 제물이 되셨습니다. 살을 찢으심으로 영생을 주는 산 떡이 되셨고 죄사함을 얻게 하려고 언약의 피를 흘리셨습니다. 그리하여 우리 죄인이 의인이 될 수 있게 하셨고 영생을 누리며 왕노릇할 수 있게 하셨습니다. 그러므로 우리가 성찬식에 참여할 때마다 이 하나님의 놀라운 사랑과 우리 주님의 거룩하신 희생을 기억하며 항상 감사드려야 할 것입니다.

또한 우리가 계속해서 예수님으로 옷입다는 것은 골로새서 3장 12절을 보니 "그러므로 여러분은 하나님의 택하심을 받은 거룩하고 사랑받는 사람답게, 동정심과 친절과 겸손과 온유와 오래 참음을 옷 입는 것"이라고 말씀합니다. 이것은 다시 말해 "하나님을 따라 참된 의로움과 거룩함으로 지으심을 받은 새 사람을 입는 것"이라고 에베소서 4장 24절에서 말씀합니다. 또한 에베소서 6장 11절에서는 우리가 이 유혹과 시험이 많은 세상에 살면서 "악마의 간계에 맞설 수 있도록 하나님께서 주시는 장비로 완전무장을 하는 것"도 포함합니다.

우리가 참여하는 성찬 즉 거룩한 만찬은 장차 우리가 주님 앞에서 어린 양 혼인잔치를 미리 맛보는 것입니다. 그런데 마태복음 22장 11-14절에 보면 그 잔치에 들어가려면 반드시 예복을 입어야 한다고 말씀합니다. 예복을 입지 않고 들어온 사람은 바깥 어두움에 내어 던짐을 당합니다. 이 예복은 무엇입니까? 이것은 우리가 주님을 만날 때 입게 되는 흰 세마포 옷입니다. 요한계시록 7장 9절에 보시면 사도 요한은 "모든 민족과 종족과 백성과 언어에서 나온 사람들인데, 흰 두루마기를 입고, 종려나무 가지를 손에 들고, 보좌 앞과 어린 양 앞에 서서" 찬양과 영광을 돌리는 비전을 봅니다. 그들은 큰 환난을 겪어 낸 사람들인데 어린 양이 흘리신 피에 자기들의 두루마기를 빨아서 희게 하였다고 말씀합니다. 여기서 흰 옷이란 단순히 색깔이 희다는 뜻만은 아닙니다. 피로 옷을 씻으면 붉은 색이지 왜 흰색이 됩니까? 흰 옷이란 정결하다, 거룩하다는 의미입니다. 예수님의 보혈로 씻었기 때문입니다. 또한 큰 환난에서 나왔다고 했습니다. 어쩌면 그 옷에는 순교의 피가 묻어있을지도 모릅니다. 그러나 그 옷은 흰 옷입니다. 거룩한 옷이기 때문입니다. 또한 이 깨끗한 세마포 옷은 성도들의 옳은 행실이라고 했습니다(계 19:8).

구약의 대제사장들은 거룩한 세마포 옷을 입고 주님을 섬겼습니다. 우리 성도들은 다 왕같은 제사장입니다. 그러므로 이 땅에서 거룩한 삶으로 옳은 행실로, 예수 그리스도로 옷입고 주님을 섬길 때, 주님 앞에 서는 날에 우리는 부끄러움이 없을 것입니다. 다시 오실 주님을 대망하면서, 날마다 거룩한 옷을 입고 준비하는 성도들이 되어야 할 것입니다.

기도: 거룩하신 하나님 아버지, 우리에게 예수 그리스도로 말미암아 의의 옷을 입혀 주심을 진심으로 감사합니다. 계속해서 우리의 삶이 성결한 세마포로 옷입은 주님의 백성답게 살아 주님 앞에 설 때에 부끄러움이 없는 삶이 되게 하여 주옵소서.

3_ 그리스도의 성육신 창 3:15-24

　원래 교회력은 대림절부터 시작합니다. 지금 우리가 사용하는 달력은 로마 제국 시대의 황제였던 율리우스 때부터 내려온 달력이기 때문에 교회력과는 조금 차이가 있습니다. 교회력이란 예수 그리스도의 탄생과 죽음, 부활 그리고 재림으로 완성된 구원의 역사를 매년 재현하기 위해 설정한 달력입니다. 우리가 이 교회력을 따라 절기를 지킴으로 예수 그리스도 안에서 받은 구원의 은총을 계속해서 체험하게 되는 것입니다. 이런 의미에서 교회력은 우리가 끊임없이 하나님의 은혜를 지속적으로 받는 '항구적인 은총의 수단'이라고 말할 수 있습니다.

　교회력에서 가장 큰 두 절기는 성탄절과 부활절입니다. 부활절이 사순절로 시작하여 부활절에서 정점을 이룬 후 오순절로 마무리되듯이, 성탄절 역시 대림절로부터 시작하여 성탄절에서 클라이맥스를 이루고 주현절로 마감됩니다. 그렇다면 왜 대림절이 교회력의 시작인지 우리는 이해할 수 있습니다. 즉 예수님의 오심을 기다림으로 시작해서 예수님의 강림하심을 기념하고, 다시 사순절을 거친 후 성금요일과 부활절을 지나 오순절을 통해 교회가 탄생하여 성장하는 방향으로 진행됩니다.

대림절과 마라나타

대림절이 교회력으로 신년이라는 의미는 다른 말로 하면 교회의 역사는 메시야를 기다림으로 시작된다고 할 수 있습니다. 원래 이 '강림'(Advent)이라는 단어는 로마 제국에서 아우구스투스 시대 이래로 황제가 즉위한 후 각 지역을 방문했는데 그 때 황제의 방문을 'His Advent'라고 했다고 합니다. 그런데 그리스도인들이 이 단어를 만왕의 왕이신 하나님께서 구세주로 이 세상에 오신다는 의미로 쓴 것입니다. 즉 대림절은 예수 그리스도의 성육신을 통한 초림과 심판을 위한 재림을 준비하며 기다리는 절기입니다. 이 절기 동안에 하나님의 백성들은 역사 안에 육신을 입고 오신 예수님께서 우리에게 베풀어주신 구원의 은총에 감사합니다. 그리고 현재 성령으로 우리와 함께 계시는 주님의 현존(Presence)을 확신하면서 다시 오실 예수님을 굳센 믿음과 소망가운데 기다리는 것입니다.

그래서 초대교회 성도들은 '마라나타'를 고백했습니다. 이것은 물론 '주여, 어서 오시옵소서'라는 뜻입니다. 그런데 이 단어는 두 가지로 번역할 수 있습니다. 첫 번째는 'maran atha = 'Our Lord has come.'(과거에 이미 완전히 이루어진 사건을 표현하는 완료형)입니다. 그리고 두 번째는 'marana tha = 'Come, our Lord!'(미래에 일어날 사건에 대한 명령형)입니다. 그러므로 이 '마라나타' 속에는 이미 오신 예수님에 대한 믿음과 다시 오실 예수님에 대한 종말론적 믿음이 동시에 있다는 말입니다. 즉, '마라나타'의 신앙 고백 안에 대림절의 깊은 의미가 함축되어 있습니다. 이러한 의미에서 대림절은 교회력의 시작인 동시에 역사의 종말을 묵상하게 하는 뜻깊은 기간입니다. 다시 말해 이 대림절 안에서 역사의 시작과 끝이 함께 만나는 것을 보게 됩니다. 주님은 알파와 오메가요, 처음과 나중이며, 시작과 끝입니다. 그러므로 우리 그리스도인의 삶은 바로 이 종말론적 긴장 관계 속에 있습니다. 주님께서 오심으로 이미 시작된 하나님의 나라와 장차 주님께서 다시 오심으로 완성될 기간 안에 있습니다. 이미 오신 주님을 찬양하며 다시 오실 주님을 기다리는 대림적 신앙생활인 것입니다. 따라서 우리는 이렇게 말할 수 있습니다. 그리스도인의 삶 전체가 바로 대림절이라고 말입니다.

그러나 우리는 조용히 이 예수님을 기다리기보다는 선물을 사는데, 쇼핑을 하는데 더 정신이 없는 것 같습니다. 거리마다 화려한 장식들과 캐롤송들이 우리의 마음을 들뜨게 하고 있습니다. 마치 베들레헴의 여관마다 방이 다 차서 정작 하나님의 아들 아기 예수께서 탄생할 자리는 없었던 것처럼 말입니다. 우리의 마음이 이 세상의 분주함으로 가득 차서 주님을 모실 여유조차 없는 것은 아닌지 이 시간 우리 자신을 조용히 살펴보아야 하겠습니다.

몇 년 전, 저희 집 막내가 다니던 카톨릭 유치원의 선생님으로부터 편지 한 장을 받았던 적이 있습니다. 이 편지가 저에게는 깊은 감동을 주어 여러분들과 잠시 나누고 싶습니다.

친애하는 학부모님들에게,

저희 반의 새로운 중심주제는 고요함입니다.

우리는 너무나 시끄러운 세상에 살고 있기 때문에 고요히 명상하는 데 충분한 시간을 갖지 못하고 삽니다.

자주 우리는 너무 바빠서 이것을 인식하지도 못합니다.

약속, 의무 그리고 라디오와 텔레비전의 영향은 우리의 여가 시간을 점령하고 있습니다.

아이들은 우리의 급함과 참지 못함을 감지하고 있습니다.

아이들은 건전한 발달과 특정한 재능의 개발, 그리고 고요한 삶을 체험하기 위해 휴식과 침묵을 절대 필요로 합니다. (중간의 내용은 생략하고 마지막은 이렇게 끝맺고 있습니다.)

우리는 이 의미 깊은 대림절 기간에 아이들로 하여금 고요함을 연습하기를 원합니다. 매일의 생활 속에서, 놀이와 학습, 관찰과 그림, 역사 그리고 성탄절 노래를 연습하면서 예수님이 탄생하신 곳으로 인도되기를 원합니다.

고요한 대림절을 맞이하시길 기원합니다.

정말 그렇지 않습니까? 우리가 왜 이렇게 바쁩니까? 더 잘살기 위해 노력하느라고 바쁘지요. 그러나 너무 바빠서 주님을 맞이할 여유조차 없다면, 너무 시끄러워서 주님의 음성을 들을 수조차 없다면 그 바쁨이 그 분주함이 무슨 의미가 있겠습니까? 이 소란한 세상 속에서도 하늘의 고요한 평화와 위로를 누리는 진정한 대림절을 경험해야 할 것입니다.

주님의 오심을 기다렸던 사람들

성경을 깊이 보면 대림절은 창세기 3장에서 이미 시작되었음을 알 수 있습니다. 왜냐하면 주님의 오심이 제일 먼저 약속된 곳이 바로 창세기 3장이기 때문입니다. 아담과 하와가 하나님께서 금하신 선악과를 따먹음으로 타락했습니다. 그 결과 무서운 형벌을 받게 됩니다. 먼저 하나님께서는 14절에 인간을 유혹한 뱀을 저주하신 후 바로 15절에 위대한 선언을 하십니다.

"내가 너로 여자와 원수가 되게 하고, 너의 자손을 여자의 자손과 원수가 되게 하겠다. 여자의 자손은 너의 머리를 상하게 하고, 너는 여자의 자손의 발꿈치를 상하게 할 것이다."

이 말씀은 첫 번째 선포된 복음 또는 원시복음(*proto Evangelium*)이라고 불립니다. 이 말씀이 왜 중요합니까? 그것은 인간의 타락 직후에 바로 하나님께서 복음을 선포하셨기 때문입니다. 하나님께서는 여자의 후손을 통해 뱀의 머리를 분쇄하실 것을 선언하십니다. '여자의 후손'은 누구입니까? 바로 동정녀의 몸에서 탄생하신 성자 예수 그리스도를 뜻합니다. 모든 사람은 남자의 후손입니다. 남자 없이 태어날 수 없습니다. 그러나 오직 예수님만은 남자와 상관없이 태어나신 메시야이십니다. 이사야 선지자는 이것을 다시금 분명히 예언했습니다. "그러므로 주께서 친히 다윗 왕실에 한 징조를 주실 것입니다. 보십시오, 처녀가 잉태하여 아들을 낳을 것이며, 그가 그의 이름을 임마누엘이라고 할 것입니다"(사 7:14).

때가 차매 하나님께서 그 아들을 보내사 동정녀 마리아의 몸에서 탄생하게 하십니다. 남자를 알지 못하는 여자의 후손으로, 성령에 의해 잉태되게 하신 것입니다. 수 천년의 세월이 지났지만 하나님의 신실하신 약속은 정확하게 이루어졌습니다. 마태복음 1장에는 아브라함에서 다윗을 거쳐 예수 그리스도께서 약속하신 메시야임을 증거하는 족보를 볼 수 있습니다. 반면에 누가복음 3장을 보시면 마리아에서 시작하여 아담까지 거슬러 올라가는 족보를 읽어볼 수 있습니다. 여자의 후손으로 오신 구세주이심을 역사적 증거를 통해 우리에게 분명히 보여주는 귀한 말씀입니다. 성경에 나오는 족보를 읽으실 때 지겹고 졸릴 수가 있습니다. 그러나 성경의 족보는 매우 중요합니다. 왜냐하면 이 족보는 언약을 지키시는 하나님의 신실하심을 증거하기 위해 기록된 것이기 때문입니다.

아담은 이 대림의 약속을 믿었습니다. 그 증거는 본문 20절에서 볼 수 있습니다. 즉 그 아내의 이름을 하와라고 불렀습니다. 그 뜻은 '생명이 있는 모든 것의 어머니'입니다. 즉 하와의 후손을 통해 다시금 우리가 죄와 사망의 권세에서 해방을 받고 영원한 생명을 누릴 것을 아담은 믿었던 것입니다. 그러자 여호와 하나님께서 아담과 그 아내를 위하여 가죽옷을 지어 입히셨다고 21절에 말씀합니다. 가죽옷은 짐승의 가죽으로 만들지 않습니까? 그렇다면 가죽옷을 지어 입히기 위해 분명히 짐승이 희생되어야만 했습니다. 그 가죽옷은 아담과 하와의 수치를 가려 주었습니다. 이것은 무슨 뜻입니까? 예수 그리스도의 공로로 말미암아 우리의 모든 죄가 가려지고 깨끗이 용서받게 될 것임을 시청각적으로 보여 주시는 하나님의 자상한 배려입니다.

아담은 분명 이 약속을 그의 자녀들에게 이야기해 주었을 것입니다. 그리고 그의 자녀들은 다시 그 후손들에게 전달해 주었을 것입니다. 그리하여 하나님의 백성들은 계속해서 이 신실한 약속을 붙잡고 살았습니다. 메시야가 오실 것을 대망하면서 그 믿음으로 세상을 이겼습니다. 이러한 의미에서 보면 구약 전체가 하나의 대림절이라고 말할 수 있습니다. 이 세상에 오실 하나님의 독생자를 기다리면서 살아갔던 것입니다.

누가복음에 보면 제일 마지막으로 경건하게 메시야를 기다렸던 두 사람을 만날 수 있습니다. 이 두 분은 예루살렘에 살던 시므온과 안나였습니다. 시므온은 의롭고 경건하여 이스라엘의 위로를 기다리는 자라고 누가는 소개합니다. 성령이 그 위에 계셨고 그리스도를 보기 전에 죽지 아니하리라 하는 성령의 지시를 받았습니다. 성령의 감동으로 성전에 들어갔을 때 마침 부모가 율법의 전례대로 그 아기 예수를 데리고 오자 이 아기를 안고 하나님을 찬송했습니다. "주님, 이제 주께서는 주의 말씀을 따라, 이 종이 세상에서 평안히 떠나갈 수 있게 해주셨습니다. 내 눈이 주의 구원을 보았습니다. 주께서 이것을 모든 백성 앞에 마련하셨으니, 이것은 이방 사람들에게는 계시하시는 빛이요, 주의 백성 이스라엘에게는 영광입니다"(눅 2:29-32).

안나 또한 과부 된 지 팔십 사 년이 된 할머니였으나 성전을 떠나지 아니하고 주야에 금식하며 기도하면서 섬기다가 마침내 메시야를 만나 하나님께 감사하고 예루살렘의 구속됨을 바라는 모든 사람에게 이 아기에 대하여 증거하는 여생을 살았습니다.

주님을 대망하는 성도

이제 우리는 다시 오실 주님을 기다리고 있습니다. 따라서 우리는 바로 이 시대의 시므온과 안나가 되어야 합니다. 주님을 맞이할 준비를 하는 것은 결코 우리의 집을 꾸미고, 선물을 구입함으로 하는 것이 아닙니다. 주님을 맞이할 준비는 무엇보다 먼저 우리의 마음을 정결케 함으로 시작합니다. 이사야 선지자는 외쳤습니다. "광야에 주께서 오실 길을 닦아라. 사막에 우리의 하나님께서 오실 큰길을 곧게 내어라. 모든 계곡은 메우고, 산과 언덕은 깎아 내리고, 거친 길은 평탄하게 하고, 험한 곳은 평지로 만들어라. 주의 영광이 나타날 것이니, 모든 사람이 그것을 함께 볼 것이다"(사 40:3-5). 주님의 오심을 예비하기 위해서는 우리에게 주님을 향한 대로가 있어야 합니다. 골짜기가 있다면 메우고, 산이 있다면 깎아 내려서 고속도로를 건설하듯, 주님을 향한 막힘이 없는 시온의 대로가 있을 때 주님은 우리의 심령에 임하실 것입니다.

그렇다면 이 대로를 평탄케 하기 위해서 우리가 구체적으로 해야 할 일이 무엇입니까? 세례 요한은 바로 이 사명을 받은 선지자였습니다. 그는 우리가 오실 메시야를 맞이하기 위해서는 먼저 회개해야 한다고 외쳤습니다. 무엇을 회개해야 합니까? 무리가 세례 요한에게 물었습니다. 세례 요한은 대답했습니다. "옷을 두 벌 가진 사람은 없는 사람에게 나누어 주고, 먹을 것을 가진 사람도 그렇게 하여라." 세리들에게는 "너희에게 정해 준 것보다 더 받지 말라"고 했습니다. 군인들에게는 "남의 것을 강탈하거나 거짓 고발을 하지 말고, 너희의 봉급으로 만족하라"고 했습니다(눅 3:11-14). 무슨 말입니까? 소유욕을 회개하라는 것입니다. 물질에 대한 탐욕 때문에, 권력에 대한 횡포 때문에 우리의 삶에는 사망의 음침한 골짜기가 생기고 험한 산이 생기는 것입니다. 육신의 정욕, 안목의 정욕, 이생의 자랑을 버리지 않는 한 우리에게는 주님을 맞이할 대로는 열리지 않습니다. 헛되고 헛된 세상의 썩어질 것에 우리의 마음이 집착해 있는 한, 그리하여 우리의 가진 것으로 나누는 삶이 없는 한, 우리는 다시 오실 주님을 맞이할 수 없습니다. 깨끗한 심령으로 가난한 마음으로 하나님의 나라와 그 의를 먼저 구할 때, 나를 부인하고 십자가를 지고 주님을 따를 그 때, 우리의 기다림은 의미가 있고 기쁨과 소망이 넘치는 것입니다.

베드로 사도는 베드로후서 3장에서 예수님의 재림이 노아의 홍수처럼 반드시 임할 것을 강조하면서 이렇게 11-14절에서 다음과 같이 권면합니다. "여러분은 거룩한 행실과 경건한 생활 가운데서, 하나님의 날이 오기를 기다리고, 그 날을 앞당기도록 해야 하지 않겠습니까? 그 날에 하늘은 불타서 없어지고, 원소들은 타서 녹아 버릴 것입니다. 그러나 우리는 그의 약속을 따라 새 하늘과 새 땅을 기다리고 있습니다. 거기에는 정의가 깃들어 있습니다. 사랑하는 여러분, 여러분이 이것을 기다리고 있으니만큼, 티도 없고 흠도 없는 사람으로, 아무 탈 없이 하나님 앞에 나아갈 수 있도록 힘쓰십시오." 말씀과 기도로 깨어있고 사랑을 실천하면서 우리의 삶이 더욱 거룩해지고 경건에 이르도록 노력해야 할 것입니다. 또한 이 땅에 소망을 두는 자가 아니라 하나님의 날이 임하기를 소망하며 간절히 사모해야 하겠습니다. 그리하여 주님 앞에 서는 날, 잘했다 칭찬들을 수 있어야 합니다.

주님을 대망해야 할 세상

또한 우리는 대림절 기간이 바로 선교의 기회임을 깨달아야 합니다. 주님께서 다시 오시는 것이 지체되는 것이 아닙니다. 하나님께서는 모든 영혼들이 복음을 듣고 회개하여 아버지 품으로 돌아오기를 기다리시는 것입니다. 매년 이슬람에는 라마단이라는 금식기도 절기가 있습니다. 라마단이란 이슬람력으로 9번째 달에 1달간 금식하며 기도하는 기간을 말합니다. 회교도들은 이 기간 해 뜰 때부터 해질녘까지 금식하면서 하루에 3번 또는 5번 기도하면서 철저히 절제된 생활을 합니다. 저의 아이들이 몇 년 전 태권도를 배운 적이 있습니다. 데리고 갔던 저의 아내가 도장에서 머리에 보자기를 쓴 한 터키 아주머니와 함께 구경을 하고 있었습니다. 그런데 일정한 시간이 되자 그 아주머니가 입술로 무엇인가 주문 같은 것을 외우더랍니다. 그것이 바로 라마단 기도인 것을 알았을 때 이 무슬림들의 철저한 기도생활에 놀라지 않을 수 없었다는 것입니다.

이슬람은 기독교에 이어 세계에서 두 번째로 큰 종교입니다. 전세계에 약 11억 이상의 무슬림이 있으며 그들 대부분은 아직 복음을 전혀 들어보지 못했습니다. 그들은 예수를 선지자의 한 사람으로 인정합니다. 그러나 예수를 하나님의 아들이라고 믿지는 않습니다. 그들은 예수가 동정녀 마리아에게서 태어났지만, 그의 아버지는 천사장 가브리엘이라고 믿습니다. 무슬림은 예수의 신성, 십자가의 죽음과 부활을 믿지 않습니다. 코란에서 예수는 단지 12만 4천명의 선지자 중 한 명일뿐입니다. 최근 통계에 의하면 무슬림 100만~150만 명에 겨우 한 명의 선교사가 있다고 합니다. 더 많은 일꾼이 필요합니다.

이 라마단 기도 기간에 그리스도인들은 대라마단 기도를 합니다. 처음에는 몇 명 안 되는 그리스도인들의 작은 기도 모임으로 시작했는데 오늘날에는 약 2천만 명의 크리스천들이 전 세계에서 참여하고 있습니다.

2000년 전 이 땅에 겸손히 오신 주님, 우리를 위해 죽으시고 부활,

승천하신 주님께 감사하면서 다시 오실 영광의 주님을 소망하며 기도와 말씀으로 기다려야 하겠습니다. 먼저 나 자신이 깨어 믿음에 굳게 서야 하겠고, 또한 우리 주위에 아직도 예수님을 바로 알지 못하는 영혼들이 주님을 바로 알 수 있도록 간절히 기도하시길 바랍니다.

기도: 우리를 구원해 주시기 위해 독생자을 아낌없이 보내주신 아버지 하나님, 그 은혜를 진심으로 감사드립니다. 우리에게 영원한 생명을 주시기 위해 하늘의 영광을 비우시고 이 낮고 천한 땅에 오신 주님의 은혜를 찬양합니다. 이제 다시 오실 주님을 바라보며 더욱 소망 가운데 복음의 증인으로 살게 하여 주옵소서.

4_ 우리 시대의 남은 자들 사 10:20-23

우리가 살고 있는 이 21세기의 사상적 그리고 문화적 상황을 여러 가지 단어로 표현할 수 있겠으나 가장 대표적인 것 중의 하나는 역시 '포스트모더니즘'이라고 생각합니다. 그렇다면 이 '포스트모더니즘'이 과연 구체적으로 무엇인가라고 물을 때 대답하기가 그리 쉬운 것은 아닙니다. 이에 대해 화란의 유명한 기독교 철학자요 자유대학교의 현대 철학교수로 봉직해왔다가 정년 퇴임하신 반 더 후벤(Johan van der Hoeven)이라고 하는 분이 현대 서구의 정신적 분위기를 5가지의 핵심단어(key words)로 설명했는데 매우 적절한 것 같아 소개해드리고자 합니다.

첫째는 'postmetaphysical', 즉 지금까지 철학에서 이야기해 온 '존재'(Being)라고 하는 개념을 포기했다는 것입니다. 다시 말하자면 변하지 않고, 없어지지 않으며, 항상 필연적으로 존재하면서 일시적인 '의견'이나 '생각' 등을 초월한 본질적인 존재라고 하는 것이 과거에는 있다고 생각했는데 이제는 더 이상 그것을 믿지 않는다는 것입니다.

둘째는 한 걸음 더 나아가서 서두에 말씀드린 'postmodernism'인데, 이것은 한마디로 모더니즘(modernism)을 포기한 것입니다. 그럼 모더니즘이란 무엇입니까? 이것은 인간의 합리적인 이성을 절대적으로 신뢰하면서 그것을 바탕으로 학문과 이를 응용한 과학 기술을 통해 지상낙원을 건설할 수 있다고 생각한 낙관론인 소위 계몽주의 시대의 이상을 말하는 것으로 학문적, 사회적, 그리고 문화적 보편성이 존재한다고 믿고, 나아가 전통적인 형이상학적 또는 종교적인 설명들 즉 진리, 의, 선함, 자유, 그리고 사랑 등과 같은 개념들에 대해 무한히 신뢰했던 정신적 상황을 말합니다. 따라서 포스트모더니즘이란 이러한 계몽주의적 이상 및 종교적인 확신들을 송두리째 포기해버리는 것을 의미한다는 것입니다.

셋째는 'nihilism', 즉 허무주의입니다. 현대는 그동안 전통적으로 간직해왔던 기존의 가치 체계를 포기하고 모든 것에 대해 의미를 부여하는 것을 거부합니다.

넷째는 'pluralism', 즉 복수주의 또는 다원주의입니다. 이것은 보편성을 추구하던 전통적 가치나 유산을 해체시키고 각 개인의 의견 및 삶의 이야기에만 관심을 두는 것을 말합니다.

마지막으로 반 더 후벤 교수는 다른 학자가 사용한 단어를 인용하면서 'nomadism'을 언급합니다. 즉 유목민주의입니다. 왜냐하면 현대인들은 더 이상 확고한 정신적 기반이나 헌신이 없이 유목민들처럼 이리저리 떠돌아다니기 때문입니다. 그래서 후벤 교수님은 현대의 세속화된 서구 문명을 한마디로 '광야'(desert)라고 규정합니다. 그리고 결론적으로 이 다섯가지를 다시 하나의 단어로 압축한다면, 'contingency' 즉 우연성이라는 말로 대신할 수 있다고 봅니다. 우리의 경험 세계가 더 이상 어떤 근거나 이유, 의미나 목적을 상실한 채 표류하고 있다는 것입니다.

뿌리가 잘린 현대인의 삶

지금까지 말씀드린 것이 너무 철학적이어서 약간 어려운 내용일지도 모르겠습니다만 그 시사하는 바는 매우 깊으며 어쩌면 현시대의 정곡을 찌르는 지적이 아닌가 생각되기도 합니다. 현대인들의 삶을 다른 말로 하면 'uprooted', 즉 뿌리가 잘려 버린 삶이요 따라서 절대적 기준을 상실한 상대주의적 가치관을 지니고 그저 대중문화 속에 파묻혀 별다른 비판 의식도 없이 그냥 생존을 위해 대충대충 살고 있다는 말입니다. 기독교도 서구 사회에서는 그 영향력을 많이 상실해가고 있어 어떤 이들은 현대를 'post Christian era' (후기독교 시대)라고 부르기도 합니다. 화란, 독일을 비롯한 서구 유럽도 공적인 윤리와 사적인 윤리가 완전히 분리되고 이원화되어 매우 부도덕한 광고가 버젓이 버스 정류장 광고판에 게시된 적도 있습니다. 대중매체, 특히 텔레비전의 심야프로에는 음란한 프로그램들이 공공연히 방영되고 있고, 젊은이들은 다른 대안을 찾지 못한 채 마약, 매춘, 또는 광신적인 스포츠, 또는 뉴 에이지 운동 등과 같은 신비주의 내지 초현실주의적인 환상에 빠져 헤어 나오지 못하고 있는 것이 오늘의 현실입니다. 또한 우리 조국의 상황을 보아도 별로 나을 것이 없고 정치, 경제, 사회, 문화 등 오히려 모든 것이 악화되어만 가는 것 같습니다. 이러한 상황에서 우리 신앙인들, 특히 학문과 신앙의 통합을 추구하는 젊은 기독 지성인들은 도대체 어떻게 살아야 합니까?

본문은 이스라엘 백성들이 앗수르의 침략을 받아 포로로 잡혀가지만 옛날 애굽의 압제에서 구원하신 하나님께서 그 남은 자들을 해방시켜 주실 것을 이사야 선지자가 예언하는 말씀입니다. 여기서 우리는 '남은 자'라는 단어에 주의를 집중해야 합니다. 본문 20절에서 22절에 이 단어가 네 번이나 나옵니다. 그만큼 중요한 의미를 지니고 있다는 뜻일 것입니다. 그렇다면 이 '남은 자'는 무엇을 뜻합니까?

먼저 문자 그대로는 '생존자'를 의미합니다. 신명기 3장 11절이나 아모스 1장 8절에는 이런 뜻으로 쓰였습니다. 그러나 두 번째, 보다 중요한 뜻으로 남은 자란 '진실하고 인내한 성도들'을 의미합니다. 이들은 하나님만 신실히 의뢰합니다. 본문 20절에 보면 "'이스라엘의 거룩하신 분'인 주님만을 진심으로 의지"하는 사람들이라고 말씀합니다. 이것을 좀더 깊이 생각해 보겠습니다. 먼저 예레미야 31장 9절에 보니 남은 자들은 '울면서' 즉 회개하면서 돌아온다고 말씀합니다. 하나님께서는 진실하게 회개하는 자를 찾으십니다. 주님께서 구하시는 제사는 상한 심령입니다. 애통하는 자가 복이 있다고 예수님께서 말씀하셨습니다. 그러나 요즈음은 참된 회개자를 보기가 힘든 시대가 되어가고 있지 않나 생각해 봅니다. 삭개오와 같이 구체적인 실천이 따르는 참회가 아니라 그저 입술로만 그리고 잠시 주일날 교회당에 와서 예배 시간에만 형식적으로 회개하는 것이 아닌지 우리 자신을 깊이 한 번 살펴보아야 하겠습니다.

지난 1996년은 독일의 종교 개혁자 마틴 루터가 서거한지 450년이 되는 해였습니다. 그래서 독일에서는 이 해를 루터의 해로 정했고, 남아공에서 열린 어느 신학자들의 회의에서 독일의 신학자 Lothar Gassmann 박사께서는 450년 전 당시 루터가 비텐베르그의 교회당 문에 게재했던 95개조를 본따서 우리 시대에 개혁되어야 할 부분들을 95개조로 만들어 발표했습니다. 그것은 만장일치로 통과되었고 그 결과 전세계에 걸쳐 CFT(Christians for Truth)라고 하는 운동이 일어나게 되었습니다.

제가 그 소식지를 받아보았는데 최근에는 음란잡지들에 대해 경각심을 일깨우는 글들을 많이 읽을 수 있었습니다. 특별히 제5조에서는 현대 사회의 죄악들을 다음과 같이 지적하고 있습니다. 즉 하나님을 무시하는 불경건, 교만, 사랑이 식음, 신비적인 종교 숭배, 불순종, 낙태, 비도덕적인 행위들, 간음이나 성폭력, 동성연애, 마약의 남용, 거짓말, 탐욕 및 도적질 등입니다. 이러한 죄악들은 물론 과거에도 있어 왔지만 요즈음은 이에 대해 공공연히 관용될 뿐 아니라 더 나아가 정당화되는 상황입니다. 예를 들어, 화란에서 결혼 전의 동거 생활은 이제 합법화되고 말았습니다. "참된 사랑은 기다릴 수 있어야 합니다." 순결을 잃어버린 후의 결혼은 다시 깨어질 가능성이 더욱 많기에 우리 청소년들에게 이점을 각별히 교육시켜야 할 줄 압니다. 또한 동성연애는 분명히 죄입니다. 로마서 1장 26-27절, 요한계시록 21장 8, 15절을 읽어보십시오. 이런 사람들은 결단코 하나님의 나라를 유업으로 받을 수 없다고 분명히 말씀합니다. 그러므로 우리는 순간마다 우리의 삶을 돌아보며 주님 앞에 바로 서지 못한 부분이 있는지 돌아보며 겸손히 회개해야 할 것입니다.

회개하는 자를 통한 회복

이렇게 회개하는 자에게 하나님께서는 긍휼과 은혜를 베푸십니다. 예레미야 31장 9절을 계속해서 보니 "그들이 간구할 때에 내가 그들을 인도하겠다. 그들이 넘어지지 않게 평탄한 길로 인도하여, 물이 많은 시냇가로 가게 하겠다"고 약속하십니다. 그 다음 스바냐 3장 13절을 보면 "이스라엘에 살아 남은 자는 나쁜 일을 하지 않고, 거짓말도 하지 않고, 간사한 혀로 입을 놀리지도 않을 것이다. 그들이 잘 먹고 편히 쉴 것이니, 아무도 그들을 위협하지 못할 것이다"고 말씀합니다. 다시 말해 남은 자들은 순결한 성도들을 의미합니다. 참회하는 자를 긍휼히 여기시고 은혜를 베풀어주실 때 남은 자들의 언행 심사는 당연히 주님 보시기에 깨끗하고 순결하며 거룩해야 하며 그러한 자들만이 남은 자들로 돌아올 것이다, 즉 여호와의 날에 구원을 받을 것이라는 말씀입니다. 여기 본문 20절 처음에 나오는 '그 날에' 라는 말씀은 일차적으로는 이스라엘 백성이 포로에서 돌아오는 날이지만 궁극적으로는 '여호와의 날' 즉 이 세상의 끝날, 승리와 기쁨의 날, 최후 심판의 날을 의미합니다. 이것은 가령 이사야 11장 10-11절을 보면 더욱 명백해집니다. 즉 이날은 메시야께서 세상을 통치하는 날인 것입니다. 이러한 자들, 즉 남은 자는 돌아올 것입니다. 그래서 이사야 선지자는 자기 아들의 이름조차 남은 자는 돌아온다는 뜻인 '스알야숩' 으로 지었던 것입니다(사 7:3).

그런데 문제는 과연 우리 시대에 이러한 주님의 남은 백성들이 과연 얼마나 있는가 하는 것입니다. 그 은혜를 바로 깨닫고 하나님을 하나님으로 온전히 모시고 섬기며 그 분의 말씀에 겸손히 청종하는 신실하고 거룩한 주의 백성을 이 혼탁한 세상에서 과연 얼마나 발견할 수 있겠는가 하는 것입니다. 우리가 잘 아는 대로 선지자 엘리야는 갈멜산에서 바알 선지자 400명과 대결하여 통쾌한 승리를 거두었지만 자신의 목숨을 노리는 왕비 이세벨의 위협에 그만 좌절하여 호렙산에 숨게 됩니다. 바로 그 때 여호와께서는 아직도 무릎을 바알에게 꿇지 아니하고 그 입을 바알에게 맞추지 아니한 칠천명을 남기시겠다고 말씀하십니다. 현대의 우상들, 즉 과학기술이나 황금만능주의, 그리고 향락주의 등을 섬기지 않고 오직 주의 말씀에 충성된 주님의 백성들이 오늘날에는 과연 얼마나 되겠습니까?

뉴스위크지에서 저는 우리 시대를 살아가는 한 남은 자를 만나볼 수 있었습니다. 이 분은 잔 바안(Jan Baan)이라고 하는 50대 초반의 네덜란드 비지니스맨입니다. 학벌이 변변치 못해 대학도 나오지 못했지만 철저한 칼빈주의적 신앙 생활을 견지해왔습니다. 주일을 철저히 성수했으며 그 자신은 매우 검소한 생활을 했습니다. 주일날 예배 후에 그는 집에 돌아와 종교개혁 및 개혁신앙에 관한 책을 많이 읽는다고 합니다. 그가 설립한 컴퓨터 소프트웨어 회사 드 바안(De Baan)을 하나님께서 축복하셨는지 자산이 40억불로 증가했습니다. 그러나 그는 자만하지 않고 회사 설립 초기부터 이익의 40%를 그가 설립한 구제 및 자선사업기관인 오이코노모스(Oikonomos)라는 재단이 관리하도록 하고 있으며 이 재단에서는 제 3세계의 후진국들에게 각종 프로젝트를 후원하고 있다고 합니다.

개방된 청지기 의식

화란의 유명한 기독교인 경제학자이고 자유대학교에서 봉직하신 후 은퇴하신 하우츠바르트(Bob Goudzwaard) 교수님은 우리가 가진 신앙이 우리의 경제, 사회, 문화적 영역에 어떠한 영향을 미치는가를 분석하면서 세 가지 성경적 기준이 있다고 말합니다. 첫째로 모든 사람은 그 삶을 통해 참된 하나님을 섬기든지 그렇지 않으면 이 세상의 상대적인 어떤 것을 절대화하여 섬긴다는 것입니다. 인간은 본질적으로 종교적, 신앙적 존재이기에 그렇다고 합니다. 둘째로는 그 결과 모든 사람은 자신이 섬기는 그 하나님 또는 우상의 형상을 닮아 간다는 것입니다. 우리가 진정 참 하나님을 섬길 때 우리의 삶 속에 그분의 형상이 구체적으로 드러나게 되고 반대로 우리가 이 세상의 상대적인 것을 우상화할 때 우리가 그 우상의 영향을 받게 된다고 합니다. 따라서 셋째로 인간은 이러한 각 형상에 맞는 사회, 경제 및 문화 생활을 영위해 나간다는 것입니다. 그러므로 하우츠바르트 교수님은 우리의 사회, 경제, 문화 생활 양식 자체가 곧 우리의 신앙 고백이나 다름이 없다고 주장합니다. 하나님 앞에서 내적인 신앙인격이 성숙해지는 것이 더 중요하다고 생각하는 사람은 심지어 잠시 손해를 보더라도 하나님의 말씀에 합당한 생활을 할려고 노력할 것이고 반면에 다른 사람과의 비교의식이나 우월 의식에 사로잡힌 사람은 남보다 더 좋고 화려한 주택, 자동차, 옷 등의 외모에 더 신경을 쓰게 되지 않겠습니까?

특히 그리스도인들의 경제 생활에 대해 성경은 다음과 같은 세 가지 규범을 말씀합니다. 하나는 자기 직업에 대한 '소명의식'(calling)"입니다. 나의 직업을 통해 하나님께서 영광을 받으시기를 원하시기에 그 직업으로 부르셨다는 철저한 사명의식입니다. 두 번째 규범은 '책임의식'(sense of responsibility)입니다. 내가 하는 모든 일이 궁극적으로는 하나님의 말씀에 대한 나의 전인격적 응답(response)이라는 것입니다. 그 결과에 대해 하나님은 우리에게 책임을 물으십니다. 결산을 요구하십니다. 그것이 바로 심판입니다. 그러므로 마지막 세 번째 규범은 '개방된 청지기 의식'(open stewardship)입니다. 우리의 가진 바 모든 것이 내 것이라고는 하나도 없고 다 주님의 것이며 다만 우리는 이것을 충성스럽게 관리하는 종에 불과하다는 것입니다.

　예를 하나 들어보겠습니다. 제가 아는 화란 교수님 내외분을 말씀드리고 싶습니다. 제가 개인적으로는 이 교수님을 오래 전부터 잘 알고 있었지만 저의 논문 지도 관계로 이 분 댁에 찾아가 개인적으로 만나 인터뷰를 한 것은 최근의 일입니다. 그것이 공식적으로는 최초의 만남이었습니다. 그 분은 메이드레히트(Mijdrecht)라고 하는 곳에 두 분이 살기에는 굉장히 큰집에 살고 계십니다. 자녀가 4명이었으니 그들이 자랄 때에는 그리 큰집이 아닌데 이제는 두 분만 사시니까 큰 거실, 윗층의 침실이 4개 다락에 세탁실 및 침실하나, 그리고 별채처럼 부속된 건물에 서재로 쓰는 방이 두 개 있고 아래에는 다용도실 및 창고가 있으니 매우 큰집이지요. 정원에는 아름다운 꽃들이 잘 가꾸어져 있고 중간에 예쁜 연못도 있는 저택입니다.

　그런데 작년 여름 갑자기 그 교수님으로부터 전화가 왔습니다. 두 분이 4주간 휴가를 떠나는데 그 동안 우리가 와서 살지 않겠느냐는 것입니다. 두 분만 사시면서 깔끔하게 정리된 집에 어린 남자 아이들 세 명을 데리고 가면 어떻게 될 지 뻔히 아실 텐데도 그런 제안을 하시기에 처음엔 제가 매우 당황했습니다. 그러나 그분 말씀이 우리 가족은 식구에 비해 좁은 집에 살고 당신 집에는 방들이 많으니 휴가 기간에라도 우리들이 이곳에서 좀 여유있게 지내다 가라는 것입니다. 그래서 그분들이 휴가가시기 전에 온 가족들을 데리고 방문했습니다. 집안의 이곳 저곳을 자세히 설명해 주시면서 꼼꼼히 하나하나 다 챙겨주시는 사모님과 교수님, 그리고 마지막으로는 아이들이 혹시 물건을 깨트리

거나 손상을 입혀도 너무 크게 걱정하지 말라고, 그런 것 생각하면 우리가 아예 이런 얘기도 꺼내지 않았을 것이라며 미리 안심까지 시켜주셨습니다. 저희들은 그렇게 크고 좋은 집에 처음 살아 봤습니다. 휴가를 떠나기 직전 빠진 내용을 다시 종이에 자세히 적어 주신 그 자상함과, 정성스럽게 가꾼 집을 낯선 한국인에게 선뜻 내어주시는 교수님의 태도를 보면서 저는 다시금 개방된 청기기 의식(open stewardship)이 어떠한 것인지 새롭게 깨닫게 되었습니다.

남은 자에 대한 하나님의 약속

이스라엘 백성을 포로생활에서 은혜로 다시 회복시키셨던 하나님께서는 이 시대를 살아가는 사람들 중에도 자기 백성들을 당신의 구원의 날에 은혜로 다시 모으신다고 약속하십니다. 그리고 더 나아가 그들을 축복해 주시겠다고 말씀하십니다. 그렇다면 과연 어떤 축복을 받게 됩니까? 먼저 그들은 거룩한 자라고 칭함을 받게 된다고 말씀하십니다. 이사야 4장 3절에는 이렇게 기록되어 있습니다. "시온에 남아 있는 사람들, 예루살렘에 머물러 있는 사람들, 곧 예루살렘에 살아 있다고 명단에 기록된 사람들은 모두 '거룩하다' 고 일컬어질 것이다." 요한계시록 21장 이하에도 보면 우리 성도들이 마지막 때에는 신부처럼 아름답게 세마포로 단장하여 거룩한 성 새 예루살렘에 들어가게 되는데 거기에는 성전이 더 이상 필요없다고 말씀합니다. 왜냐하면 우리가 거룩하신 하나님을 얼굴과 얼굴을 마주하여 볼 것이기 때문이며, 그 성 자체가 바로 성전이 되기 때문입니다. 하나님께서는 남은 자들, 즉 자기 백성을 끝까지 사랑하시며 그들을 통하여 구속의 역사를 이루어 가십니다.

두 번째로 남은 자들은 존귀케 된다고 말씀합니다. 이사야 49장 21-23절에 보면 "그 때에 너는 마음 속으로 이르기를 '누가 나에게 이 아이들을 낳아 주었는가? 나는 자식을 잃고 더 낳을 수도 없었는데, 포로가 되어 버림을 받았는데, 누가 이 아이들을 키워 주었는가? 나 홀로 남지 않았던가! 도대체 이 아이들이 다 어디에서 왔는가?' 할 것이다"라고 주께서 말씀하신다. "내가 뭇 민족을 손짓하여 부르고, 뭇 백성에게 신호를 보낼 터이니, 그들이 네 아들을 안고 오며, 네 딸을 업고 올 것이다. 왕들이 네 아버지처럼 될 것이며, 왕비들이 네 어머니처럼 될 것이다. 그들이 얼굴을 땅에 대고 네게 엎드릴 것이며, 네 발의 먼지를 닦아 줄 것이다. 그 때에 너는, 내가 주인 줄을 알 것이다. 나를 믿고 기다리는 사람은 수치를 당하지 않는다"

그리고 세 번째로는 후손이 번성케 된다고 말씀합니다. 예레미야 23장 3절에 보면 "내가 내 양무리의 남은 자를 그 몰려갔던 모든 지방에서 모아내어 다시 그 우리로 돌아오게 하리니 그들의 생육이 번성할 것이며"라고 약속해 주셨습니다.

네 번째로 남은 자들은 그들의 허물이 사유함을 받는다고 말씀하십니다. 미가 7장 18절에서 "주와 같은 신이 어디 있으리이까 주께서는 죄악을 사유하시며 인애를 기뻐하심으로 노를 항상 품지 아니하시나이다"라고 말씀하십니다.

현대 사회의 영적 상태는 한마디로 뒤죽박죽이며 혼란 가운데 표류하고 있다고 말해도 과언이 아닙니다. 많은 사람들이 참된 길과 진리 및 생명이 어디에 있는지 모르는 가운데 방황하고 있습니다. 윤리적으로 부정부패가 심화되고 있고, 정신적으로도 혼미해져갑니다. 참으로 암담한 이 시대에 하나님의 남은 자는 어떠한 삶을 살아야 합니까?

출애굽기 19장 4-6절을 보면 하나님께서 모세를 통해서 이스라엘 백성들을 어떻게 은혜로 구원하시고 인도하셨는지 말씀합니다. 그래서 그들이 하나님의 언약 백성답게 어떻게 살아야 할 것인지 다음과 같이 말씀하십니다. "세계가 다 내게 속하였나니 너희가 내 말을 잘 듣고 내 언약을 지키면 너희는 열국 중에서 내 소유가 되겠고 너희가 내게 대하여 제사장 나라가 되며 거룩한 백성이 되리라." 우리가 현대의 바알 우상들에게 무릎을 꿇지 아니하고 신앙의 절개를 지키며 주의 말씀을 청종할 때 우리는 하나님의 소유, 즉 그의 백성, 그의 자녀가 되며 이 세상에서 제사장 나라가 되고 거룩한 주의 백성이 된다는 약속의 말씀입니다.

베드로 사도도 베드로전서 2장 9절에 이 말씀을 인용하면서 다음과 같이 말씀합니다. "오직 너희는 택하신 족속이요 왕 같은 제사장들이요 거룩한 나라요 그의 소유된 백성이니 이는 너희를 어두운데서 불러내어 그의 기이한 빛에 들어가게 하신 자의 아름다운 덕을 선전하게 하려 하심이라." 우리가 은혜로 하나님의 백성이 된 것은 그저 그 은혜 속에 안주해서 감사와 찬양을 드릴뿐만 아니라 우리의 삶 속에 역사하시는 주님의 생명이 바깥으로 드러나 빛으로 소금으로 살아 이 세상에서 하나님의 영광을 나타내게 하기 위한 사명이 있다는 것입니다. 이것은 우리가 몸담고 있는 학문의 영역에서도 또한 마찬가지입니다. 그렇기 때문에 우리는 함께 모여 기독교적인 세계관과 성경에 입각한 학문을 정립하기 위해서 노력해야 하는 것입니다.

우리가 예수를 그리스도로 믿고 죄사함을 받아 하나님을 아버지로 부르고 그의 언약의 백성된 것은 분명히 주님의 무조건적인 은혜입니다. 그러나 그 은혜는 또한 우리의 인격적인 응답을 기다립니다. 여기에 언약의 무조건성과 조건성이 동전의 양면처럼 동시에 존재한다는 점을 알게 됩니다. 하나님께서 먼저 우리를 그의 백성으로, 자신의 소유로 부르십니다. 그리고 이렇게 살라고 기준을 제시하십니다. 그러한 기준은 십계명에 그리고 예수님의 하나님 사랑, 이웃 사랑의 계명에 나타나 있습니다. 우리가 기독교적인 학문을 하는 궁극적인 목표도 바로 이 말씀에 대한 순종에 있어야 할 줄 압니다. 이러한 계명을 우리가 순종할 때 우리는 주님께서 약속하신 축복을 받아 누리게 됩니다.

우리 시대의 남은 자가 어디에 있습니까? 오직 거룩하신 여호와를 진실히 의뢰하며, 죄악들을 철저히 회개하고, 순결하고 정직한 청지기의 삶을 살면서, 소망 중에 인내하는 자들만이 그 날에 돌아올 것입니다. 그때에 그들은 거룩한 성도라고 불릴 것이며 존귀한 하나님의 백성이 되고 그 자자손손들이 축복을 받으며 그 모든 허물이 용서함을 받는 축복을 누리게 됩니다.

기도: 전능하신 아버지여, 이 혼탁한 세대를 올바로 분별할 수 있는 지혜를 주옵소서. 또한 이 시대를 향한 주님의 변치않는 말씀에 온전히 청종하게 하옵소서. 부족한 부분들 긍휼히 여겨 주시고 성령의 도우심으로 우리 세대에서 우리의 남은 생애를 진정 남은 자의 삶을 살아드리게 도와 주옵소서. 우리의 학문 활동이 주님 안에서 성경에 입각하여 하나님의 영광을 온전히 드러내며 우리의 이웃을 섬길 수 있는 청지기적 노력이 되게 하여 주옵소서.

5_ 변하는 세상, 영원한 말씀 사 40:6-11

언젠가 저는 독일 쾰른 지역의 외국인교회 모임에 참석한 적이 있습니다. 올해의 행사들을 의논하면서 2002년 5월이 쾰른의 개신교 200주년이기 때문에 큰 기념 행사를 준비한다는 말을 듣고 제가 물었습니다. "그렇다면 쾰른의 개신교 역사에 대해 간략히 알고 싶습니다." 그랬더니 크로이츠(Kreuz) 교회의 엔데만(Endemann) 목사님께서 설명해 주셨습니다. 마틴 루터가 종교 개혁을 일으키자 쾰른에도 이 종교 개혁을 지지하는 개신교도들이 생겨났습니다. 그리고 계속해서 프랑스, 벨기에, 화란 등지로부터 카톨릭의 박해를 피해 피난 온 개신교도들이 쾰른 주변의 라인란드에 살게 되었습니다. 이 개신교도들은 주로 상업과 제조업에 종사하면서 성실하고 근면하게 일했습니다.

개신교도들의 숫자가 조금씩 늘어나자 쾰른시에서는 공식적으로 이들을 어떻게 할 것인지 논의를 하다가 시의회에서 투표를 하게 되었습니다. 그러나 다수의 카톨릭에 밀려 개신교도들은 집회의 자유를 잃어버리게 되었고 그 결과 모든 개신교도들은 공식적인 집회가 금지되었습니다. 마틴 루터의 책들은 공개적으로 불태워졌고 두 명의 개신교도는 화형에 처해졌습니다. 그 후로부터 250년 동안 쾰른의 개신 교회들은 지하교회가 되었습니다. 250년 동안 개신교도들은 비밀리에 모여 예배를 드렸습니다. 그들이 예배드리는 곳에는 최고 20명 이상은 모이지 못했습니다. 혹시라도 비밀이 탄로되지 않게 하기 위함이었던 것입니다. 그리고 예배 장소도 수시로 바뀌었습니다. 그럼에도 불구하고 그들은 하나님의 말씀을 사모하면서 예배드리기 위해 모였습니다. 설교자가 오랜 시간 동안 설교할 수도 없었지만 그들은 이 시간을 간절히 사모했고 모이기를 힘썼습니다. 그리고 동시에 주님께 간절히 기도했을 것입니다. 주님을 마음껏 찬양하고 경배할 수 있는 그 날을 달라고 말입니다.

마침내 1802년 프랑스의 나폴레옹이 쾰른을 점령하면서 개신교도들은 종교의 자유를 얻게 됩니다. 쉴데르가쎄(Schildergasse)에 있는 안토니테르 교회(Antoniterkirche)에서 5월에 처음으로 개신교도들이 함께 첫 공식 예배를 드렸습니다. 그 감격이 얼마나 컸을지 한번 상상해 보십시오. 정말 하나님의 은혜에 감격하며 눈물로 감사의 예배를 드렸을 것입니다.

외국인 교회 모임을 마치면서 저에게 기도를 부탁해서 저는 이렇게 기도했습니다. "주님, 쾰른을 향하신 당신의 긍휼하심과 신실하심을 찬양합니다. 저는 오늘 쾰른의 개신교도들이 250년 동안이나 비밀리에, 지하 교회로 존속해왔다는 역사를 듣고 너무나 깊은 감동과 충격을 받았습니다. 주님, 저희들은 종종 50년 된 북한의 지하교회를 해방시켜 주시지 않음을 자주 원망도 하고 불평도 했음을 고백합니다. 이 쾰른에 살면서 이 믿음의 선진들이 남겨 놓은 기도와 인내를 배우게 하옵소서. 당시 개신교도들이 조국을 떠나 난민으로 왔지만 서로 하나가 되어 주님을 섬긴 것처럼 오늘 이 쾰른에 있는 외국인 교회들도 주 안에서 하나되게 하시고, 서로 섬기는 아름다운 주님의 몸을 이루게 하옵소서."

말이 250년이지 한번 상상을 해 보십시오. 평생 지하에서 비밀 예배만 드리다 세상을 떠난 성도들도 많았겠지요? 그들 평생 소원은 아마 떳떳하게 예배 한번 드려보는 것, 마음놓고 주님을 찬양해 보는 것, 당당히 하나님의 말씀을 듣고, 또 자유롭게 전도할 수 있는 것이었을 것입니다. 그러나 그들의 간구는 250년이 지난 후에야 응답되었습니다. 그럼에도 불구하고 그들이 믿음을 포기하지 않은 이유가 무엇입니까? 그것은 바로 하나님의 말씀만을 굳게, 끝까지 붙잡았기 때문일 것입니다. 쾰른의 개신교회가 공식적으로 인정된지는 겨우 200년밖에 되지 않습니다. 박해받았던 250년보다 짧습니다. 이런 믿음의 선조들의 신앙을 생각하면 우리가 인내하지 못할 이유가 없습니다.

인생의 연약함

본문을 보면 우리가 이 땅에 살면서 가장 궁극적으로 신뢰해야 할 것이 무엇인지를 알 수 있습니다. 이사야 선지자는 분명히 말씀합니다. 6-8절에 "모든 육체는 풀이요, 그의 모든 아름다움은 들의 꽃과 같을 뿐이다. 주께서 그 위에 입김을 부시면, 풀은 마르고 꽃은 시든다. 그렇다. 이 백성은 풀에 지나지 않는다. 풀은 마르고 꽃은 시드나, 우리 하나님의 말씀은 영원히 서 있다." 변하는 상황만을 의지하지 말고 오직 변치 않는 하나님의 말씀만 붙잡아야 한다는 사실입니다. 항상 가변적인 인생이나 강대국을 믿지 말고 신실하신 하나님의 약속만 온전히 신뢰해야 한다는 말씀입니다.

우리 인생은 얼마나 약한지 모릅니다. 젊음도 건강도 잠시 잠깐입니다. 이 땅에서 영원히 살 것 같습니까? 우리가 모르는 사이에 죽음이 바로 우리 코앞에 와 있을 수도 있습니다. 아름다움이 평생 갈 것 같습니까? 금방 시들어 버립니다. 여호와의 기운이 그 위에 한번 불면 우리는 다 마르고 시드는 들의 꽃과 같습니다. 부귀영화도 한낮 꿈에 불과합니다. 정치권력도 잠시 잠깐입니다. 그러므로 우리는 도울 힘이 없는 인생을 의지해서는 안됩니다. 애굽의 병거를 믿을 수도 없습니다. 오직 피난처되신 여호와 하나님만 의뢰하고, 그 말씀만 순종할 것입니다(시 146:3-5).

몇 년 전 저는 쾰른의 어느 곳을 지나가다가 거기 독일 교회인 도시선교 교회(Stadmission)의 게시판을 잠시 보게 되었습니다. 저는 그

게시판에서 아주 흥미로우면서도 저의 가슴에 새겨지는 귀한 글을 대할 수 있었습니다. 그것은 세 줄로 되어 있었고 그 배경에는 그림이 있었습니다. 제일 위에는 100마르크 지폐 그림, 그 다음에는 유로화 지폐 그림, 그리고 마지막에는 성경이 있었습니다. 그 글은 다음과 같습니다. "독일의 마르크화는 사라지고 유로화가 옵니다 하지만 하나님의 말씀은 그대로 있습니다."(Deutsche Mark geht, der Euro kommt, Gottes Wort bleibt.) 그렇습니다. 독일의 자존심이요, 전 세계적으로 막강한 힘을 발휘했던 마르크화도 이제 자취를 감추고 없습니다. 유로가 왔지만 이것도 영원하다는 보장은 없습니다. 본문인 이사야 40장 8절의 현대판 번역으로 아주 멋진 경구가 아니겠습니까?

그러므로 우리는 하나님의 말씀을 읽어야 합니다. 들어야 합니다. 공부하고 묵상해야 합니다. 암송하고 순종할 때 우리는 영원한 생명을 이 땅에서부터 살아갈 수 있는 것입니다. 하나님의 말씀 읽기가 싫으십니까? 귀찮으십니까? 그것은 벌써 그 심령이 병들었다는 증거입니다. 하나님의 말씀을 들어도 돌아서면 금방 잊어버리십니까? 그 마음에 다른 생각이 가득 차 있기 때문입니다. 주님의 말씀대로 순종하는 삶이 어리석게 보이십니까? 그 영혼이 사탄에게 미혹되었다는 증거입니다.

반대로, 하나님의 말씀을 읽고 들을 때마다 마음이 찔리십니까? 그 말씀이 여러분의 심령 속에 살아 역사한다는 증거입니다. 하루라도 말씀을 읽지 않으면 이상하고 뭔가 빠진 것 같은 느낌이 드십니까? 경건이 체질화되었다는 증거입니다. 말씀대로 순종하려고 할 때 고난이 생갑니까? 여러분이 바로 서 있다는 사인입니다. 그렇기 때문에 사탄이 넘어뜨리려고 온갖 계략을 쓰는 것입니다.

그러므로 매일 성경을 읽고 묵상하는 훈련을 하십시오. 제 이야기를 해서 죄송합니다만 저는 고등학교 3학년 동안 주일에는 한 번도 학교 공부한 적 없습니다. 그 대신 한문 성경과 영어 성경을 읽었습니다. 일년에 한 번씩 3번 읽었습니다. 그리고 학생회 임원으로 열심히 봉사했습니다. 새벽기도, 주일 낮예배, 오후에는 학생회 예배, 또 저녁 예배 때에는 학생 성가대에서 찬양했습니다. 그리고 월요일 새벽부터 토요일 저녁 늦게까지 정말 열심히 공부했습니다. 그 결과 하나님께서 앞길을 축복해 주시는 것을 체험했습니다. 그렇기 때문에 저는 자신있게 여러분에게 말할 수 있습니다. 하나님 말씀이 우선입니다.

변하지 않는 말씀을 붙잡는 사람들

오직 하나님의 말씀을 붙잡고 사는 사람은 이 땅에서뿐만 아니라 영원한 축복을 받게 됩니다. 시편 103장 13-18절을 봅시다. "부모가 자식을 긍휼히 여기듯이, 주께서는 주님을 두려워하는 사람을 긍휼히 여기신다. 주께서 우리를 어떻게 지으셨음을 알고 계시기 때문이며, 우리가 진토임을 알고 계시기 때문이다. 인생에게는, 그 날이 풀과도 같고, 피고 지는 들꽃 같아, 바람 한 번 지나가면 곧 시들어, 그 있던 자리조차 알 수 없다. 그러나 주님을 두려워하는 사람에게는 주의 사랑이 영원에서 영원까지 이르고, 주의 의로우심은 자손 만 대에 이를 것이니 곧 언약을 지키고 법도를 기억하여 행하는 사람에게 그 사랑이 이른다."

오직 하나님의 말씀만 붙잡고 믿음을 지켰던 쾰른의 개신교도들 하나님께서 불쌍히 여기셨습니다. 그들에게 인자하심을 베푸셨습니다. 그 후손이 결국 복을 받지 않았습니까? 여러분의 자손이 이 귀한 복을 받기 원하십니까? 하나님을 경외합시다. 오직 그 언약을 지키는 거룩한 성도가 됩시다. 그 법도를 마음에 새기고 순종합시다. 먼저 성경을 묵상하는 본을 자녀들에게 보여 주십시오. 다른 약속을 다 포기하는 한이 있어도 매일 말씀읽고 기도하는 시간만큼은 절대로 양보하지 마십시오. 그러면 전능하신 하나님께서 약속하신 축복을 우리에게와 우리 후손들에게 주실 줄 믿습니다.

이 세상은 변합니다. 그러나 우리 하나님의 말씀은 영원합니다. 바로 여기에 우리의 소망이 있는 것입니다. 그리스도인이란 누구입니까? 그리스도인이란 '하나님의 영원한 말씀을 믿고, 그 말씀이 육신을 입고 오신, 즉 성육신하신 예수 그리스도를 믿고, 또한 말씀으로 이 시간에도 우리에게 역사하시는 성령 하나님을 믿는 사람' 입니다.

하나님의 말씀은 영원할뿐만 아니라 또한 반드시 이루어집니다. 성경은 이 진리를 분명히 말씀하고 있습니다. 성부 하나님 여호와께서 이사야 55장에 "비와 눈이 하늘에서 내려서, 땅을 적셔서 싹이 돋아 열매를 맺게 하고, 씨뿌리는 사람에게 씨앗을 주고, 사람에게 먹을거리를 주고 나서야, 그 근원으로 돌아가는 것처럼, 나의 입에서 나가는 말도, 내가 뜻하는 바를 이루고 나서야, 내가 하라고 보낸 일을 성취하고 나서야, 나에게로 돌아올 것이다"고 말씀합니다. 하나님의 말씀, 하나님의 뜻은 인간이나 사탄이 아무리 방해해도 반드시 이루어집니다. 예수님께서도 분명히 말씀하셨습니다. "하늘과 땅은 없어질지라도, 나의 말은 절대로 없어지지 않을 것이다."

복음의 약속, 은혜의 언약은 반드시 성취됩니다. 또한 성령 하나님께서는 우리의 삶 가운데 말씀을 생각나게 하시고 깨닫게 하시고 열매 맺도록 역사하십니다. 그러므로 우리가 하나님의 말씀대로 삼갈 때 깨끗한 삶, 보람있고 의미있는 삶을 살 수 있게 되는 것입니다. 시대는 변하고 환경도 변하며 세월도 흘러갑니다. 그리고 이 세상도 결국은 없어질 것입니다. 그러나 하나님의 말씀은 일점 일획도 변함없이 다 이루어질 것입니다. 살아 계신 하나님의 말씀이기 때문입니다. 하나님은 어제나 오늘이나 영원토록 동일하시며, 시작과 끝, 알파와 오메가가 되시는 영원하신 분이시기 때문입니다. 우리 주님 재림하실 때 천지는 없어질 것입니다. 하지만 하나님께서 하신 말씀은 영영히 굳게 서실 것입니다.

이 세상을 변화시키는 능력의 말씀

영원하신 하나님의 말씀은 무한한 능력이 있습니다. 이 말씀으로 하나님께서는 천지를 창조하셨습니다. 나아가 이 하나님의 말씀은 우리를 재창조합니다. 사도 베드로는 "여러분은 거듭났습니다. 그것은 썩을 씨가 아니라, 썩지 않을 씨, 곧 살아 계시고 영원하신 하나님의 말씀으로 그렇게 되었습니다. "모든 육체는 풀과 같고, 그 모든 영광은 풀의 꽃과 같다. 풀은 마르고 꽃은 떨어지되, 주님의 말씀은 영원히 있다." 이것이 우리에게 '선포된 말씀'이라고 증거합니다(벧전1:23-25). 사람은 떡으로만 사는 것이 아니라 하나님의 말씀으로 산다고 예수님이 사탄에게 외쳤습니다. 여러분도 진정 거듭나셨습니까? 그렇다면 밥 한 끼 굶는 한이 있어도 생명의 양식인 하나님의 말씀을 걸러서는 안됩니다. 예수님은 성경 안에 영생이 있다고 하시면서 이 성경이 곧 자신에 대해 증거하는 것이라고 강조했습니다.

시편 기자는 하나님의 말씀이 '내 발의 등불이요, 내 길의 빛'이 되어 우리의 삶을 인도한다고 고백합니다. 사도 바울은 모든 성경이 하나님의 영감으로 된 것으로, 구원에 이르는 지혜가 있게 하고, 교훈과 책망과 바르게 함과 의로 교육하기에 유익하며 하나님의 사람으로 하여금 유능하게 하고, 온갖 선한 일을 할 준비를 갖추게 한다고 말씀했습니다. 히브리서 기자는 하나님의 말씀은 살아 있고, 힘이 있으며, 어떤 양날칼보다도 날카로워서, 사람 속을 꿰뚫어 혼과 영을 갈라 내고, 관절과 골수를 갈라 놓기까지 하며, 마음에 품은 생각과 의향을 가려 낸다고 말씀합니다. 끝으로 요한계시록 21장을 보니 하나님의 모든 말씀은 다 이루어져 하나님의 나라가 완성된다고 증거하고 있습니다.

그러므로 이 하나님의 말씀을 읽다가 사람이 완전히 변하는 일들을 우리는 많이 봅니다. 유명한 영화 〈벤허〉의 원작 소설을 쓴 류 월레스는 본래 불신자였습니다. 그는 원래 이 세상을 깜짝 놀라게 할 반 기독교적 작품을 쓰기로 마음먹었습니다. 그래서 이 작품만 읽으면 모든 사람들이 기독교로부터 돌아서도록 하기 위함이었습니다. 많은 자료를 수집하고 나서 마지막으로 성경의 약점과 거짓과 허구성을 발견하기 위하여 신구약 성경을 읽기 시작했던 것입니다. 그러나 그 결과는 정반대였습니다. 창세기를 시작해서 구약을 다 읽고 신약의 복음서를 읽을 때에 마음이 뜨거워졌고, 계시록을 읽기 전에 돌 같은 그의 마음이 녹게 되었습니다. 하나님의 사랑을 깊이 깨닫고 큰 감동에 복받쳐서 그리스도에게 항복하고 말았습니다. 반 기독교적 작품을 쓰려했던 그는 오히려 그리스도를 증거하기 위하여 만인의 심금을 울리는 유명한 대작 〈벤허〉를 썼던 것입니다.

하나님의 말씀은 개인만 변화시키는 것이 아닙니다. 가정이나 교회, 그리고 나라도 마찬가지입니다. 하나님의 말씀은 한 나라의 흥망성쇠를 좌우합니다. 본문 말씀은 이스라엘에 대해 아름다운 소식을 선포합니다. 그 내용이 무엇입니까? 10절에 보면 "만군의 주 하나님께서 오신다. 그가 권세를 잡고 친히 다스리실 것이다. 보아라, 그가 백성에게 주실 상급을 가지고 오신다. 백성에게 주실 보상을 가지고 오신다"고 말씀합니다. 이스라엘이 하나님의 말씀을 불순종하여 바벨론에서 포로 생활을 하겠지만 하나님께서 바벨론에게 보응하셔서 다시 그들을 강한 팔로 안으실 것을 선포하는 것입니다.

하나님의 말씀은 개인을 변화시키고 국가의 운명도 좌우합니다. 그러나 동시에 하나님의 나라를 완성합니다. 이 본문의 복된 소식은 궁극적으로 장차 예수 그리스도를 통해 사랑과 공의로 다스릴 메시야 왕국이 실현될 것을 예언한 것입니다. 따라서 이 말씀은 우리에게 참된 소망을 주는 말씀입니다. 우리를 향하신 하나님의 약속은 불변합니다. 우리 한 사람, 한 사람이 말씀대로 순종하는 삶을 살 때 하나님의 약속은 반드시 이루어 주십니다. 바로 이것이 오늘 우리에게 주시는 좋은 소식입니다. 우리는 이 약속과 축복을 성경에 기록된 역사를 통해 확인하고 검증할 수 있습니다. 이 성경 말씀이 바로 나를 향하신 하나님의 말씀으로 믿고 나아가면 그 축복은 나의 것이 되는 것입니다. 그러므로 이 약속의 말씀, 영원한 언약을 붙잡으시기 바랍니다.

믿음 없는 사람에게는 성경 말씀이 흥미가 없습니다. 성경 퀴즈 대회를 해도 관심이 없습니다. 맛도 모릅니다. 그러나 믿음을 가진 성도들에게는 꿀보다 더 달고 귀한 말씀입니다. 왜 그렇습니까? 하나님의 약속과 축복을 바로 이 말씀에서 발견하기 때문입니다. 어느 철학자가 말했습니다. '인생은 짧다. 그러나 예술은 길다.' 그러나 성경은 말씀합니다. '인생은 짧고 예술은 길겠지만 하나님의 말씀은 영원하다.'

우리가 이 영원불변하신 하나님의 말씀을 믿을진대 낙심하지 맙시다. 때가되면 상급을 주실 날이 올 것입니다. 때가 되면 원수를 보응하실 날이 올 것입니다. 그리고 따뜻한 팔로 품에 안고 감사주시며 우리를 선하고 좋으신 길로 인도하실 것입니다. 250년 동안 인내하며 말씀을 지켰던 쾰른의 개신교도들처럼, 세상의 화폐가 바뀌고 풍조가 변해도 우리를 향하신 영원한 말씀, 능력의 말씀, 변치 않는 사랑의 언약을 붙잡고 믿음으로 승리하시기 바랍니다.

기도: 거룩하시고 영원하신 하나님 아버지, 이 변화무쌍한 세상에서도 변치 않는 진리의 말씀을 허락하시니 진심으로 감사드립니다. 우리에게 영적 통찰력을 주셔서 가변적이고 곧 없어질 이 세상에 우리의 소망을 두지 말게 하시고 오직 주님의 영원한 말씀에 초점을 맞추어 살아가게 하소서. 그리하여 마침내 주님의 나라에서 승리의 개선가를 부를 수 있는 저희들 되게 하여 주옵소서.

6_ 말씀과 일상 생활 <small>골 3:16-17</small>

매년 봄에 쾰른 메세(Köln Messe)에서는 Missionale라고 하는 큰 행사가 열립니다. 이 Missionale는 독일의 NRW에 있는 모든 교회들이 연합하여 매년 모이는 대형 선교집회로서 어느 집회의 주제는 Normalfall Alltag이었습니다. 무슨 뜻입니까? 일상적인 삶들이 모두 하나님께 중요한 산제사가 되어야 한다는 의미입니다.

이 Missionale 행사 중 오후에는 각종 세미나가 열리는데 그 중의 한 세미나 제목이 "Danke, Herr, für den Montag!" 입니다. "주님! 월요일을 주셔서 감사합니다." 그런 뜻이지요. 월요일이 즐거운 날입니까? 아니면 괴로운 날입니까? 우리의 직장에서, 학교와 가정에서 하나님은 어떻게 역사하고 계십니까? 교회는 주일에만 오는 곳입니까? 아니면 주중에도 오는 곳입니까? 주일 예배 시간이외의 시간들 또한 하나님 앞에 드리는 예배라고 생각하며 살아가고 있으신지요?

제가 이렇게 말씀드리면 어떤 분들은 그렇다면 십계명 중 4계명이 무효화되는 거 아니냐고 질문할지 모르겠습니다. 물론 하나님께서 '안식일을 기억하여 그 날을 거룩하게 지키라'고 말씀하셨지요. 만일 모든 날이 주일처럼 거룩하다면 주일의 의미가 없어지지 않겠습니까? 반문하실 분이 계실지도 모릅니다. 그러나 모든 날을 주일처럼 지켜야 한다는 말씀은 주일의 의미가 없어지는 것이 아니라 사실 오히려 더 강화되는 것입니다. 왜냐하면 다른 날도 모두 하나님의 영광을 위해서 살아야 하기 때문입니다. 월요일부터 토요일까지도 주일처럼 살 수 있다면 우리의 삶 전체가 주님 앞에 드려지는 신령한 예배가 되지 않겠습니까?

평일도 주일처럼

그렇다면 왜 우리가 모든 평일도 주일처럼 지내야 합니까? 그것은 우리 주님께서는 주일에만 영광을 받으실 분이 아니라 매일, 우리의 삶 전체를 통해 영광을 받으셔야 하기 때문입니다. 특별히 골로새서 본문 말씀을 보시면 '만물' 또는 '만유'라는 단어가 많이 나오지요? 그것은 바로 우리 주님께서 만물을 지으셨고 만유의 주인이심을 강조하기 때문입니다. 골로새서 1장 16-18절을 보면 "만물이 그의 안에서 창조되었습니다. 하늘에 있는 것들과 땅에 있는 것들, 보이는 것들과 보이지 않는 것들, 왕권이나 주권이나 권력이나 권세나 할 것 없이, 모든 것이 그로 말미암아 창조되었고, 그를 위하여 창조되었습니다. 그는 만물보다 먼저 계시고, 만물은 그의 안에서 존속합니다. 그는 그의 몸인 교회의 머리이십니다. 그는 근원이시요, 죽은 사람 가운데서 맨 먼저 살아나신 분이십니다. 이렇게 살아나심은, 그가 만물 가운데서 으뜸이 되시려고 하심입니다"이라고 말씀합니다. 이 만물에는 보이는 것들뿐만 아니라 보이지 않는 세상 권세들, 시간과 날짜도 포함되어 있습니다. 그러므로 주님은 시간과 역사의 주인이십니다. 역사(history)는 그 분의 이야기(His story)입니다. 또한 골로새서 3장 11절에도 보니 "거기에는 그리스인도 유대인도, 할례자도 무할례자도, 야만인도 스구디아인도, 종도 자유인도 없습니다. 오직 그리스도만이 모든 것이시요, 모든 것 안에 계십니다." 우리 주님은 모든 민족과 열방을 통치하시는 만왕의 왕이심을 뜻하는 것입니다.

  이것을 한 마디로 주님의 우주적 주권(cosmic sovereignty)이라고 말합니다. 다른 말로 하면 주님께서 우주 만물을 다스리시는 분이라는 뜻입니다. 그러므로 주일만 아니라 평일도 주님이 주인이십니다. 성경을 읽어 보면 성삼위 하나님께서 만물을 창조하시고 다스리는 분이심을 분명히 알 수 있습니다. 먼저 역대상 29장 11절을 보면 다윗이 성부이신 여호와 하나님을 찬양하면서 '만물의 머리'가 되신다고 고백하고 있습니다. 그러므로 이 세상에 존재하는 모든 것은 그 어느 것도 그 누구도 독립적으로, 스스로 존재하는 것은 없습니다. 이 세상의 모든 만물은 창조주 하나님께 의존하고 있습니다. 우리 사람도 마찬가지이지요. 천상천하(天上天下) 유아독존(唯我獨尊)이라는 말이 있습니다. 하늘 위와 아래에 오직 나만이 홀로 존재하고 존귀하다는 뜻이지요. 그러나 이것은 대단한 착각입니다. 내가 이 땅에 있는 것은 바로 만유의 주재가 되신 하나님께서 뜻하셨기에 있게 된 것입니다. 우리 중에 스스로 원해서 이 세상에 태어나신 분 있습니까? 하나님께서 모든 존재의 근본이 되십니다. 시간도 마찬가지입니다. 주일만 주님 뜻대로 사는 날이고 월요일부터 토요일까지는 내 뜻대로 사는 날이 아닙니다. 일주일 전체가 하나님께 속한 것이기 때문입니다.

모든 것이 주께 속했으니

나아가 시편 103장 19절에서는 "주님은 그 보좌를 하늘에 두시고서, 그 정권으로 만유를 통치하신다" 말씀하며, 시편 145장 9절에도 보니 "주님은 모든 만물을 은혜로 맞아 주시며, 지으신 모든 피조물에게 긍휼을 베푸신다"라고 말씀합니다. 여호와 하나님께서 모든 시공간과 그 안에 있는 만물을 지으셨을 뿐만 아니라 지금도 선하게 다스리고 계십니다. 은혜를 베풀고 계신다는 뜻입니다. 선한 사람과 악한 사람에게 동시에 햇빛을 비추어 주시고 일주일을 공평하게 허락하십니다. 나아가 이 세상 모든 영혼을 사랑하셔서 독생자를 보내어 주셨습니다.

그러므로 우리가 이 사실을 바로 알고 인정한다면 우리의 삶 전체도 주님의 은혜 안에 있음을 고백하지 않을 수 없습니다. 따라서 우리가 하찮게 생각하는 일상생활도 주님께서는 전혀 그렇게 생각하시지 않습니다. 가령 주부가 집에서 설거지하는 일도 아무 의미 없는 일이 아니라 주님을 섬기는 귀한 일입니다. 직장에서 하는 일이 단순히 생계의 수단이 아니라 그 일을 통해 주님의 거룩하신 영광이 드러나길 주님은 원하시는 것입니다. 학업도 단지 직장을 얻기 위한 수단이 아니라 주님의 뜻을 이루어 드리는 하나의 과정입니다.

또한 요한복음 10장 29절에 보니 "그들을 나에게 주신 내 아버지께서는 만유보다도 위대하시고, 아무도 아버지의 손에서 그들을 빼앗을 수 없다"고 말씀합니다. 만유보다 크신 하나님께서 우리를 구원하셨기에 우리의 구원도 그만큼 확실함을 뜻하는 것입니다. 하나님께서 우리를 위하시면 누가 우리를 대적할 수 있겠습니까? 아무도 없습니다. 사탄은 일주일 중에 하루만 내어주고 나머지 6일 동안 우리의 삶에서 왕 노릇하려 합니다. 그러나 우리 하나님은 사탄보다 크신 분이므로 하루도 우리가 양보해서는 안되겠습니다.

에베소서 4장 6절에도 말씀합니다. 하나님은 "만유의 아버지이시며, 만유 위에 계시고, 만유를 통하여 일하시고, 만유 안에 계십니다." 만유를 지으시고 다스리시는 분이시기 때문에 만유를 초월하시며, 만유를 통일하시면서 다스리시고 만유 가운데 내재하신다는 말씀입니다. 하나님께서는 이 세상의 모든 자연법칙과 질서를 제정하신 분입니다. 일주일을 7일로 정하신 분도 하나님이십니다. 6일 동안 창조된 모든 피조물도 하나님께서 지혜롭게 지으셨고 지금도 신실하게 통치하십니다. 그러므로 우리 하나님 아버지는 주일만 경배를 받으시는 하나님이 아니요 평일에도 우리의 삶을 통해 영광을 돌려야 할 하나님이시며 주인이신 것입니다.

더 나아가 마태복음 19장 28절과 사도행전 3장 21절에는 만물을 새롭게 하실 분이라고 말씀합니다. 우리 하나님께서는 이 만물을 지으시고 다스릴 뿐만 아니라 장차 최후의 심판을 받아 없어질 이 세상 대신 새 하늘과 새 땅을 창조하셔서 만물을 새롭게 회복하신다고 약속하고 있습니다. 우리가 장차 들어갈 이 새 예루살렘에는 더 이상 주일과 평일의 구분이 없어질 것입니다. 모든 날이 거룩한 주일이고 모든 시간이 하나님께 영광 돌리는 예배가 될 것입니다. 우리는 이 땅에서 하나님 나라를 맛보며 살아가는 하늘의 백성들입니다. 그러므로 주중에도 주일처럼 항상 기뻐하고 쉬지 말고 기도하면서 범사에 감사하는 삶, 거룩한 삶을 살아야 하는 것입니다. 지금 여러분의 주중의 삶은 어떻습니까?

그로부터, 그로 말미암아, 그를 위하여

또한 성자 예수 그리스도께서도 만유의 주가 되시고(Lordship) 왕이 되십니다(Kingship). 사도행전 10장 36절에 보니 '만민의 주님'이 되신다고 말씀합니다. 또한 고린도전서 15장 27절에는 모든 것을 그의 발 아래에 굴복시키셨다고 말씀합니다. 주님께서 만물을 통치하시는 왕이시라는 뜻입니다. 이 세상의 모든 권세(정치적, 경제적, 군사적)도 결국 주님께서 허락하신 것임을 알 수 있습니다. 그러므로 우리 주님은 '만물의 상속자'가 되신다고 히브리서 1장 2절에서 증거 합니다. 성부 하나님께서 지으시고 다스리시는 만물의 통치권, 하늘과 땅의 모든 권세를 성자 예수님에게 상속하셨다고 마태복음 28장 18절에서 말씀하지 않습니까? 그러므로 성부와 성자 하나님을 합쳐서 바울 사도는 고린도전서 8장 6절은 이렇게 말씀합니다. "우리에게는 아버지가 되시는 하나님 한 분이 계실 뿐입니다. 만물이 그분에게서 생겼고, 우리는 그분을 위해서 있습니다. 또한 한 분 주님이신 예수 그리스도가 계시니, 만물이 그로 말미암아 있고, 우리도 그로 말미암아 있습니다." 우리의 삶 전체가 성부 하나님과 성자 예수님에게서 나왔으므로 평일 또한 주님 중심으로 살아야 함을 우리는 분명히 알 수 있는 것입니다.

이 모든 것을 요약하는 성경 본문은 로마서 11장 36절입니다. "만물이 그에게서 나왔고, 그로 말미암아 있고, 그를 위하여 있습니다. 그에게 영광이 세세에 있기를 빕니다. 아멘." 만물의 기원이 주님에게 있고 만물의 과정이 주님의 손에 있으며 만물의 궁극적인 종착점도 주님이심을 말씀하고 있습니다. 바로 여기에 진정 성경적인 세계관이 있고 역사관이 있습니다. 주님이야말로 이 세상의 진정한 주인이시고 역사의 주관자이십니다. 이 사실을 알지 못할 때 우리는 진리를 알지 못한 채 방황하게 됩니다. 주일은 신앙인으로 살다가도 평일에는 세상 사람과 다름없는 가치관을 가지고 살아가는 이원론(Dualism)의 유혹과 위험에 빠지게 되는 것입니다. 지혜의 왕이었던 솔로몬도 이 점을 경계하면서 전도서 12장 13-14절에서 인생의 본분을 이렇게 정리하고 있습니다. "하나님을 두려워하여라. 그 분이 주신 계명을 지켜라. 이것이 바로 사람이 해야 할 의무다. 하나님은 모든 행위를 심판하신다. 선한 것이든 악한 것이든 모든 은밀한 일을 다 심판하신다." 하나님의 명령은 주일에만 지키는 것이 아닙니다. 날마다 순간마다 순종해야 하는 것입니다. 우리 하나님께서는 우리가 세상에서 행하는 모든 것을 은밀한 것까지도 심판하심을 기억한다면 우리는 결코 하루하루를 아무렇게나 살아갈 수 없을 것입니다. 고린도전서 10장 31절에 사도 바울도 같은 결론을 내립니다. "그러므로 여러분은 먹든지 마시든지, 무슨 일을 하든지, 모든 것을 하나님의 영광을 위하여 하십시오." 우리의 모든 삶 전체가 하나님의 거룩하신 영광을 드러내어야 하겠습니다.

　나아가 우리 그리스도인들 안에는 성령께서 거하십니다. 예수님께서 부활 승천하신 후 모든 믿는 사람들에게 성령께서 오셔서 내주하십니다. 그러므로 고린도전서 3장 16절에 보면 우리의 몸이 성전이라고 말씀합니다. 우리의 몸이 하나님의 성령이 거하시는 전이라면 우리의 삶 전체가 당연히 하나님 앞에 드려지는 거룩한 예배가 되어야 하지 않겠습니까? 로마서 12장 1절에 "여러분은 여러분의 몸을 하나님께서 기뻐하실 거룩한 산 제물로 드리십시오. 이것이 여러분이 드릴 합당한 예배"라고 말씀하지요. 그래서 본문 17절에도 "그리고 말을 하든지 일을 하든지, 무엇을 하든지, 모든 것을 주 예수의 이름으로" 하라고 말씀합니다. 성도의 생활은 그 전체가 성령의 주권 하에 있습니다. 그리스도를 만남으로 우리는 생활의 일부분이 아니라 전체가 바뀌기 때문입니다. 근본적으로 새로운 피조물이 되고 주님을 우리의 삶의 주인으로 모시기 때문입니다.

그렇다면 우리가 어떻게 모든 삶을 하나님의 영광을 위해 살 수 있겠습니까? 본문 16절 말씀이 우리에게 구체적으로 보여 주고 있습니다.

말씀과 찬양 그리고 주 예수의 이름으로

먼저 그리스도의 말씀이 풍성해야 합니다. 하나님의 자녀들에게 가장 필요한 것은 무엇보다 먼저 하나님의 말씀입니다. 매일 매일 말씀 안에 풍성히 거할 때 우리의 삶 전체가 그 말씀으로 인도함을 받게 되는 것입니다. 그래서 시편 기자는 우리가 "오로지 주의 율법을 즐거워하며, 밤낮으로 율법을 묵상"할 때(시 1:2) 시냇가에 심은 나무처럼 시절을 따라 열매를 맺는 축복을 받는다고 했습니다. 말씀이 풍성할 때 우리는 성령으로 충만할 수 있습니다. 성령의 역사는 늘 말씀과 함께 역사하기 때문입니다. 사실 본문 말씀은 에베소서 5장 18절 말씀과 문맥이 비슷합니다. 거기에 보시면 오직 성령의 충만을 받으라고 명령합니다. 우리가 성령으로 충만할 때 성령의 아름다운 열매를 맺게 되는 것입니다. 그러므로 우리의 언행심사, 삶 전체가 주님의 말씀을 좇아가며 성령으로 충만해져서 서로 나누며 피차 가르치고 권면해야 할 것입니다.

둘째로 시와 찬미와 신령한 노래로 하나님께 찬양과 감사를 드려야 합니다. 성령이 충만하고 말씀이 충만하면 언어생활이 변합니다. 희롱하는 말, 누추한 말, 더러운 말이 더 이상 나오지 않습니다(엡 5:4). 형제자매에게 좌절과 상처를 입히는 말이나 불평하는 말이 아니라(약 3:10) 은혜롭고 덕이 되는 말, 격려하고 칭찬하는 말, 감사하는 말을 하게 됩니다. 나아가 신령한 찬양이 우리의 입술에서 끊어지지 않게 됩니다. 우리 평생 주님의 은혜와 사랑을 찬양해도 부족하기 때문입니다.

몇 년 전 제가 타고 다니던 자동차의 카세트가 최근에 고장이 나서 도무지 좋은 성가곡이나 강의 테이프를 들을 수가 없습니다. 언제나 찬양을 들으며 운전하다가 갑자기 찬양을 못 들으니 얼마나 답답한지 모르겠어요. 빨리 고치든지 다른 것으로 바꾸어야겠다고 생각하고 있습니다. 찬양을 하지 못하고 듣지 못할 때 영적으로 답답함을 느끼십니까? 그렇다면 여러분의 영혼은 건강하다는 증거입니다. 하나님 앞에 기쁨으로 감사 찬양하십니까? 그렇다면 신앙생활을 잘하고 계신다는 뜻입니다. 우리의 남은 생애가 더욱 범사에 감사하며 찬양하면서 살아가시기를 간절히 바랍니다.

마지막으로 무슨 말이든 무슨 일이든 주 예수의 이름으로 해야 합니다. 초대 교회 성도들이 신앙 생활한 특징은 주 예수님의 이름을 높이고 그 이름의 능력을 힘입었습니다. 사도행전 3장 6절에 보니 성전 미문에 앉아 구걸하던 사람에게 베드로가 말했습니다. "은과 금은 내게 없으나, 내게 있는 것을 그대에게 주니, 나사렛 예수 그리스도의 이름으로 일어나 걸으시오." 그러면서 그의 오른손을 잡아 일으키니 발과 발목이 곧 힘을 얻고 뛰어 서서 걸으며 그들과 함께 성전으로 들어가면서 걷기도 하고 뛰기도 하며 하나님을 찬미하였습니다. 우리의 직장에서 근무할 때에도 주님의 이름으로 최선을 다하고, 학교에서 공부할 때에도 주님의 이름을 높이기 위해 최선을 다해야 할 것입니다.

나아가 오늘 본문인 골로새서 3장 23절에도 보면 "무슨 일을 하든지, 사람에게 하듯이 하지 말고, 주님께 하듯이 진심으로 하라"고 말씀하지요. 베드로전서 4장 11절에도 보니 "말을 하는 사람은 하나님의 말씀을 전파하는 사람답게 하고, 봉사하는 사람은 하나님께서 주시는 힘으로 봉사하는 사람답게 하십시오. 그리하면 하나님께서 모든 일에 예수 그리스도로 말미암아 영광을 받으실 것입니다. 영광과 권세가 영원무궁 하도록 그에게 있습니다. 아멘." 우리의 언행이 이렇게 살아간다면 우리의 삶 전체를 통해 하나님의 영광이 나타날 것입니다.

'평일도 주일같이' 라는 말이 있습니다. 주일이란 무슨 뜻입니까? 주님의 날이라는 뜻이지요. 그렇다면 평일은 주님의 날이 아닙니까? 평일도 주님의 날입니다. 주일뿐만 아니라 월요일부터 토요일까지도 주님이 주인이십니다. 주님의 우리의 삶의 왕이십니다. 그러므로 우리의 삶 전체는 주님의 통치를 받아야 합니다. 바로 그것이 하나님의 나라이기 때문입니다. 하루 하루, 더 나아가 우리의 남은 생애 전체가 주님의 영광을 드러내는 귀하고 복된 삶이 되어야 할 것입니다.

기도: 만유의 주재가 되시는 주 하나님 아버지, 우리에게 귀한 생명을 주심을 감사합니다. 하루 하루 먹든지 마시든지 무엇을 하든지 주님의 영광을 위해 살아가는 저희가 되게 하여 주옵소서. 우리의 삶의 모든 영역에 주님의 주권이 온전히 드러나게 인도하여 주옵소서.

제4장

하나님 나라의 의미

1 하나님 나라의 시작 (마 13:3–9)
2 하나님 나라의 방해 (마 13:24–30)
3 하나님 나라의 성장 (마 13:31–33)
4 하나님 나라의 가치 (마 13:45–46)
5 하나님 나라의 완성 (마 13:47–50)

1_ 하나님 나라의 시작 마 13:3-9

  독일의 쾰른은 매년 2월 카니발 축제로 떠들썩합니다. 고기 먹는 것을 감사하는 축제라는 '사육제(謝肉祭)'의 의미를 가지고 있는 카니발이라는 말은 원래 사순절 때문에 생겼습니다. 예수님께서 40일간 광야에서 금식 기도하시고 우리를 위해 십자가에 죽으신 것을 기억하며 육식을 먹지 않고 참회하는 사순절 기간 바로 전에 고기도 실컷 먹고, 놀고, 마시자는 것입니다. 이 기간 동안 유럽의 여러 나라에서는 가장 행렬도 하고 파티도 하면서 인간의 쾌락을 자극하는 행사들이 행해집니다. 그래서 독일 사람들은 이것을 '악마가 놓임을 받았다'(Der Teufel ist los.)고 말합니다. 그래서 많은 사람들이 악마 분장을 합니다.

  물론 이것이 서로 흥겹게 노래하고 춤추며 즐거워하는 축제인 점도 부인할 수 없습니다. 하지만 원래 카톨릭에서는 카니발의 현란한 의상과 가면과 같은 분장들이 인간의 가장 나쁜 7가지 죄악을 상징하는 것이었다고 합니다. 그 7가지 죄악이란, 교만(驕慢, Hochmut)과 시기(猜忌) 또는 질투(嫉妬, Neid), 분노(忿怒, Zorn)와 게으름(怠慢, Trägheit), 탐욕(貪慾, Geiz)과 탐식(貪食, Völlerei) 그리고 정욕(情慾, Wollust)입니다. 그런데 이것이 발전해서 저녁에 파티할 때는 더 긴장이 풀려 경건치 않고 오히려 죄짓는 것을 미화하는 공연이 많다고 합니다. 그래서 트라우고트 프랭클(Traugott Fränkle)이라는 독일 목사님께서는 이렇게 강조하십니다. "카니발 시즌은 독일민족이 집단적으로 유혹을 받는 가장 큰 연중 행사다."

그래서 종교 개혁자들은 카니발에 관계된 많은 부분들을 폐지했습니다. 개신교가 강한 지역에는 카니발이 거의 없지요. 하지만 회개와 기도의 기간인 사순절은 계속 지키고 있습니다. 그리고 대부분의 경건한 성도들은 카니발을 부정적으로 봅니다. 왜냐하면 카니발이 주는 쾌락은 성경이 말하는 진정한 즐거움과 다르고 오히려 육체의 정욕으로 빠질 위험이 매우 많기 때문입니다. 사실 이 카니발 기간에 많은 사고가 일어납니다. 화려한 의상과 분장 그리고 가면 뒤에는 인간의 추잡한 욕심이 도사리고 있습니다. 나아가 카니발에서 가장 대표적인 '광대(der Narr)'는 성경에서 물질주의(눅 12:20), 경건치 않은 자(시 14:1)의 상징입니다.

보통 사순절 기간에는 금식 기도를 하는데 이것은 초대 교회 때부터 내려온 전통입니다. 주님이 당하신 고난에 동참한다는 의미로 해왔습니다. 또한 사순절 기간 동안에는 오락이나, 사치스럽고 화려한 옷을 입는 것도 자제했습니다. 나아가 금식은 단순히 먹지 않는 것이 아닙니다. 주님께서 기뻐하시는 금식은 먼저 주님 앞에 겸비한 자세로, 우리의 죄를 고백하는 것입니다. 그리고 말씀을 깊이 상고하며 사람에게 보이기 위해 하지 않고 오직 하나님의 긍휼히 여기심을 믿으며 은밀한 구제와 같은 하나님께서 기뻐하시는 일을 하는 것입니다.

사순절은 근신하는 기도를 통해 주님의 제자로서 우리의 삶을 재정비하는 영적 훈련 기간입니다. 한 사람 한 사람을 향하신 주님의 그 크신 사랑과 고난을 기억하며 금식 기도 훈련을 하는 것도 매우 좋은 경험이 될 것입니다. 금식이 힘드신 분들은 식사량을 조금씩 줄여도 됩니다. 식사 이외에도 여러분들이 평소에 좋아하는 것을 조금씩 절제해 보는 것도 경건훈련에 도움이 될 것입니다. 그 대신 절약하신 돈으로 불우한 이웃을 돕거나, 가족을 위해 더 많은 시간을 낸다든지, 성경 읽고 기도하는 시간을 더 많이 가져 보시기 바랍니다. 어린이들도 사순절 기간에 식사와 군것질 등을 절제해 북한의 굶주리는 어린이들을 위한 헌금에 동참하게 하면 산 교육이 될 것입니다.

또한 사순절 기간에 금식 또는 절식하면서 구제헌금을 드려 보시기 바랍니다. 가령 북한의 굶주리는 동포들에게 보내 보십시오. 독일이 분단되어 있을 때 서독 교회가 계속해서 동독 교회를 사랑과 물질로 섬기면서 도와 주었습니다. 우리도 북한을 위해 기도하면서 고난 받는 동포들을 더욱 사랑으로 섬겨야 하겠습니다.

하나님 나라는 마음 밭과 같다

마태복음 13장에 예수님께서 비유를 통해 나타난 하나님 나라의 복음을 함께 나누려고 합니다. 예수님의 설교는 씨 뿌리는 자의 비유로 시작되어 그물에 관한 비유로 끝을 맺습니다. 이것은 하나님의 나라가 어떻게 시작되어 어떻게 완성되는지를 잘 보여줍니다. 본문은 예수님의 첫 번째 비유로서 하나님의 나라가 시작되는 것은 주님의 말씀을 받아들이는 마음의 상태에 따라 다르다는 것을 교훈 하신 내용입니다. 즉 길가와 돌밭, 그리고 가시떨기와 좋은 땅을 살펴보면서 그것들이 주는 영적 의미와 교훈을 통하여 우리 자신의 영적 상태를 점검해 볼 수 있습니다.

첫째로 길가와 같은 마음이 있습니다?(4절) 길가는 어떻습니까? 길가는 많은 사람들이 다니는 통행로입니다. 그러므로 그곳은 너무 딱딱해서 씨를 뿌려 보았자 아무 소용이 없습니다. 이 같은 상태의 마음은 어떤 마음을 의미할까요? 굳은 마음입니다. 굳어진 마음은 마음의 문을 꼭 걸어 잠근 폐쇄적인 마음 상태를 말합니다. 마음이 닫혀 있기 때문에 하나님의 말씀을 받아들일 수가 없습니다. 듣기는 들어도 깨닫지 못합니다. 깨닫지 못하므로 믿지 못합니다. 참으로 어리석은 사람입니다.

이런 사람은 사탄이 와서 하나님의 말씀을 빼앗습니다. 19절을 보십시오. 사탄은 복음의 씨를 어떻게 해서든지 앗아가려고 합니다. 그러므로 사탄은 우선 하나님의 말씀을 듣고도 깨닫지 못하는 자를 공격

대상으로 삼습니다. 즉 그 말씀을 빼앗아 가는 것입니다. 사탄은 이처럼 진리와 생명의 말씀을 거부하는 마음에 역사합니다. 사단은 영혼을 살해하는 대 학살자인 동시에 설교를 통해 뿌려지는 씨를 빼앗는 큰 강도입니다. 만일 우리가 말씀을 받아들이기 위한 마음의 준비를 하지 않고, 마음의 땅을 일구지 않으면 복음이 떨어져도 소용이 없습니다. 기도를 통해 마음 속에 뿌려진 씨를 잘 덮고, 그 들은 말씀에 더욱 주의를 기울이지 않는다면, 우리는 길 가에 뿌리운 자와 같게 됩니다. 카니발을 주관하는 위원회를 독일어로 Elferrat(11명의 위원회)라고 하는데 이것은 십계명을 무시한다는 의미를 담고 있습니다. 하나님의 말씀을 무시합니다. '길 가'와 같은 강퍅한 심령입니다. 우리도 이렇게 사탄에게 말씀을 빼앗기지 않아야 하겠습니다. 어린 사무엘처럼 "말씀하십시오. 주님의 종이 듣고 있습니다"라고 고백하는 겸손하고 유순한 심령이 되시길 간절히 바랍니다.

둘째로 돌밭 같은 마음이 있습니다(5절). 돌밭 마음은 일단 말씀을 듣고 깨닫기는 합니다. 그러나 뿌리를 깊이 내리지 못하므로 그 말씀에 확신이 없습니다. 정말 그럴까 의심합니다. 이런 마음을 가진 사람의 신앙은 넘어지기 쉽습니다. 이런 마음은 얕은 마음입니다. 씨앗이 즉시 뿌리를 내리는 것 같지만 깊이 내리지 못합니다. 심지가 깊지 않은 마음에서 열매가 맺힐 수 없습니다. 시험이 닥치면 쉽게 포기합니다. 한때의 열정으로 뜨겁게 타오르는 듯하다가 곧 식어버립니다. 마가 요한이 처음에 그랬지요. 바나바, 바울과 함께 선교 여행에 나섰으나 조금 힘든 일이 생기니 그만 돌아와 버리고 말았지 않습니까? 이런 사람은 아무 것도 이룰 수 없습니다.

사탄은 우리에게 이런 시험으로 신앙생활 못하게 만듭니다(21절). 우리가 하나님을 좀더 섬기려고 할수록 사탄은 우리에게 더 많은 환란을 일으킵니다. 그러므로 주님께서는 우리가 주님을 섬기고자 할 때 자기를 부인하고 자기 십자가를 지고 주님을 따라가야 한다고 말씀하시지요(눅 9:23). 나아가 사탄은 성도를 핍박합니다. 이럴 때 우리가 취해야 할 자세는 무엇입니까? 야고보는 말합니다. '여러분이 여러 가지 시험에 빠질 때에, 그것을 더할 나위 없는 기쁨으로 생각하십시오'(약 1:2). 왜 그렇습니까? 믿음을 인한 시련이 인내를 만들어 내며 온전한 믿음으로 성숙해지기 위해서 필요하기 때문입니다. 그러므로 우리는 핍박에 직면할 때 수많은 믿음의 선배들이 보여 주었듯이 신앙의 한 관문으로 여기고 당당히 헤쳐 나가야 할 것입니다.

셋째로 가시떨기와 같은 마음이 있습니다(7절). 이 밭은 부드럽고 좋은 땅이지만 씨가 자랄 때 가시와 함께 자라 결국 열매 맺지 못하는 마음을 말합니다. 이런 마음은 염려하는 마음을 말합니다. 염려는 '분열' 이라는 뜻을 가지고 있습니다. 지나친 염려는 개인의 건강뿐만 아니라 영혼의 상처를 가져다 줍니다. 말씀을 듣고 깨달아 어느 정도 뿌리를 내리지만 세상의 염려와 근심으로 믿음을 잃어버리는 상태를 말합니다. 또한 재물의 유혹에 쉽사리 빠지는 마음입니다. 유혹은 사탄의 가장 큰 무기 중의 하나입니다. 우리는 이 세상에서 끊임없이 사탄의 유혹을 받습니다. 하지만 유혹 받는다고 해서 거기에 빠져서는 안 됩니다. 모든 유혹은 욕심에서 나오고 결국 사망을 낳는 원인입니다.

사탄은 이렇게 세상의 염려와 재물의 유혹으로 우리에게 갈등을 불러일으킵니다(22절). 하나님의 나라보다 이 세상이 더 커 보입니다. 결국 재물을 사랑하고 그 힘을 과신하다 보면 돈을 하나님보다 더 소중한 존재로 여기기 쉽습니다. 예수님 분명히 말씀하십니다. 우리가 '하나님과 재물을 함께 섬길 수 없다'(눅 16:13). 아나니아와 삽비라는 초대 교회의 훌륭한 신자였습니다. 그러나 재물의 유혹을 이기지 못해 결국 하나님의 큰 심판을 받았습니다. 재물 문제 때문에 주일을 온전히 지키지 못합니다. 우리가 아무리 하나님께 많은 예물을 드린다 해도 하나님 말씀대로 정직하게 일해서 드리지 않는다면 그것은 온전한 예물이 될 수 없습니다. 적은 소득이 의를 겸한 것이, 많은 소득이 불의를 겸한 것보다 낫다고 성경은 분명히 말씀합니다. 하나님의 것을 하나님께 온전히 드리지 못할 때 우리의 마음은 옥토가 되기 어렵습니다. 먼저 주님의 나라와 의를 구함으로 나머지 모든 것을 책임져 주시는 주님을 온전히 신뢰하시기 바랍니다.

마지막으로 좋은 땅과 같은 마음이 있습니다. 8절을 보십시오. 좋은 땅은 앞의 세 종류의 마음과는 엄연히 구별되는 옥토를 말합니다. 그 구별의 기준은 열매에 있습니다. 옥토만이 좋은 열매를 맺습니다. 이런 마음은 먼저 성령으로 거듭난 새로운 마음입니다. 옥토는 일구어야 합니다. 거기에는 땀이 필요합니다. 적당한 거름도 필요합니다. 성도의 마음이 기름진 옥토가 되기 위해서는 성령으로 새롭게 거듭나야 합니다. 거듭나기 위해서는 먼저 회개의 기도가 있어야 합니다. 성령으로 새롭게 중생한 성도들은 성령의 열매를 맺는 것입니다. 삼십 배, 육십

배, 백 배의 결실을 맺습니다. 옥토와 같은 성도의 마음은 신앙과 생활의 '열매'를 다른 성도들보다 많이 맺는 사람들입니다. 하나님의 말씀을 잘 새겨 생활에 적용하고 다른 이들에게도 그리스도의 구원의 복음을 전하는 삶을 말합니다. 우리는 옥토와도 같은 마음으로 풍성하고도 거룩한 생명의 열매를 많이 맺는 성도들이 되시길 간절히 바랍니다.

열매를 맺는 하나님의 나라

본문의 비유는 '땅의 종류' 네 가지와 함께 '열매'를 강조합니다. 아무리 말씀을 많이 들어도 생활에 열매가 없다면 그 영혼은 돌밭이나 가시떨기 밭이나 다름이 없는 것이기 때문입니다. 성도들은 말씀을 잘 들을 뿐 아니라 그 말씀에 순종함으로써 주님께 합당한 열매를 맺어야 합니다(약 2:26). 여기서 뿌려진 씨는 하나님의 말씀입니다. 이 말씀은 땅에 뿌려진 씨와 같습니다. 이 씨는 생명이 없고 말라버린 것처럼 보이지만 사실 그 안에서 결실합니다. 베드로는 이 씨가 '썩지 않을 씨'라고 말합니다(벧전 1:23).

씨를 뿌리는 자는 우리 주 예수 그리스도를 뜻하는데 씨를 뿌릴 때는 그 자신이 직접 뿌리기도 하지만 그의 일꾼들을 통해 뿌리기도 합니다. 설교하는 것도 바로 씨를 뿌리는 행위입니다. 우리는 그 씨가 어디에서 싹을 낼 지 알 수 없습니다. 우리가 알 수 있는 것은 단지 그 씨가 좋은 씨이며 깨끗하고 확실히 열매를 맺기에 충분하다는 사실입니다.

이 씨가 뿌려진 땅은 사람들의 마음을 가리킵니다. 이 마음은 땅처럼 개간하여 좋은 열매를 맺을 수 있습니다. 그러므로 우리의 마음을 놀려 놓는다는 것은 유감스런 일이 아닐 수 없습니다. 어떤 땅은 아무리 많은 수고를 하고 또 아무리 좋은 씨를 뿌려도 기대한 것만큼의 좋은 결실을 맺지 못합니다. 반면에 좋은 땅은 풍성한 결실을 맺습니다.

마지막으로, 주님께서는 엄숙한 주의를 주시는 것으로 비유의 말씀을 마치십니다. "귀 있는 사람은 들어라"(9절). 아무리 하나님의 나라가 선포되어도 들을 귀가 없으면 듣지 못합니다. 아무리 하나님께서 천국의 축복을 주시기 원해도 받을 그릇이 준비되지 않으면 받을 수 없습니다. 지금까지 교회를 섬기면서 말씀을 전해 왔는데 옥토 같은 분들이 있습니다. 그런 분들은 말씀을 듣는 즉시 순종하려고 애를 쓰십니다. 너무나 귀한 분들입니다. 그 분들은 더 축복해 주고 싶습니다. 말씀을 전하면 변화되는 분들, 열매 맺는 분들이 분명히 있습니다.

하지만 어떤 분들은 가시밭, 돌밭, 나아가 길가와 같은 마음을 가지신 분들도 있습니다. 아무리 말씀을 전해도 열매가 거의 없어요. 항상 그 자리에 머물고 있어요. 변화를 원치 않는 것 같아요. 자신의 생각, 자신의 판단기준, 자신의 계산에서 한 발자국도 벗어나지 못합니다. 주님께서 은혜의 깊은 바다로 나아가라고 하심에도 불구하고, 항상 얕은 물가에서만 맴도는 분들이 있습니다. 참으로 안타까운 일이 아닐 수 없습니다.

말씀이 우리에게 선포될 때 하나님의 나라가 우리 안에서 시작됩니다. 그래서 우리 주님께서도 공생애를 시작하실 때 제일 먼저 외치신 말씀이 무엇입니까? "회개하여라 하늘 나라가 가까이 왔다." 왜 회개해야 합니까? 우리의 묵은 마음을 갈아 엎어야 하기 때문입니다. 이 세상에 속한 모든 욕심을 버리고, 헛된 우상을 과감히 버리고 주님의 말씀에 온전히 엎드릴 때 중생의 역사가 일어납니다. 성령의 귀한 열매를 맺을 수 있습니다. 온전한 회개와 기도 그리고 하나님 나라의 열매를 풍성히 맺기를 바랍니다.

기도: 우리에게 천국의 말씀을 허락하신 아버지 하나님 감사드립니다. 그 말씀의 씨앗이 우리의 심령에 뿌려질 때 굳은 길가밭과 같은 부분은 갈아 엎게 하시고 돌과 같은 방해물들을 과감히 제거하게 하시며 가시떨기와 같은 모든 염려를 주님께 온전히 맡기게 하옵소서. 그리하여 우리의 심령이 더욱 옥토가 되어 주님이 원하시는 풍성한 열매를 맺게 하여 주옵소서.

2_ 하나님 나라의 방해 마 13:24-30

몇 년 전에 저는 아주 특별한 경험을 했습니다. 한국에서 손님이 와서 함께 차로 로렐라이를 방문했습니다. 그리고 집으로 돌아오는데 차에 새로 설치한 네비게이션(navigation)에 집주소를 입력했습니다. 그리고 나서 제 생각에는 라인강변 도로로 가다가 오른쪽으로 빠져서 3번 고속도로로 갈 것으로 생각하고 있었는데 갑자기 왼쪽으로 가라는 지시가 나온 것입니다. 왼쪽에는 라인강이고 다리도 없는데 어떻게 가란 말인가? 아마도 네비게이션이 실수했겠지. 이렇게 생각하고는 계속 무시하고 강변도로로 갔습니다. 그런데 다시 차를 돌리라는 거예요. 그래서 밑져야 본전이지 하고 그 지시에 순종했습니다. 그래서 라인강가로 들어가니까 거기 강을 건너는 페리가 있으니까 이 페리를 타라고 합니다. 그래서 가만히 앞을 보니 마침 페리가 우리 차를 기다리고 있지 않겠습니까? 강변도로에서 우리는 전혀 이런 생각을 못했는데 막상 와서 페리를 타니 몇 분도 안되어서 페리가 떠나는 것이 아니겠습니까? 저는 깜짝 놀랐습니다. 야, 네비게이션의 위력이 정말 대단하구나. 어떻게 페리 타는 것까지 다 알고 가르쳐 준단 말인가?

저뿐만 아니라 일행 모두가 감탄하면서 다음 지시를 기다렸습니다. 강 건너 강변도로로 가다가 갑자기 좌회전해서 산 위로 올라가라는 것입니다. 거기에는 아무런 안내 표지판도 없었습니다. 반신반의하면서 올라갔습니다. 길이 얼마나 가파른지, 이 동네 저 동네 한번도 가보지 못한 이상한 길로 우리를 안내해 갔습니다. 너무 이상한 길로 가니까 차라리 돌아갈까 생각도 해 보았습니다만 믿고 가니까 마침내 61번 고속도로로 안전하게 인도해 주더군요. 거기서 집까지 아무 문제없이 잘 도착할 수 있었습니다.

저는 이러한 경험을 하면서 깊이 깨달은 영적 교훈이 하나 있었습니다. 주님이 바로 우리의 진정한 네비게이션이라는 사실입니다. 우리의 생각에는 전혀 아닌 것 같은데 나중에 알고 보면 우리가 틀렸고 주님이 맞았습니다. 그러므로 나의 생각을 신뢰하기 보다는 주님의 말씀에 청종하는 것이 훨씬 더 지혜로운 삶인 것을 우리는 깨달아야 할 줄 압니다. 지금까지 살아온 나의 경험, 나의 지혜, 나의 생각을 절대화해선 안됩니다. 주님의 말씀만이 우리의 삶에 궁극적인 안내자요 판단 기준입니다.

본문에 나타난 예수님의 두 번째 비유도 바로 이 진리를 우리에게 깨우쳐 주는 말씀입니다. 앞에서 우리는 하나님의 나라가 어떻게 시작되는지 살펴 보았습니다. 말씀이 뿌려질 때 길가 밭이나 돌작밭 그리고 가시밭은 결국 열매 맺지 못하지만 옥토는 마침내 귀한 열매를 맺게 됨을 말씀 드렸습니다. 본문은 우리가 잘 알고 있는 알곡과 가라지에 관한 비유입니다. 본문을 통해 하나님께서 말씀하시는 교훈이 무엇인지를 생각해 봅시다.

하나님 나라를 방해하는 세력

첫 번째로 우리가 기억해야 할 사실은 하나님 나라 확장에는 반드시 방해세력이 있다는 사실입니다(25-27절). 좋은 씨를 뿌리는 분은 37절에 보니 예수님입니다. 예수 그리스도는 이 밭의 주인이시며 따라서 추수 때에도 주인이십니다. 또한 말씀의 사역자들은 좋은 씨를 뿌리기 위하여 그리스도의 손에 들린 도구들과 같습니다. 또한 밭은 이 세상입니다(38절). 세상 사람들은 바로 좋은 열매를 맺을 수 있는 넓은 밭입니다. 그러므로 주님께서는 이 세상에 하나님 나라의 복음을 전파하시는 것입니다. 나아가 좋은 씨는 천국의 자녀들(38절), 즉 성도들을 말합니다. 이들은 예수님 당시 위선적인 바리새인들처럼 형식적으로 신앙 생활하는 것이 아니라 진실한 하나님의 자녀들인 것입니다.

그런데 여기에 가라지가 함께 자라납니다. 알곡과 함께 잡초도 같이 있습니다. 본문에 나오는 가라지는 독보리 비슷한 잡초로 밀밭에서 잘 난다고 합니다. 소맥과 비슷해서 이삭이 나기 전에는 구별하기가 어렵습니다. 하지만 수확 시에는 식별하기 쉬워져 잘라버리든가 뿌리째 뽑아 버린다고 합니다. 그 열매를 먹으면 구토, 설사, 현기증 등을 일으킵니다. 이처럼 가라지는 매우 성가시고 해로운 존재로서 악마의 악독하고 간교한 방해를 가리키고 있습니다.

벼농사를 해 보신 분들은 잘 아시겠지만 벼와 비슷하게 생긴 '피' 라고 하는 잡초가 있지요. 처음에는 분간하기가 매우 어렵습니다. 그러나 나중에 가을이 되면 벼에는 쌀이 맺히지만 '피' 는 전혀 열매를 맺지 않습니다. 아니 오히려 그 주변의 벼들이 제대로 열매를 맺지 못하도록 양분을 빨아 들입니다. 집에 정원이 있으신 분들, 잔디를 심고 가꿔 보신 분들은 잡초가 얼마나 쉽게 자라는지 잘 아실 것입니다. 예쁘고 푸른 잔디는 하루도 돌보지 않으면 어느새 잡초들이 생겨 잔디가 잘 자라지 못하도록 양분을 다 빼앗아 갑니다. 잡초는 생명력도 강하고 번식력도 일반 잔디보다 훨씬 강합니다. 그렇기 때문에 잔디 가꾸는 것도 정말 쉬운 일이 아닙니다.

하나님의 나라도 그와 같다는 것입니다. 인간이 범죄하여 타락한 이후 이 세상은 죄가 지배하는 어둠의 나라가 되고 말았습니다. 모든 사람들은 근본적으로 부패해 있기 때문에 죄는 가르쳐 주지 않아도 잘 저지릅니다. 그러나 알곡처럼 바르게 자라는 것은 매우 어렵습니다. 우리 주님께서 이 땅에 오실 때에도 수많은 방해 세력들이 있었지요. 헤롯이 베들레헴에 있는 두 살 이하의 모든 아기들을 죽이는 무서운 사건, 예수님께서 공생애를 시작하실 때 유혹했던 사탄의 세 가지 유혹들, 십자가를 앞에 두고 마지막으로 겟세마네 동산에서 간절히 기도

하실 때 그 십자가를 지지 못하도록 유혹했던 사탄, 그 사탄의 세력이 주님의 죽으심와 부활로 말미암아 치명타를 입고 곧 멸망할 수 밖에 없지만 남은 기간 어떻게 해서든지 하나님의 나라가 임하지 못하도록 온갖 계략을 쓰기 때문에 우리 믿는 성도들은 더욱 깨어 말씀 안에 거하고 기도하지 않으면 안됩니다.

우리 개개인의 마음과 삶 속에도 매일 이러한 영적인 전투가 벌어지고 있습니다. 바울 사도가 고민한 그대로 우리 마음속에는 육체의 소욕과 성령의 소욕이 함께 거하여 이 두 마음이 언제나 싸우며 투쟁합니다(롬 7:22-23). 이 두 마음 중 성령의 소욕이 이길 때 우리는 요셉 같은 인물이 될 수 있지만 육체의 소욕이 우리를 사로잡을 때 우리는 가룟 유다와 같은 배반자가 될 수 있으며, 아간과 같은 사악한 자가 될 수도 있는 것입니다. 교회 내에도 이러한 종말론적 싸움이 진행되고 있고 세상에도 알곡과 가라지가 함께 자라고 있습니다.

방해세력의 정체

그렇다면 이 방해 세력의 정체는 무엇입니까? 28, 39절을 보면 바로 원수 마귀라고 말씀합니다. 사탄이 우리 안에 가라지를 심습니다. 이 가라지는 악한 자의 자녀들입니다(38절). 이 사탄의 세력은 이미 십자가에서 그 머리가 상한 뱀과 같습니다. 하지만 우리 주님께서 다시 오실 때까지 할 수만 있다면 택한 백성을 넘어뜨리려고 울부짖는 사자와 같이 활동하고 있다는 것입니다.

사탄이 언제 가라지 씨앗을 뿌렸습니까? '사람들이 잘 때' 뿌리고 나서 아무도 모르게 가버렸습니다(25절). 이렇게 사탄은 항상 기회를 노립니다. 어둠의 세력은 가장 나쁜 일을 행할 때 자신을 숨기는 것입니다.

그러면 우리가 이 방해 세력을 어떻게 해야 하겠습니까(28-29절)? 집 주인의 종들은 이 가라지를 보는 즉시 뽑아 버리기를 원하였습니다. 사실 그렇지 않겠습니까? 가라지가 알곡의 양분까지 가로채 버리고 알곡이 잘 자라지 못하도록 방해하니 얼마나 얄밉겠습니까? 그러나 주인은 가만 두라고 말씀합니다. 왜냐하면 가라지를 뽑다가 알곡까지 뽑을까 염려하기 때문입니다. 무슨 뜻입니까? 종들이 얼핏 보기에는 가라지 같은데 잘못하다가 알곡도 다칠 수 있다는 것입니다.

여기서 주인의 관심은 오로지 알곡에게 있습니다. 하지만 주인의 은총은 가라지에게도 똑같이 내려집니다. 하나님께서는 선인과 악인 모두에게 골고루 햇빛과 비를 주시기 때문입니다. 그러나 이것이 가라지를 사랑한다는 의미는 결코 아닙니다. 그것은 가라지를 뽑다가 알곡까지도 다치게 할까봐 추수까지 기다리는 알곡에 대한 사랑 때문입니다. 그러므로 하나님의 은총이 선인과 악인 모두에게 공평하게 베풀어진다고 불평하지 마십시오. 하나님의 특별하신 사랑이 내게는 임하지 않는다고 원망하지 마십시오. 의인이 악인보다 고난 당하고 고통 받는다고 좌절하지 마십시오. 그것은 하나님께서 악인을 사랑하거나 보호하기 때문이 아니라 도리어 그것을 통해 선인을 보호하고 돕기 위함이며 가라지의 때가 추수할 때까지인 것처럼 그들의 때는 최후의 심판 때까지이기 때문입니다.

교회 내에도 알곡이 있지만 가라지도 있을 수 있습니다. 지상 교회는 불완전하기 때문입니다. 우리가 볼 때 저 사람이 가라지 같습니다. 하지만 조심해야 합니다. 왜냐하면 나중에 그 사람이 변화될 수도 있기 때문입니다. 안 변할 것 같지만 그것은 우리의 생각입니다. 사울 같은 청년이 바울 같은 위대한 사도로 변할 수 있습니다. 그러므로 우리가 다른 사람들에게 알곡이다 가라지다 함부로 판단해서는 안됩니다. 오직 우리를 판단하시는 분은 최후의 심판주 되신 예수님이기 때문입니다. 고린도전서 4장 5절에서 사도 바울은 함부로 다른 사람들을 판단하고 정죄했던 고린도 교회 성도들에게 다음과 같이 경고합니다. "그러므로 여러분은 주님께서 오실 때까지는, 아무것도 미리 심판하지 마십시오. 주님께서는 어둠 속에 감추인 것들을 환히 나타내시며, 마음 속의 생각을 드러내실 것입니다. 그 때에 사람마다 하나님으로부터 칭찬을 받을 것입니다." 물론 잘못한 부분이 있다면 지적해야겠지요. 하지만 죄는 미워해도 죄인은 사랑해야 함을 잊어서는 안됩니다.

누가복음 9장에 보면 예수님께서 승천하실 때가 다가오고 있음을 아시고 갈릴리에서 예루살렘에 가시기로 마음을 굳히시고 제자들을 사마리아 사람의 한 마을에 앞서 보내셨습니다. 그 마을이 예수님을 모실 준비를 하기 위함이었습니다. 그러나 그 마을 사람들은 예수님을 맞아들이지 않았습니다. 그러자 제자인 야고보와 요한이 이것을 보고 화가 나서 예수님께 말했습니다. "주님, 하늘에서 불이 내려와 그들을 태워 버리라고 우리가 명령하면 어떻겠습니까?" 그 때 예수님께서 어떻게 하셨습니까? 그들을 꾸짖으시고 다른 성으로 가셨습니다.

얼마 후 사도행전 8장을 보면 빌립이 사마리아 도성에 들어가 복음을 전합니다. 그 때 그 성 안의 많은 영혼들이 주님께 돌아와 그곳에 교회가 세워집니다. 8절에 보니 그 성에 이 복음의 놀라운 역사로 말미암아 큰 기쁨이 있었다고 말씀하고 9장에서도 사마리아 교회가 평안하여 든든히 서갔다고 말씀합니다.

만일 예수님께서 전에 제자들의 말을 듣고 사마리아 도성을 불로 심판하셨다면 사도행전 8-9장의 놀라운 역사는 일어나지 못했을 것입니다. 예수님께서는 지금 당장은 이렇게 교만하고 주님을 거부해도 나중에 이 땅에 복음의 놀라운 역사가 일어날 것을 미리 보시고 오히려 그들을 위해 기도하셨을지도 모릅니다. 그러므로 우리가 다른 사람들을 함부로 정죄하는 것 매우 조심해야 합니다.

방해세력에 대한 심판

마지막으로 이 방해 세력이 완전히 분리될 때가 온다고 주님 말씀하십니다. 그 때는 바로 최후의 심판입니다(30절). 추수 때가 되면 주인이 가라지를 먼저 거두어 불사르게 단으로 묶습니다. 이 때는 모든 것이 분명해지기 때문입니다. 알곡은 천국 곳간에 넣습니다.

이와 비슷한 장면을 우리는 마태복음 25장에서 읽어볼 수 있습니다. 양과 염소를 가르듯 최후의 심판을 행하십니다. 그런데 여기서 매우 아이러니컬한 장면이 한 가지 나옵니다. 그것이 무엇인가 하면 양은 자기가 양이라고 생각하지 아니할 정도로 매우 겸손한 반면 염소는 자기가 절대로 염소가 아니라고 매우 교만하다는 사실입니다. 의인들은 그렇게 신실하게 그리고 은밀하게 주님을 섬겼지만 그것을 다 잊어버렸습니다. 하지만 주님께서 다 기억하시고 인정해 주셨습니다. 반대로 악인들은 자기들이 왜 악인으로 심판 받는지 전혀 이해하지 못하고 있습니다. 자신들은 마땅히 상을 받을 것으로 기대했는지도 모릅니다. 그러나 주님께서 분명히 구별하십니다.

죄악의 도성 소돔과 고모라에서 롯을 구원하기 위해 구별하셨던 것과 같이 그리고 홍수로부터 노아를 구원하시기 위해 구별하셨던 것처럼 주님은 의인을 구별하시되 구원과 축복을 위해 구별하시는 것입니다. 그리고 이러한 구별을 위해 주님은 특별한 방법을 예비해 두셨습니다. 노아를 위해 방주라는 특별한 방법을 예비하시고 롯을 위해 천사의 방문이라는 특별한 방법을 사용하신 것처럼 주님은 의인을 위해 하나님 나라에 영원한 새 예루살렘, 거룩한 도성을 예비하고 계십니다. 그러나 악인은 영원한 불심판을 받게 됩니다. 이것이 의인과 악인의 궁극적인 차이입니다.

이 가라지 비유를 설명하시면서 주님께서는 다음과 같은 놀랍고도 영광스러운 말씀을 하십니다. 그때에 의인들은 아버지 나라에서 해와 같이 빛나리라(43절). 이 세상에서 의인들은 확실하게 드러나지 않고 감추어져 있습니다(골 3:3). 그러나 마지막 때에는 그들이 어두운 구름 속에 가렸다가 다시 나타나는 태양처럼 환하게 빛날 것입니다.

우리 주님은 씨 뿌리는 자의 비유를 하셨을 때와 마찬가지로 '귀 있는 사람은 들어라'는 말씀으로 결론을 맺으십니다. 오늘날 잠시 악이 성하고 도리어 진리와 의가 움츠러드는 것 같습니다. 하나님께서는 방관하고 계시는 것 같습니다. 여기서 우리는 곡식이 다칠까 싶어 가라지를 그대로 두는 농부 같은 하나님의 마음을 읽을 수 있어야 합니다. 물론 하나님께서는 결국 이 세상의 모든 죄악을 뿌리채 뽑으시고 불로 멸망시키실 것입니다. 그러므로 낙심할 필요가 없습니다. 내가 혹시 가라지가 아닌지 깊이 자신을 살펴보아야 하겠습니다. 나의 생각 속에 가라지 같은 편견이 있거나 고정관념이 있다면 과감히 버려야 하겠습니다. 우리의 최고의 네비게이션(best navigation)이신 하나님만 신뢰하고 겸손히 순종하고 충성할 때 하나님께서는 우리를 더욱더 선한 길로 더 나은 길로 인도하실 것입니다.

기도: 오늘도 말씀으로 역사하시는 아버지 하나님, 우리의 삶 가운데 계속해서 사탄의 방해 세력이 있다 할지라도 낙심하지 않도록 붙잡아 주옵소서. 우리의 생명을 주관하시고 인도하시는 주님을 더욱 신뢰하고 주님 앞에 인정받는 알곡 성도들 다 될 수 있도록 축복하여 주옵소서.

3_ 하나님 나라의 성장 마 13:31-33

씨 뿌리는 비유는 하나님의 나라가 어떻게 시작되는지 가르쳐 줍니다. 그리고 알곡과 가라지 비유는 하나님의 나라가 시작된 이후 얼마나 방해 세력이 많은지를 또한 깨닫게 해 줍니다. 감추인 보화 비유는 하나님의 나라가 얼마나 소중한 가치가 있는지를 말씀합니다.

하나님 나라는 성장한다

본문에 나타난 겨자씨와 누룩 비유는 아무리 많은 방해가 있음에도 불구하고 하나님의 나라는 은밀하면서도 분명하게 성장하고 영향력을 미친다는 사실을 가르쳐 줍니다.

겨자씨는 팔레스티나에서 자생 또는 재배되는 아주 작은 씨앗입니다. 잘 키우면 줄기 높이가 5m까지 되고, 4-6월경 황색의 십자화(十字花)가 피는데 중요한 상품이 된다고 합니다. 그래서 예수님께서는 이 것을 하나님 나라의 성장을 나타내는 비유에(마13:31, 막 4:31, 눅 13:19) 사용하시고 나아가 믿음의 힘이 얼마나 놀라운 결과를 낳는가 하는 비유에 이 겨자씨를 사용하고 계십니다(마 17:20).

비록 그 시작은 미미해서 '모든 씨보다 작은 것'으로 비유되는 '겨자 씨 한 알'이지만 결국은 위대한 성장을 기약하고 있는 것입니다. 하나님의 나라는 이렇습니다. 주님께서는 바로 이러한 방식으로 일하십니다. 지극히 작은 것으로부터 은밀하게 시작하셔서 마침내 위대한 일을 이루어 가십니다(마 25:21; 욥 8:7). 그리하여 마침내 공중의 새들이 와서 그 가지에 깃들이는 큰 나무가 됩니다. 주님의 교회도 이와 같습니다. 처음에 예루살렘에서 시작된 초대 교회가 이제는 전 세계로 확장되었습니다. 한 명 그리스도인의 믿음이 자라는 것도 이와 같습니다. 처음에는 아주 작은 믿음에서 출발합니다. 그러나 점점 자기도 모르는 사이에 성숙한 믿음이 되면 겨자씨가 자란 후에 새들에게 유익을 끼치듯이 남들에게 유익을 끼치는 귀한 믿음의 사람이 되는 것입니다.

나아가 누룩에 대한 비유도 말씀하십니다. 겨자씨 비유가 하나님 나라의 외적인 확장에 있다면 누룩 비유는 하나님 나라의 내적인 성숙을 의미합니다. 누룩이 가루 반죽 속에 들어가면 은밀하게 그러나 확실하게 발효하듯이 하나님의 말씀이 우리의 마음 속에 들어오면 점진적이고 은밀하면서도 놀라울 정도로 사람을 변화시킵니다. 하나님의 말씀은 조용하며 아무도 느낄 수 없는 것처럼 역사하지만 그 힘이 너무나 강해서 아무도 이에 저항할 수 없습니다. 우리 교회에 나오신 지 몇 주 안 되지 않는 어느 성도님께서 저에게 세례를 받고 싶다고 말씀하셨습니다. 무엇이 이 분의 마음에 이러한 소원을 주셨을까요? 바로 주님의 사랑과 진리의 말씀이 성령으로 역사하셨기 때문이 아니겠습니까? 예수님께서는 말씀과 사역을 통해 수많은 사람들 속에 하나님 나라의 누룩을 넣으셨습니다. 그리고 그 누룩은 놀라운 효과를 나타내었습니다. 그 누룩은 온 세상을 발효시켰습니다. 만군의 하나님 여호와의 성령이 역사하여 발효되면 아무도 이것을 방해할 수 없습니다.

작은 것이라도 심어야 한다

그렇다면 우리가 해야 할 일은 무엇입니까? 먼저 작은 것이라도 심어야 합니다. 만일 사람이 심지도 않고 거둘 것을 기대한다면 그 얼마나 어리석은 생각이겠습니까? 하나님께서는 사람이 심은 대로 거두게 하셨습니다. '적게 심은 자는 적게, 많이 심은 자는 많이' 거두는 것입니다(고후 9:6). 그리고 아무 것도 심지 않는 자는 분명히 아무 것도 거두지 못합니다. 때문에 위대한 성장을 기대하는 사람은 그것이 비록 보잘것없는 '작은 것', '미미한 것'이라 할지라도 먼저 심어야 합니다. 즉시 순종해야 합니다. 겨자씨 한 알같이 그 출발점은 작고 미미해서 눈에 띄지 않지만 마침내 온 세계를 점령할 것입니다.

둘째로는 우리가 작은 일도 소홀히 해서는 안됩니다. 우리 하나님께서는 작은 일에 충성된 사람에게 큰 일도 맡기십니다. "착하고 신실한 종아, 잘했다! 네가 적은 일에 신실하였으니, 이제 내가 많은 일을 네게 맡기겠다. 와서, 주인과 함께 기쁨을 누려라"(마 25:21). 그러나 작은 것을 소홀히 여긴 사람은 후회하게 됩니다. 왜냐하면 불행하게도 있는 것조차 빼앗기고 버려짐을 당하여 끝내 슬피 우는 자가 되기 때문입니다(마 25:28-30). 우리가 이 맡은 사명이 작은 것이라고 해서 결코 소홀히 여겨서는 안 됩니다. 그 일을 성실하게 잘 감당할 때 하나님께서는 우리에게 큰 사명, 큰 축복의 기회를 주십니다. '지극히 작은 자에게' 한 것이 곧 주님께 영광이 되게 하는 위대한 봉사입니다. "너희가 여기 내 형제자매 가운데, 지극히 보잘것 없는 사람 하나에게 한 것이 곧 내게 한 것이다"(마 25:40).

셋째로 우리는 스스로 작은 자임을 고백할 줄 알아야 합니다. '작은 것'은 겸손을 상징합니다. '큰 자' 인 줄로 착각하는 교만은 멸망의 선봉이 됩니다(잠 18:12). 그러나 스스로 겸비하여 '작은 자' 임을 고백하는 자를 하나님은 높이시고 크게 쓰십니다. 솔로몬은 하나님 앞에서 '좋은 아이라 출입할 줄을 알지 못하고'(왕상 3:7)라고 스스로 작은 자임을 고백했을 때 하나님은 그를 기뻐하시고 축복해주셨습니다(왕상 3:13).

우리 주님은 한 알의 작은 겨자씨였고 별볼일 없어 보이는 누룩으로 우리에게 오셨습니다. 자신을 낮추시고 죽기까지 복종하셔서 십자가에서 죽으셨습니다. 그러나 하나님은 그를 지극히 높여 모든 이름 위에 뛰어난 이름을 주사 모든 무릎을 예수의 이름에 꿇게 하셨습니다 (빌 2:8-10). 그러므로 우리는 전도할 때에나 주님을 섬길 때 이 진리를 잊어서는 안됩니다. 당장 큰 변화가 나타나지 않는다고 해서 쉽게 포기하지 마십시오. 꾸준하게 말씀을 전하고 그 분을 위해서 기도하면 언젠가는 놀랍게 성장하고 성숙해진 모습을 보게 될 것입니다.

누룩이신 예수님은 사람을 변화시킵니다. 한낱 무식한 어부에 불과했던 베드로가 변화되자 하루에 삼천 명이 회개하고 돌아오는 놀라운 전도자가 되었습니다. 과격하고 관용이 부족한 제자 요한은 한 때는 사마리아 지경의 통과를 거부한 자들에게 불로 멸하기를 원했지만 나중에는 '사랑'을 가장 많이 외친 사도가 되었습니다. 악명 높은 세리 삭개오가 주님을 만난 후 그는 완전히 새사람이 되었습니다. 훼방자요 그리스도인을 핍박했던 청년 사울은 부활하신 예수님을 만난 후 위대한 이방인의 사도 바울이 되었습니다. 방탕과 이교의 길에서 방황하던 청년 어거스틴은 성 어거스틴으로 변화되었습니다. 그리고 지금도 이러한 역사는 계속되고 있습니다. 하나님의 나라는 변화된 사람들이 주님의 다스리심에 온전히 순종함으로 계속 확장되고 성숙되는 능력의 나라입니다.

하늘에 속한 사람, 윈 형제 이야기

'하늘에 속한 사람: 윈 형제의 이야기'를 아시지요. 이 윈 형제님 또한 한 알의 겨자씨였고 누룩과 같은 삶을 살고 있습니다. 이 분에 대해 여러가지 논란이 있기는 하지만 그들에 대한 중요한 부분들만 주목해 보고자 합니다. 1949년부터 시작된 중국 내 기독교에 대한 핍박은 1958년까지 계속되었습니다. 1950년, 저장성의 원저우라는 도시 한 곳에만 49명의 목사님들이 러시아와 국경지대에 있는 강제노동수용소에 끌려 가서 단 한 사람만 살아 돌아오고 나머지는 모두 옥사했습니다. 그 후 마오쩌둥의 부인 장칭은 중국에는 이제 더 이상 기독교인이 한 사람도 없다고 말했습니다. 1970년대 중국을 방문한 미국 기독교 대표단도 중국에서 단 한 명의 그리스도인도 발견하지 못했다고 보고했습니다. 그러나 그 이후부터 복음이 겨자씨처럼 떨어지고 누룩처럼 번져가면서 현재 중국의 지하 가정교회는 수천만 명을 헤아리고 있습니다. 도대체 이것이 어떻게 가능할까요?

윈 형제의 본명은 리우전잉(劉振營)입니다. 이 분은 1958년에 중국 허난 성 남부에 있는 난양현(南陽懸)의 한 농촌마을에서 태어났습니다. 이 지역에도 그리스도인들이 있었는데 박해 받을 당시 어떤 성도들은 주님을 끝까지 부인하지 않다가 교회의 벽에 매달려 십자가형을 당했고 어떤 분들은 쇠사슬로 묶여 말이나 자동차에 매달려 끌려 다니다가 순교했다고 합니다. 어느 목사님은 몸이 꽁꽁 묶인 채 긴 밧줄에 매여 있었습니다. 그 분이 끝까지 신앙을 포기하지 않겠다고 하자 공안원들이 기중기에 그를 달아 허공 높이 끌어 올렸습니다. 마지막 순간에도 신앙을 버릴 기회를 주었지만 이 목사님께서는 "아니요! 난 나를 구원하신 주님을 결코 배반할 수 없소!"라고 외쳤습니다. 그 때 그들이 밧줄을 놓았고 목사님의 몸은 번지 점프하듯 한참 아래 땅으로 곤두박질쳤습니다. 그러나 아직 목숨이 살아있었습니다. 그러자 다시 공중으로 끌어올렸다가 떨어뜨림으로 이 분은 순교의 면류관을 받았습니다.

원 형제의 어머니는 독실한 신자였고 기도의 어머니였습니다. 그의 아버지가 폐암에 걸려 사형선고를 받았는데 어느 날 밤에 어머니께서 주님의 음성을 들으시고 온 가족이 함께 간절히 기도하면서 하나님께 헌신하는 결단을 했을 때 아버지의 병이 치유되는 기적이 일어났습니다. 그 때 원 형제는 16세의 청소년이었지만 예수님을 개인적인 구주로 영접하고 남은 생애를 주님께 드리기로 결단했습니다. 그 때부터 성경을 읽고 싶었지만 성경을 구할 수가 없었습니다. 어머니께 여쭤보았으나 문화 대혁명 때 성경을 모두 압수해서 없애버렸기 때문에 그저 기억에 남아 있는 말씀밖에 없었습니다. 그래도 이 원 형제는 성경을 읽고 싶어 간절히 기도했습니다. 한 달이 지나도 응답이 없자 다시 100일간 하루에 한 끼만 먹으면서 간절히 기도했습니다. 그러자 밤에 환상을 보게 되고 실제로 그 환상 대로 누가 성경을 가져다 주게 되어 그 성경을 읽기 시작합니다.

원 형제의 부인인 덜링 자매도 혈우병 환자였으나 18세에 그리스도인이 되면서 세례를 받고 며칠이 지난 후 주님이 주시는 환상을 보게 되었고 그 다음날 이 병이 낫게 되는 기적을 체험하게 되었습니다.

이 후부터 원 형제는 복음 전도자가 되어 성령께서 인도하시는 대로 가게 되는데 그 때 그 때마다 주님께서 놀라운 방법으로 지하교회 성도들을 만나게 하시고 인도하셔서서 중국 여러 지역을 다니며 복음을 전하게 됩니다. 그러나 그 때부터 그는 정부 공안당국의 지명수배자가 되면서 여러 번 체포되어 감옥에 갇혀 온갖 고문과 박해를 받게 됩니다. 전기봉으로 전기 고문을 받기도 하고 채찍에 맞고 발길에 차이는 등 말로 다할 수 없는 고통을 겪지만 말씀과 기도와 찬양으로 승리합니다. 어떤 경우에는 베드로처럼 기적적인 방법으로 감옥에서 탈출하는데 성공하였지만 나중에 다시 붙잡혀 결국 난양 감옥으로 이송됩니다. 심문을 받으면서 자신의 신분을 노출시키지 않기 위해 자신의 이름을 '하늘의 사람'이라고 밝히면서 윈 형제는 그렇게 별명이 붙여지게 되었습니다. 이 난양 감옥에서 74일간이나 금식하면서 온갖 고문을 받았습니다. 심지어는 큰 주사기로 손톱 밑을 찌르는 고문을 당하기도 하고, 같은 감방의 죄수들이 누워서 꼼짝도 못하는 그의 얼굴에 소변을 보게 하는 모욕도 당했지만 윈 형제는 끝까지 선으로 악을 이겼고 사랑으로 미움을 정복하게 됩니다. 자기가 먹을 식사를 동료 죄수들에게 나누어 주면서 그리스도인다운 삶을 보여 주자 같은 감방에 있는 죄수들이 한 명 두 명 주님께 돌아와 그 감방이 모두 복음화되는 놀라운 역사가 일어납니다.

　　모진 핍박가운데서도 성령 충만한 그는 성도들과 함께 '주님의 순교자'라고 하는 찬송을 즐겨 불렀는데 그 가사는 다음과 같습니다.

　　오순절 처음 교회가 태어난 그 때부터 주님의 제자들 아낌없이 자기 몸 내놓고 복음의 꽃 피우려 많은 이들 죽음 택했네.

그리하여 생명의 면류관 얻었다네.

끝까지 주님을 사랑한 저 사도들 주님 따라 두렴 없이 고난 길 걸어갔다네.

요한은 밧모 섬으로 외로이 유배 갔고 스데반은 성난 군중이 돌로 쳐 죽였지 마태는 페르시아에서 폭도의 칼을 맞았고 마가의 두 다리는 말이 찢어 놓았네.

의원 누가는 잔혹하게 목 매달렸고 베드로, 빌립, 시몬은 십자가에 못 박혔지 바돌로매는 산 채로 껍질이 벗겨졌고 인도에 간 도마는 말 다섯이 몸을 찢었네.

사도 야고보는 헤롯에게 목 베임 당했고 작은 야고보는 날카로운 톱에 동강이 났지.

주의 동생 야고보는 돌에 맞아 잠들었고 유다는 기둥에 묶여 화살을 맞았네 맛디아는 예루살렘에서 목이 잘렸고 바울은 네로 앞에서 순교의 길 걸었지.

이제 나 기꺼이 십자가 지고 나아가리라 희생의 길 걸어간 저 사도들 따라서 셀 수 없는 소중한 영혼 구하기 위해 모든 것 버리고 주님의 순교자 되려 하네.

후렴: 주님의 순교자 되려네, 주님의 순교자 되려네

　나 기꺼이 주님 위해 영광 중에 목숨 버리리

징역 4년을 선고 받고 신양 강제노동수용소에서 복역하면서도 그곳에 있는 죄수들에게 복음을 전하여 예수님의 제자로 삼는 놀라운 역사가 일어났습니다. 석방된 이후에 윈 형제는 다시 중국 전역을 돌며 복음을 전하게 됩니다. 성령께서 강력하게 역사하셔서 회개하고 치유받아 주님께 돌아오는 영혼들이 폭발적으로 일어나게 되었습니다. 한 번 설교하면 보통이 두 시간이었습니다. 처음에는 설교할 줄도 몰라 마태복음을 완전히 외어 암송을 했다고 합니다. 그런데 놀라운 것은 그렇게만 해도 수많은 영혼들이 회개하고 주님을 영접하더라는 것입니다. 그야말로 옥토 같은 심령들 속에 복음의 씨앗이 뿌려지면서 풍성한 열매를 얻게 된 것입니다. 하지만 윈 형제를 감시하던 공안원들이 다시 그를 체포하게 되고 다시 감옥에서 3년을 복역했고 나중에 다시 체포되었으나 기적적인 방법으로 탈출하게 됩니다.

그 후에 중국의 가정교회가 여러 교파로 분열되자 윈 형제는 연합운동을 일으킵니다. 이사야 49장 12절에 나오는 시님 땅을 중국으로 보면서 '중국 가정교회 시님 연합'이라는 이름으로 분열된 교회를 하나 되게 하는데 결정적인 영향을 미칩니다. 나중에는 주님께서 이 분의 가정을 독일로 인도해 주셔서 가족이 함께 살고 있으며 윈 형제는 세계를 다니며 복음을 전하고 있습니다. 물론, 이 분의 사역에 대해 다른 의견을 가지신 분들도 있지만 결국 겨자씨 한 알이 떨어져 이렇게 풍성한 열매를 맺고 있는 것은 사실입니다.

하나님의 나라는 이렇게 시작은 미약하게 보입니다. 그러나 낙심하지 않고 지극히 작은 일에서부터 충성하면 주님께서 마침내 큰 열매를 보게 하실 것입니다. 우리는 비록 약하나 주님은 강하시므로 우리의 적은 수고도 결코 헛되게 하지 않으실 것입니다. 저와 여러분의 삶도 이 땅에 한 알의 밀알과 복음의 겨자씨 또는 천국의 누룩이 되어 하나님 나라를 확장하는 데 귀하게 쓰임 받으시기 바랍니다.

기도: 지금도 살아 역사하시는 아버지 하나님, 우리의 믿음이 비록 겨자씨같이 작을 지라도 그 믿음을 통해 놀라운 일들을 이루시는 주님을 더욱 의지하게 도와 주옵소서. 그리하여 마침내 주님의 능력으로 많은 열매를 맺을 수 있는 저희들이 되게 하소서

4_ 하나님 나라의 가치 마 13:45-46

　여러분 중에 혹시 하와이를 방문하신 분이 계십니까? 저는 오래 전에 한 번 방문한 적이 있습니다. 이 하와이에는 진주만(Pearl Harbour)이라고 하는 천연 군사요새가 있습니다. 제 2차 세계대전 때, 일본이 바로 이 하와이의 진주만을 기습 공격함으로 미국과 일본간에 전쟁이 시작되었지요. 아마 그 당시에도 하와이는 진주로 유명했던 것 같습니다. 저는 거기서 처음 진주 조개를 보았습니다. 하와이 아가씨들이 방문객들에게 다가와서 '알로하' 라고 인사를 합니다. 그리고 진주 조개를 한번 열어보라고 말합니다. 얼마의 요금을 내면 진주 조개를 자기가 원하는 것으로 몇 개 고를 수 있습니다. 그 후 그 조개를 직접 망치로 열어 진주를 꺼낼 수 있는데 망치로 조개를 열기 전에 다시 '알로하' 라고 한번 크게 외쳐야 합니다. 좋은 진주가 있기를 바라는 마음에서 그렇게 하는 것이지요. 그 조개를 열어 진주를 꺼내면 그 하와이 아가씨가 깨끗이 씻어 포장해서 줍니다. 그러면 그것을 가지고 반지나 목걸이를 만들 수 있습니다. 인공으로 양식한 조개들이기 때문에 진주가 그리 크지는 않습니다만 어떤 분들은 거기서 간혹 큰 진주나 혹은 아주 드물게 흑진주를 건지는 분들도 있습니다. 거기서 아주 큰 흑진주를 발견했다면 그 사람은 소위 횡재를 한 것이지요. 그렇게 하려면 상당히 투자를 해야 할 것입니다. 즉 한 두개만 시도해서는 안 되고 여러 개를 열어보다 보면 한 개 정도 만나게 됩니다.

진주에 비유된 하나님 나라

본문을 보면 우리 주님께서 하나님의 나라를 설명하시면서 바로 이 진주 비유를 말씀하고 있습니다. 이것은 바로 앞에 나오는 감추어진 보화 비유와 함께 하나님의 나라가 얼마나 소중한가를 깨우쳐 주는 말씀입니다. 하나님 나라의 무한한 가치를 발견하고 소유하게 되는 사람의 기쁨은 말로서 표현하기 어려운 감격적인 일이라는 사실입니다.

반면에 감추어진 보화와 진주 비유는 강조점에 차이가 있습니다. 감추어진 보화를 발견한 것은 '우연'입니다. 약탈과 전쟁이 자주 일어나는 중동에서는 금, 은, 또는 귀중한 물건 등을 땅속에 감추어 두는 습관이 있었다고 합니다. 달란트 비유에서도 악한 종이 한 달란트를 땅속에 묻었다는 내용을 볼 수 있지요(마 25:25). 그런데 일꾼이 일을 하다가 이같이 숨겨둔 보물을 발견하게 되면 그 땅 임자가 보물의 주인이 되는 것이 일반적이었습니다. 따라서 보물을 발견한 사람이 자기 전 소유를 팔아 그 밭을 산 것은 정당한 행위였습니다.

그러나 진주 비유는 조금 다릅니다. 장사하는 사람이 열심히 찾았다고 본문은 말씀합니다. 한 진주 장사가 있었는데 그의 소원은 이 세상에서 가장 값지고 귀한 진주를 소유하는 것이었습니다. 그런데 어느 날 그는 그토록 소원하던 진주를 발견하게 되었습니다. 그는 너무도 반갑고 기뻐 자신의 모든 소유를 팔아 그 진주를 샀습니다. 이 비유는 무엇을 뜻합니까? 천국은 세상에서 가장 값진 것이므로, 이 천국을 소유하기 위해서는 끊임없는 노력과 자신의 모든 것을 아낌없이 투자하는 헌신이 있어야 함을 교훈하는 것입니다.

우리는 모두 이 본문에 나오는 진주 장사와 같습니다. 진주 장사는 자신이 소원하는 진주를 찾기 위해 길을 떠납니다. 가만히 앉아서는 그러한 진주를 손에 넣을 수 없기 때문입니다. 60년대 독일에 오신 교민들도 나름대로 인생의 성공이라는 진주를 찾기 위해 오셨을 것입니다. 그러나 세상 사람들이 찾는 진주는 대부분 흔하고 볼품없는 싸구려 진주입니다. 영원하고 내세적인 축복보다 일시적인 현세의 부귀를 선호하고, 무한하고 완전한 가치보다 유한하고 가시적인 가치를 우선시합니다. 하지만 그러한 진주는 우리에게 영원한 안식이나 기쁨이 될 수 없습니다. 그것을 영원한 가치 즉 하늘의 귀한 영적 가치와 비교할 수 없는 지극히 값싼 모조품 진주라고 할 수 있습니다. 세속적인 가치가 우리의 노력과 추구의 대상이 되어서는 안됩니다. 왜냐하면 그것은 가변적이며 유한하기 때문입니다. 사실 이런 세상적인 진주를 발견하려는 사람들도 나름대로는 매우 열심히 노력합니다. 하물며 가장 고귀한 대상, 즉 영원히 변함없는 절대적 가치가 있는 하늘나라를 찾기 위해 우리는 더욱 더 노력해야 되지 않겠습니까?

진주 장사가 찾아낸 가장 귀한 진주는 그에게 있어서 생명과 같은 값진 것이었습니다. 그래서 그는 그 진주를 소유하기 위해 그의 전 재산을 팔았습니다. 그렇게 해도 아깝지 않은 보배였기 때문입니다. 하나님의 나라는 이와 같이 전적인 투자, 우리의 모든 것을 요구합니다. 그리할 때 우리는 가장 값지고 귀한 하늘나라를 소유하게 될 것입니다. 이 하나님 나라가 얼마나 무한한 가치를 가진 것인지 분명히 알고 계십니까? 만일 그렇다면 우리가 주님 앞에 드리지 못할 것이 없습니다.

어떤 신학자는 이렇게 해석하기도 합니다. 즉 "진주를 구하는 장사"를 예수 그리스도로 보는 것입니다. 주님은 자신의 천국 메시지에 올바로 응답할 사람들(좋은 진주)을 찾으러 오셨습니다. 결국, 그 진주를 발견하신 주님께서는 그의 생명(자기의 소유)을 다 주심으로 이 지극히 값진 진주를 사셨습니다(고전 6:20). 주님께서 아무 자격 없는 우리를 구원하시기 위해 자신의 가장 귀한 생명을 주셨습니다. 그럼에도 불구하고 우리가 주님 앞에 드리는 삶을 아까워한다면 그것은 뭔가 잘못된 것이 아니겠습니까? 주님을 만났던 막달라 마리아, 그 말씀이 진주보다 더 귀한 하늘의 복음임을 깨달았을 때 그녀는 지금까지 품고 있던 자신의 가장 귀한 향유 옥합을 깨뜨립니다. 이것은 그녀에게 가장 자연스러운 반응이 아니겠습니까?

천국을 소유한 자의 기쁨

이 진주를 소유하게 된 장사꾼은 말로 다할 수 없는 기쁨을 누렸습니다. 천국을 소유한 사람도 이와 같습니다. 우리는 하늘나라의 진가를 잘 모릅니다. 하나님 나라의 엄청난 축복에 관해 너무 모릅니다. 만약 세상의 모든 사람들이 천국을 제대로 이해하기만 한다면 그들은 자신의 전체를 버리고서라도 천국을 소유하려고 할 것입니다. 천국을 소유한 자는 모든 것을 소유한 사람이기 때문입니다. 천국은 다른 모든 가치를 상대화시키는 절대적인 가치입니다. 우리에게 진정 이러한 기쁨과 감격이 있습니까?

중국 지하교회의 지도자 윈 형제에 대해 한 사건을 나누고 싶습니다. 윈 형제가 난양 감옥에 갇혀 있을 때였습니다. 74일간의 금식을 마쳤을 때 성령의 강력한 역사하심으로 윈 형제가 있던 감방의 모든 죄수들이 예수님을 믿게 되었습니다. 그 후부터 윈 형제는 이 죄수들을 예수님의 제자로 훈련시키고 있을 때 한 명의 사형수가 윈 형제의 감방에 들어오게 되었습니다. 감옥 소장이 윈 형제에게 이 사형수의 사형이 집행될 때까지 그의 일거수일투족을 감시하라는 것입니다. 이 사형수는 그 감옥에서도 가장 난폭하기로 유명했습니다. 어떤 동료 죄수는 그가 사람이 아니라 악귀라고도 말했습니다. 마침내 이 사형수가 들어왔을 때 그의 모습은 마치 마가복음 5장에 나오는 군대귀신 들린 자와 같이 보였습니다. 등 뒤로 돌려진 손목에는 수갑이 채여 있었고 발목에는 쇠사슬이 묶여 있었습니다. 그의 입에서는 상스러운 말이 나왔으며 가끔 자살을 시도하기도 했습니다. 성이 황씨인 이 사형수는 불과 22세의 청년이었습니다.

이 형제는 원래 공산당원으로 큰 기업체를 경영하는 부유한 아버지의 아들이었습니다. 고등학교를 마친 후 발전소 기능공으로 취직했습니다. 20세 되던 해 약혼을 했는데 그만 세상의 유혹을 이기지 못해 갱단에 들어갔습니다. 매일 폭음을 즐겼고 상점을 털고 무고한 사람을 살해하며 많은 여성들을 겁탈했습니다. 결국 이 형제도 체포되었지만 아버지가 손을 쓴 덕에 판사가 관용을 베풀어 징역 3년을 선고 받고 강제노동수용소에 있다가 다시 아버지가 거액의 뇌물을 써 조기 석방되었습니다.

그러나 자유의 몸이 된 황은 이미 삶의 목적과 방향을 잃어버리고 깊은 좌절감에 빠져 들었습니다. 결국 다시 나쁜 친구들과 어울리게 되었고 어느 날 밤, 그는 한 친구와 함께 술을 마신 후 발전소 근처에서 실컷 싸우다가 함께 죽기로 합의를 합니다. 그 후 한 사람이 죽으면 살아남은 친구가 죽은 친구를 대형 변압기 근처로 데리고 가서 다이너마이트를 터뜨려 함께 죽기로 했던 것입니다. 두 사람이 쇠몽둥이를 들고 싸우다가 황이 친구의 머리를 내리쳐 그 친구가 즉사하고 말았습니다. 이것을 보고 기겁한 황은 그만 도망가고 말았습니다. 그리고 계속해서 온갖 죄를 지었습니다. 결국 그는 다시 붙잡혀 사형언도를 받게 된 것입니다.

다른 감방에 있을 때에는 그 방의 죄수들이 그를 짐승 취급하면서 발로 차고 주먹으로 때리며 며칠씩 음식을 먹이지 않았고 오히려 그에게 배급된 음식을 그에게 부으며 모욕했습니다. 그러나 이 사형수는 원 형제의 감방에 들어오는 순간 뭔가 다른 분위기를 느끼게 됩니다. 그 방에 있는 모든 죄수들이 그에게 사랑과 동정을 보여 주었기 때문입니다. 원 형제는 그를 안심시킨 후 동료들이 소중한 식수를 아껴 모은 대야의 물로 그의 더러운 얼굴을 씻어 주었습니다. 그리고 더러운 오물과 엉겨 붙은 피를 부드럽게 닦아 주었습니다. 그러자 그는 한 마디 말도 하지 않은 채 잠자코 앉아 그 감방에 있는 사람들을 둘러보았습니다. 이미 주님께서 이 사형수의 완악한 마음을 녹이고 있었던 것입니다.

점심 식사 때가 되었습니다. 그 방에 있던 죄수들이 각자 자기 쌀밥을 약간씩 덜어 사형수 형제에게 주었습니다. 손이 뒤로 묶여 혼자 밥을 먹을 수 없기 때문에 원 형제가 밥을 떠먹여 주었습니다. 저녁에는 특별 메뉴로 만두가 나왔습니다. 원 형제는 다시 이 황 형제부터 먹여 준 후 음식을 들기 시작했습니다. 만두를 한 입 먹는데 갑자기 이 만두를 황 형제에게 주라는 성령의 음성이 들리는 것 같았습니다. 물론 원 형제도 너무나 배가 고팠습니다. 하지만 그는 나중에 황 형제에게 주려고 먹다 만 만두를 손수건으로 싸 두었습니다. 이튿날 아침 식사시간이 되었습니다. 국수 몇 가락에 물만 잔뜩 부은 수프가 나왔습니다. 배가 고픈 사형수 형제가 양이 너무 적다고 불평불만을 터뜨리기 시작했습니다. 바로 그 순간 원 형제는 숨겨 두었던 만두를 꺼내 그의 수프에 넣어 주었습니다. 이것을 보는 순간 황 형제의 돌 같은 가슴이 무너져 내렸습니다. 그는 의자에서 굴러 떨어지듯 내려와 바닥에 무릎을 꿇고 눈물을 떨어뜨리며 고백했습니다.

"형님, 어째서 제게 이렇게 잘해 주십니까? 저는 살인자요 모든 사람에게 미움을 받는 놈입니다. 제 부모님과 형제들과 약혼녀도 저를 버렸습니다. 그런데 형님은 왜 저를 이토록 사랑하시는 겁니까?" 바로 그 때 원 형제가 복음을 전해 주었습니다. 가장 값진 진주를 소개한 것입니다. 원 형제의 말이 끝나자마자 이 황 형제가 고백합니다. "주님, 저 같은 죄인을 사랑해 주셔서 감사합니다." 이 형제가 눈물을 쏟으며 회개하고 예수님을 믿기로 결심했습니다. 그는 죄 사함을 체험했고 구원의 기쁨을 누리기 시작했습니다. 그의 인생에서 가장 값진 진주를 비로소 발견한 것입니다.

회심한 황 형제에게 원 형제는 새로운 이름을 지어주었습니다. 황은광(黃恩光), '은혜와 광명의 황' 이라는 의미였습니다. 은광 형제는 이제 자신의 삶이 얼마 남지 않았음을 알고 있었지만 그 남은 기간에 어떻게 하면 하나님께 최고의 영광을 돌려 드릴 수 있는지 알기 원했습니다. 그의 남은 모든 것을 팔기로 결단한 것입니다. 목청을 다해 다음과 같은 찬양을 불렀습니다.

나 예수님 사랑해, 나 예수님 사랑해 나 살아가는 하루하루 예수님 사랑해 밝은 해 비칠 때도 나 주님을 사랑해 폭풍구름 몰려와도 나 주님을 사랑해 오늘 또 내일 나의 길 걸어가며 아멘, 나 예수님 사랑해

다른 감방에 있는 많은 죄수들이 이 형제의 찬양에 감동을 받기 시

작했습니다. 어느 날 은광 형제는 감방의 벽에 십자가를 새겨 달라고 간청했습니다. 그래서 유리 조각이나 녹슨 못을 모아 감방 벽에 십자가를 크고 선명하게 그렸습니다. 그리고 그 밑에 요한복음 3장 16절 말씀, '하나님이 세상을 이처럼 사랑하셔서' 라고 적었습니다. 나아가 작은 핀과 수건에서 뽑을 실을 사용해서 죄수복 왼쪽 가슴에 작은 십자가 수를 놓았습니다. 모든 죄수들은 하나님 나라를 소유한 기쁨에 어쩔 줄 몰라 했습니다. 얼마 후 황은광 형제는 세례를 받게 되었습니다. 취사장에서 받은 한 컵의 식수를 아껴 모은 물로 은광 형제의 머리에 부어 감격적인 세례식을 거행했습니다.

이제 사형 집행일이 이틀 후로 다가왔습니다. 간수에게 부탁해 종이 두 장과 펜을 얻어 부모님께 유서를 적기 시작했습니다. 몇 글자 적지도 않았는데 잉크가 바닥나자 오른손 검지를 물어뜯어 계속해서 혈서를 써 나갔습니다. 그 내용은 다음과 같습니다.

사랑하는 부모님께

이제 저는 아버지 어머니를 뵐 수 없습니다.

그렇지만 저는 두 분이 저를 얼마나 사랑하시는지 잘 압니다.

이 아들은 두 분을 욕되게 했습니다.

제가 세상을 떠나더라도 슬퍼하지 마십시오.

아버지 어머니께 굉장한 소식을 알려 드리고 싶습니다.

저는 죽지 않습니다. 영원한 삶을 얻었기 때문입니다.

감옥에서 저는 원 형제님이라는 인자하고 훌륭한 분을 만났습니다.

그 분은 제 생명을 구해 주었고 제가 예수님을 믿도록 도와주었습니다.

그리고 저를 사랑하고 보살펴 주었으며 매일 음식을 먹여 주었습니다.

아버지 어머니, 저는 곧 하나님 나라고 갑니다.

두 분을 위해 기도할게요. 두 분도 꼭 예수님을 믿으셔야 해요.

윈 형제님이 복음을 전하러 가면 잘 들으세요.

저에 관한 상세한 이야기는 그 분이 해 드릴 겁니다.

아버지 어머니도 영생을 얻으시기를 기원합니다.

그럼 천국에서 뵙겠습니다.

불효자 황은광 올림

은광 형제가 세상을 떠난 후 3년 반 만에 윈 형제는 석방되어 은광 형제의 부모님을 만났고 결국 그 부모님들도 주님께로 돌아오는 놀라운 역사가 일어납니다.

사형수 은광 형제가 발견한 하나님의 나라, 새 예루살렘에서 우리는 다시 진주를 발견합니다. 그것은 바로 새 예루살렘의 열 두 문이 바로 진주로 되어 있기 때문입니다(계 21:21). 진주가 어떻게 만들어집니까? 진주는 진주조개 내에 모래나 기타 이물질이 들어와 조개의 내부를 자극하면 그 세포에서 분비물이 나오면서 그 모래나 이물질을 둘러싸기 시작합니다. 그것이 점점 커지면서 차츰차츰 아름답고 영롱한 진주가 되는 것입니다.

황은광 형제가 흘린 회개와 감사의 눈물, 그 진액이 모여 천국의 진주가 되었을 것입니다. 우리 주님께서 겟세마네 동산에서 십자가를 지기 위해 밤새도록 기도하시면서 흘리신 피땀이 모여 새 예루살렘의 진주 문이 되었을 것입니다. 주님 위해 고난당하고 순교하신 믿음의 선진들이 흘린 눈물과 피가 영롱한 진주가 되어 천국에서 우리를 기다릴 것입니다. 이 진주를 발견하셨습니까? 이 진주를 발견하였기에 진정 회개와 기쁨과 감사의 눈물을 흘려 보셨습니까? 그 눈물은 결코 헛되지 않을 것입니다. 주님을 섬기면서 힘들고 어려워 눈물 흘려 보셨습니까? 그 눈물이 모여 천국의 진주 문이 될 것입니다.

하늘나라는 이 세상에서 가장 값진 진주입니다. 오늘 아직도 이 진주를 찾지 못하신 분이 계십니까? 주님이 바로 그 진주입니다. 주님의 십자가와 부활의 복음이 바로 무한한 가치를 지닌 진주입니다. 이 진주를 발견하시기 바랍니다. 혹시 이 진주를 소유하셨습니까? 아니면 이 진주를 발견하고 소유하기 위해 얼마나 희생하고 계십니까? 이 진주의 진정한 가치를 바로 깨닫고 계시는지요? 이 진주를 발견하고 소유한 기쁨 그리고 그 가치를 깨달은 구원의 감격이 계속 넘쳐흐르는 복된 삶이 되기를 바랍니다.

기도: 우리에게 천국을 선물로 주신 아버지 하나님, 그 놀라운 은혜에 진심으로 감사드립니다. 그 천국의 가치를 바로 깨달을 수 있도록 인도하여 주시고 천국 백성답게 살아 아직도 이 귀한 진주를 알지 못하는 사람들에게 복음을 담대히 증거하는 삶이 되게 하여 주옵소서.

5_ 하나님 나라의 완성 마 13:47-50

　이전에 저는 부터팔(Wuppertal)에서 열린 목회대학(Pastoralkolleg)에 참가한 적이 있습니다. 이 모임은 주로 독일교회 목사님들이 한 주간 재교육 받는 세미나인데 저도 초청을 받은 것입니다. 거기서 한국 여자 목사님을 한 분 만났습니다. 독일 남편과 결혼하셨고 선교를 열심히 하시는 분인데 이런 저런 대화를 나누며 알고 보니 우리 교회 어느 집사님에게 전도를 받아 예수님을 믿게 되셨더군요. 고혈압으로 쓰러져 요양을 갔는데 이전에는 형식적인 가톨릭 신자로 계시다가 예수님을 바로 만나고 성령 체험을 하고 나서 지금은 주님을 위해 완전히 남은 생애를 드리는 귀한 분이었습니다. 내가 전도한 그 한 분이 나중에 나보다 더 많은 사람에게 복음을 전하는 귀한 일꾼이 될 수 있음을 잊지 말아야 합니다.

계속해서 마태복음 13장에 나오는 하나님 나라의 비유를 말씀드리고 있습니다. 마태복음13장에는 하늘나라가 어떻게 시작되고 자라가며 결국 어떻게 완성되는지 그 전체 그림을 우리에게 보여 줍니다. 하나님 나라의 알파와 오메가가 마태복음 13장에 다 담겨 있다는 말입니다. 복음의 씨앗이 뿌려지면서 천국은 우리 안에서 시작됩니다. 우리가 그 말씀에 어떻게 반응 하는가 우리의 응답이 무엇인가에 따라 열매는 결정됩니다. 그런데 여기에는 여러 가지 방해가 있습니다. 악한 세력들이 우리 안에 좋은 열매를 맺지 못하도록 역사합니다. 하지만 그런 방해에도 불구하고 하나님의 능력으로 천국은 은밀하게 그러나 확실하게 양적으로 성장하고 질적으로 성숙합니다. 그리고 그 천국의 가치는 이 세상의 모든 것을 다 팔아도 아깝지 않을 만큼 가장 귀한 것임을 말씀드렸습니다.

하나님 나라는 보물이다

하나님의 나라는 가장 귀중한 보물입니다. 하나님의 나라는 하나님께서 왕으로 통치하시는 나라입니다. 우리는 하나님의 자녀요 그 나라의 시민입니다. 그래서 하나님께서도 우리를 "보배로운 백성"이라고 신명기 26장 18절에 말씀하십니다. 욥기 22장 25절에 보면 우리가 이 땅의 보물을 버릴 때 전능하신 하나님께서 우리의 보배가 되신다고 말씀합니다. 시편 36장 7절에 보니 여호와의 인자하심이 어찌 그리 보배로우신지요 찬양하고 시편 139장17절에도 우리를 향하신 주님의 생각이 너무나 귀하고 보배롭다고 다윗은 고백합니다. 이사야 33장 6절에 보니 여호와를 경외하는 것이 우리의 보배라고 말씀합니다. 이사야 43장 4절에 보면 주님께서 우리를 보배롭고 존귀하게 여깁니다. 그래서 아기 예수님께서 태어나셨을 때 동방의 박사들이 귀중한 보배합을 열어 주님께 드리지요? 주님께서는 또한 우리가 이 땅에서 주님의 사랑으로 가난한 자들을 구제한다면 하늘에 보화를 쌓은 것이라고 말씀합니다. 사도 베드로는 예수님의 피는 보배로운 피요 예수님은 보배로운 산 돌이며 우리에게는 가장 귀한 보배라고 말씀합니다. 나아가 우리의 믿음도 금보다 귀한 믿음이요, 주님께서 주신 이 생명의 약속도 보배롭고 지극히 큰 약속입니다. 요한계시록에도 보면 새 예루살렘은 온갖 보배로운 보석들과 보화들로 장식되어 있지요? 만국의 열왕들이 온갖 보물들을 가지고 그 성으로 들어갑니다. 무슨 뜻입니까? 그만큼 귀하다는 것이 아니겠습니까? 이 가장 귀한 천국을 우연히 발견하시는 분들도 있지만 열심히 구하고 찾고 두드려 발견하시는 분들도 계십니다. 마치 가장 값비싼 진주를 구하는 장사처럼 말입니다.

　영어를 쓰는 나라들 중, 여성의 이름을 '마가렛'으로 쓰는 분들이 많지요. 여성으로 영국 수상을 지낸 마가렛 대처를 비롯해서 말입니다. 그런데 이 '마가렛'이라는 이름이 원래 헬라어의 진주라는 말에서 나온 것입니다. 그러니까 아주 좋은 이름이지요. 제가 네덜란드에 살 때 어린이 복음 성가 중에 '나는 하나님의 진주'(Ik ben de parel van God.)라는 찬양이 있었습니다. 우리 하나님의 나라는 가장 값비싼 진주와 같습니다. 동시에 하나님께서 보시기에 우리같은 못난 죄인도 그리스도 안에서는 가장 소중한 진주와 같다는 것입니다. 독일 사람들이 즐겨 찾는 휴양지인 라 팔마(Las Palmas)나 팔마 데 마요르카(Palma de Mallorca)에서 팔마는 모두 스페인어로 진주입니다. 그만큼 아름다운 곳이라는 의미겠지요. 진주가 아름답고 소중하듯 우리가 장차 들어갈 하나님의 나라는 이 세상의 그 어느 곳보다 더 아름다운 파라다이스입니다. 거기서 우리는 영원한 휴가를 즐기게 될 것입니다.

하지만 문제는 우리가 분명히 그 나라에 속한 시민이어야 하고 마지막에 그 나라에 들어갈 자격을 갖추어야 한다는 것입니다. 본문 말씀은 이 하늘나라가 마지막으로 어떻게 완성되는가를 다시금 분명히 보여 줍니다. 어떤 자격을 갖추어야 그 나라에 들어갈 수 있는지 아주 쉬우면서도 확실하게 말씀하십니다. 지금까지는 주로 농사를 비유로 사용했지만 본문은 고기 잡는 일을 통해 교훈하고 있습니다. 즉 천국은 물고기를 잡기 위해 바다에 친 그물과 같고 마지막에는 그 그물을 끌어 올려 좋은 고기만 그릇에 담는다는 것입니다.

먼저 47절에 천국은 바다에 그물을 친 것으로 말씀합니다. 물론 여기서 바다는 갈릴리 호수를 뜻합니다. 예수님은 이 갈릴리 바다와 많은 연관을 가지고 계십니다. 처음 공생애 사역을 시작하시면서 제자들을 부르신 곳이었으며, 풍랑을 잔잔케 하신 곳이기도 하였습니다. 또한 이 갈릴리 호숫가에서 설교도 하셨으며, 오병이어의 기적을 일으키신 곳도 바로 이곳이었습니다. 그렇다면 이 바다는 무엇을 의미할까요?

바다는 바로 이 세상을 의미합니다. 성경에서 바다는 늘 불안하고 흉용한 상태를 암시합니다. 언제 어떻게 될지 모릅니다. 아주 평온한 것처럼 보이다가도 갑자기 지진 해일이 일어나면 수많은 생명을 앗아가고 막대한 재산의 피해를 입힙니다. 우리가 살고 있는 세상은 그렇습니다. 죄와 어둠의 세력이 아직도 역사하기 때문에 이 세상의 바다에 소망을 두고 살아가는 것은 너무나 어리석은 삶입니다. 그러나 하나님 나라가 완성되면 이 모든 것은 사라집니다. 그래서 요한계시록 21장 1절에 보시면 새 하늘과 새 땅에 바다는 더 이상 없다고 말씀하지요.

세상에 그물을 던져야 한다

천국은 바로 이런 바다에 그물을 던지듯, 이 불안한 세상에 천국 복음의 그물을 던지는 것입니다. 고기를 잡기 위해서 그물이 필요하듯이 이 세상의 사람들을 그리스도에게로 인도하기 위해서는 복음의 그물을 끊임없이 이 세상 바다를 향해 던져야 하는 것입니다. 복음을 전파하는 것은 바다에서 물고기들을 잡기 위하여 이 바다에 그물을 던지는 것과 같습니다.

이 그물을 던지는 일은 우리 그리스도인들이 마땅히 해야 할 의무입니다. 주님께서 이 세상에 계실 때에 제자들에게 계속해서 그물을 던지라고 말씀하셨습니다. 베드로를 처음 만났을 때에도 깊은 데로 가서 그물을 던져라, 부활하신 후에 낙심한 베드로에게 다시 배 오른편에 그물을 던져라 말씀하셨습니다. 순종했더니 고기가 너무 많아 혼자서는 그물을 끌어올릴 수 없게 되었습니다. 우리가 주님의 말씀에 순종하여 그물을 던지기만 하면 주님께서 역사하신다는 의미입니다. 부활하신 예수님께서 승천하시기 전에 우리들에게 주신 가장 중요한 사명은 이 복음의 증인이 되라, 복음의 그물을 던지라는 것입니다. 이 예수님의 명령은 우리의 선택사항이 아닙니다. 마땅히 순종해야 할 명령입니다. 지난 주간에 아니 올해 들어와서 얼마나 복음의 그물을 던지셨습니까? 조금만 지나면 우리가 던지고 싶어도 던질 수 없는 때가 곧 옵니다. 전도하고 싶어도 나이가 너무 많이 들어서, 건강이 약해서 주님 부르시면 전도할 수 없습니다. 그러므로 내가 할 수 있을 때 최선을 다해 그물을 던져야 하겠습니다. 전도하지 않는 교회, 선교하지 않는 교회는 더 이상 성장할 수 없습니다. 주님께서 더 이상 쓰시지 않습니다. 아무리 교회 일을 열심히 해도 한 사람에게 전도할 수 없다면 그 사람은 주님께서 기뻐하지 않으실 것입니다.

그렇다면 우리가 어떻게 복음의 그물을 던져야 할까요? 복음의 그물은 넓게 던져야 합니다. 많은 사람들을 향하여 그물을 쳐야 합니다. 47절 후반부에 보십시오. 각종 물고기를 모은다고 하지요. 예수님께서는 특정 민족이나 국가, 또는 개인을 위해 오신 것이 아니라 전 인류를 위해 오셨으며, 세상 구석구석까지 복음이 전파되기를 원하십니다. 그러므로 우리는 한 곳에서만 그물을 칠 것이 아닙니다. 더 넓은 곳으로 나가서 보다 넓게, 더욱 깊게 그물을 던져야합니다. 왜냐하면 그물을 던질 수 없는 그 때가 가까워오기 때문입니다. 그러므로 우리는 한 심령이라도 더 구하기 위해 넓고 깊은 바다로 나가 복음의 그물을 던져야 합니다.

그런데 이 그물에는 투망(投網, casting-net)과 예인망(曳引網, dragnet) 두 종류가 있습니다. 투망은 어부가 팔과 어깨에 메고 고기 있을 만한 곳에 던져 고기 잡는 방식인 반면에, 예인망은 두 배 사이에 묶어서 같이 끌고 다니거나 혹은 한쪽 끝을 해안에 고정시키고 다른 한쪽은 배에 달아매어 배가 육지를 향해 나아가면 자동적으로 물고기가 그물 안으로 들어오게 하는 방식입니다. 이것은 길이 400m나 되고 깊이 6m정도 되는 것으로 아무 고기도 새어 나갈 수 없을 정도로 촘촘한 그물코로 엮여져 있습니다. 본문에 나온 그물은 예인망을 가리킵니다.

때가 되면 그물이 가득 차서 바닷가로 끌어올리게 됩니다. 48절을 보십시오. 그물에 고기가 가득하면 물가로 끌어낸다고 말씀하지요. 천국 복음의 그물은 지금 수많은 각종 고기들로 채워지고 있습니다. 그물이 바다 속에 있을 동안 그 안에 어떤 고기들이 있는지 알 수 없습니다. 그러나 그물이 가득 차면 그 모든 것을 조심스럽게 바닷가로 끌어내게 됩니다.

좋은 것만 취한다

하지만 그물에 걸렸다고 해서 모든 물고기가 다 쓸 만한 것은 아닙니다. 48절 후반부를 보니 좋은 것이 있는가 하면 나쁜 것도 있습니다. 좋은 것과 나쁜 것은 반드시 구별되어야 합니다. 좋은 것들은 건져

내어 준비해 둔 그릇에 담고 쓸모없는 것들은 가차 없이 내어버려야 합니다. 이와 같이 이 지상의 가시적 교회 안에는 알곡과 같은 좋은 물고기만 있는 것이 아니라 가라지 같은 쓸모없는 고기들과 해초와 해충들도 섞여 있는 것입니다. 하지만 마지막 그 때 좋은 것과 나쁜 것은 분명히 나뉘게 될 것입니다.

이 어부의 선별 작업은 최후 심판 날 인류를 향한 주님의 심판 원리를 보여 줍니다. 49절을 보십시오. "세상 끝 날에도 이렇게 할 것이다." 물고기를 좋은 것과 나쁜 것으로 구별하듯 천사들이 와서 의인들 중에서 악인을 갈라냅니다. 성도를 알곡과 가라지로 구별합니다. 천국에서 필요로 하는 사람과 아무 쓸모없는 사람이 분명히 분별됩니다. 양과 염소가 구별됩니다. 천국과 지옥으로 나뉘게 됩니다.

그리고 악인들은 어떻게 됩니까? 50절에 보니 풀무불에 던져 진다고 말씀합니다. 불 심판을 받습니다. 거기서 후회하면서 울어도 아무 소용이 없습니다. 더 이상 돌이킬 수 없기 때문입니다. 본문은 가라지 비유와 매우 비슷한데 특히 50절이 42절과 똑같이 기록되고 있습니다. 즉 하나님을 믿는 자들 가운데에도 가라지와 같은 '못된 것'들이 섞여 있으나 심판 날에는 이들이 모두 풀무불에 들어가게 된다는 것입니다.

그렇다면 우리는 이 세상에서 어떻게 살아야 하겠습니까? 우리는 주님께서 인정하시는 좋은 물고기가 되어야 하겠습니다. 알곡 성도가 되어야 하겠습니다. 그래서 하나님 나라에 들어가 상급 받고 주님 주시는 영원한 축복을 누리는 성도들이 되시길 바랍니다.

이와 동시에 한 가지 조심해야 할 것이 있습니다. 그것은 가라지 비유에서도 말씀드렸지만 최후의 심판 날 이전에는 아무도 다른 사람을 보고 '가라지다' 또는 '알곡이다' 라고 함부로 판단해서는 안된다는 것입니다. 궁극적인 판단은 오직 하나님께 속한 것입니다.

자신을 점검하라

하지만 이 비유를 통해 가장 중요한 것은 우리 자신을 점검하는 것입니다. 내가 정말 주님 보시기에 알곡인지 아닌지, 좋은 물고기인지 아닌지 진지하게 살펴보아야 하겠습니다. 왜냐하면 성경에 보면 복음에 응답한 듯한 모든 사람들이 진정으로 회개한 것은 아닌 경우가 있기 때문입니다. 제일 먼저 예수님을 배반한 제자 가룟 유다(마 10:4)를 한번 생각해 봅시다. 예수님께서는 그를 사실상 마귀라고 말씀하십니다(요 6:70-71). 그는 회계를 맡아 예수님 사역에 재정을 책임지고 있었지만 실제로는 그 돈을 훔쳐 가는 경우도 있었다고 요한복음은 말합니다. 막달라 마리아가 값비싼 향유를 깨뜨려 예수님의 발에 부었을 때에도 그가 아깝게 생각하면서 차라리 삼백 데나리온에 팔아 가난한 자들에게 주는 것이 낫다고 말하였지만 사실은 그가 가난한 자들을 생각함이 아니었다고 요한은 증거하고 있습니다(요 12:3-6). 결국 그는 예수님을 팔기로 작정하고 대제사장들과 흥정하여 은 삼십에 예수님을 배반합니다. 하지만 주님께서는 이 모든 일이 성경을 이루기 위함인 줄 알고 기도하셨습니다. 그가 예수님과 함께 최후의 만찬에 참석

했습니다. 그 때 예수님께서 말씀하십니다. "그러나 보아라, 나를 넘겨 줄 사람의 손이 나와 함께 상 위에 있다"(눅 22:21). 그러나 이 가룟 유다에게는 화가 있을 것을 예언하셨습니다. 그 때까지도 다른 제자들은 가룟 유다가 주님을 배반하리라고는 생각지 않았습니다. 하지만 주님의 경고를 듣고도 깨닫지 못했던 가룟 유다는 겟세마네 동산에서 예수님께 나아와 입 맞추면서 배반합니다. 하지만 나중에 결국 주님을 판 것을 후회하면서 은 삼십을 제사장들에게 도로 갖다 준 후에 스스로 목매어 죽는 비참한 최후를 맞이합니다. 우리 중에는 한 사람도 이 가룟 유다와 같은 분이 없기를 간절히 바랍니다.

또한 오순절에 성령의 충만을 받고 베드로가 복음의 그물을 던졌습니다. 그 때 하루에 삼천 명, 오천 명이 회개하고 주님께 돌아오는 놀라운 역사가 일어났습니다. 하지만 그 사람들이 모두 진실한 그리스도인은 아니었습니다. 가령 아나니아와 삽비라도 그렇게 처음 주님을 믿었을 것입니다. 그러나 나중에 그들은 재물의 욕심을 이기지 못해 재산의 일부를 감추고 거짓말하다가 죽음을 당하는 무서운 심판을 받은 것을 우리는 알고 있습니다. 우리는 어떻습니까? 우리가 가진 모든 것이 주님의 것임을 알면서도 주님의 것을 온전히 드리지 못하고 있지는 않으십니까? 우리 중에는 아무도 이 아나니아와 삽비라 같은 분이 없기를 바랍니다.

바리새인들과 서기관들은 당시에 자신들이 가장 하나님 앞에서 올바른 신앙생활을 한다고 확신했습니다. 그러면서 세리와 창기들과 같은 사람들을 무시했습니다. 하지만 주님께서 어떻게 말씀하셨습니까?

마태복음 23장에 보면 그들의 형식적인 율법주의와 위선을 매우 강하게 저주하시는 것을 볼 수 있습니다. 우리 주님은 자신을 높이고 스스로 의롭다고 생각하는 사람들은 오히려 낮아지고 겸손히 참회하며 자신을 낮추는 자들은 하나님께서 귀하게 여기신다고 말씀합니다. 우리 중에는 이런 외식적인 율법주의자들이 없기를 바랍니다.

우리는 이 땅에서 잠시 살다 가는 나그네요 순례자입니다. 단 한번밖에 없는 소중한 인생입니다. 아무렇게나 살 수 없는 매우 귀한 순간 순간입니다. 함부로 살지않고 하나님 말씀 앞에 진지하게 엎드려야 하겠습니다. 주님께서 나의 모든 삶을 주관하시는 천국 백성의 삶을 살아야 합니다. 세상의 염려와 시험을 이겨내고 아름다운 열매를 맺어야 합니다. 주변에 가라지가 있어도 낙심해서는 안되겠습니다. 우리도 그렇게 되지 않도록 주님 앞에 더욱 기도로 깨어 있어야 하겠습니다. 우리가 발견한 이 귀중한 보화를 결코 잃어버리지 마시길 바랍니다. 그리할 때 성령께서 우리를 도와주십니다. 우리도 모르는 사이에 우리의 믿음이 장성한 분량에 이르도록 역사하십니다. 마침내 주님 앞에 섰을 때, 우리 모두는 알곡이 되고 좋은 물고기가 되어 주님의 칭찬 받는 귀한 주님의 백성으로 살아야 할 것입니다.

기도: 소망의 주님, 우리에게 영원한 하늘 나라를 허락하심을 감사합니다. 이 땅에 잠시 살면서 언제나 그 소망의 나라에 초점을 맞추며 살게 하옵소서. 그리하여 주님 앞에서 알곡 성도로 인정받는 삶이 되게 하여 주소서.

회복의 공동체

1 포스트모던 시대에서 복음의 역할 (행 10:24-35)
2 새로운 공동체를 위한 리더십 (느 5:1-19)
3 약자를 위한 사명 (눅 14:12-24)
4 신령한 연합 (요 17:20-26)
5 하나님 백성의 소유관 (벧전 4:7-11)
6 모든 영역에서의 회복 (막 8:27-38)

1_ 포스트모던 시대에서 복음의 역할

행 10:24-35

한 자매님이 저에게 다음과 같은 이 메일을 보내어 왔습니다. "목사님, 설교말씀을 통해서도 너무 큰 은혜를 받았어요. 제가 지난 9월 한달 동안 어학코스를 했었는데 거기서 알게 된 한국 사람들이 꽤 있어요. 근데 신기하게도 그 사람들이 다 교회를 다니는데 저랑 같은 기숙사에 사는 언니들만 교회를 안 다니는 거에요. 그래서 '아~~ 하나님께서 저에게 전도하라고 기숙사 배정을 그렇게 해주셨구나' 생각했어요. 그런데 여태까지 교회로 인도하지 못했어요. 그런데 오늘 설교말씀을 듣고 깨달았어요. 왜 전도를 하지 못했는지. 모든 일은 하나님께서 하시고 전 그 도구로서만 쓰이는 건데 여태까지 전 저의 힘으로 전도를 하려고만 했었어요. '성령님께서 언니들의 마음을 옥토 밭으로 준비시켜 주셨을 거라 믿고 교회 가자고 얘기할 겁니다~~' 라고 기도하고 집에 와서 언니하고 얘기했는데 너무나도 흔쾌히 다음 주에 같이 교회에 가기로 약속했어요. 지난번에 교회에 가자고 했을 때는 한번 가보고는 싶은데 너무 멀어서 싫다고 그랬던 언니가 지금은 기차가 안 다녀서 가는데 시간이 더 오래 걸린다는 것도 아는데 너무나도 교회에 가고 싶어 했어요. 다음주에 같이 가서 예배드리면 하나님께서 더 기뻐하실 것 같아서 벌써부터 행복해지네요."

제가 섬기던 쾰른 한빛교회에는 중국 형제 자매들이 나오고 있습니다만 그 분들이 교회에 나오게 된 것 또한 한 자매가 먼저 한 마디 건넸기 때문입니다. 아시다시피 중국은 인구 13억의 세계 최대 국가입니다. 세계인구 61억의 20%가 넘는 수치입니다. 그래서 나라 이름도 세계의 중심이라는 뜻에서 '중국' 이 아닌가 생각합니다. 비록 1949년 이후 공산화되고 그 가운데서 극심한 기독교 핍박이 있었음에도 불구하고 중국 교회가 죽지 않고 오히려 부흥한 것은 기독교 역사에서 또 하나의 기적과 같은 사건입니다. 그러나 대부분의 기독교 인구는 남쪽과 해안선 지역 중심으로 분포되어 있고, 중국내지의 강력한 불교권과 서쪽의 소수 부족 중심의 이슬람권에는 기독교가 거의 뿌리를 내리지 못하고 있습니다. 그럼에도 전 세계에서 가장 많은 선교열매를 거두는 지역이 중국입니다. 복음전파의 자유가 있는 지역보다 더 많은 영적 추수가 중국에서 이루어지고 있습니다. 이것은 전적으로 하나님의 역사입니다 또한 세계 복음화라는 관점에서도 중국 선교는 매우 시급합니다. 왜냐하면 오늘날 아직 복음화 되지 않은 지역은 중요 종교권으로 볼 때 불교권, 회교권 그리고 힌두권인데 이 지역의 복음화를 위한 교두보는 결국 중국이기 때문입니다. 중국은 힌두교의 인도, 무슬림의 중앙아시아와 중동, 불교권의 인도차이나 반도를 경계로 가지고 있는 나라입니다. 따라서 중국이 복음화되어 중국의 그리스도인들이 국경을 통해 인접국가와 종족들에게 복음을 전하기 위해 나아가기 시작할 때 본격적인 세계복음화의 과업은 완수될 것으로 많은 선교학자들이 전망하고 있습니다.

현재 중국인들은 해외에 가장 많이 퍼져 있습니다. 그러므로 해외에서의 중국인 사역 또한 매우 중요합니다. 다시 말해 중국선교는 전 세계적인 관점에서 이루어져야 한다는 것입니다. 지금까지는 중국에서의 선교사역만 중국선교로 인정하고 해외에서의 중국인 사역은 별로 관심이 없었습니다. 그러나 앞으로는 해외에서의 중국선교도 중요시해야 할 것입니다. 특히 독일은 중국과 깊은 유대관계를 맺고 있으며 이를 바탕으로 수많은 유학생들이 지금 독일로 몰려 들어오고 있습니다. 장차 이들은 중국과 세계에서 중요한 리더들이 될 것이므로 지금 이들에게 복음을 전하는 것은 매우 중요합니다.

게토화를 넘어

독일의 쾰른이라고 하는 도시는 다인종, 다문화 도시입니다. 외국인의 비율이 거의 40%에 달한다고 합니다. 쾰른 북쪽에 있는 다이스버 그(Duisburg)라고 하는 도시는 이미 외국인 비율이 50%를 넘어섰습니다. 독일의 학자들은 2050년이 되면 독일 전체 인구의 40%가 외국인들이 될 것이라고 예측하고 있습니다. 독일 아니 유럽 전체가 이제는 다인종, 다문화 사회로 급격히 변하고 있습니다. 한국도 마찬가지입니다. 한국 사회도 이제는 단일민족사회라고 하기에는 외국인들이 아주 많이 살고 있고, 외국 부인들과 결혼하는 경우도 더 많아지고 있는 것이 사실입니다. 우리가 믿는 복음은 모든 사람들에게 필요한 구원의 복된 소식이므로 우리는 모든 민족들에게 이 생명의 복음을 증거해야 합니다. 하나님께서 바로 이 일들을 감당하라고 말씀하십니다. 한국분들만이 아니라 중국인들에게도 사랑의 빛을 비추라고 말씀하십니다. 우리나라와 중국은 반만년의 역사를 함께 해오고 있습니다. 뗄레야 뗄 수 없는 관계입니다.

  본문에 나오는 베드로 또한 이러한 사명을 감당하고 있음을 볼 수 있습니다. 전도자 빌립이 성령의 인도하심에 순종하여 한 발자국 내디딜 때 구스 내시의 마음을 다 준비시켜 놓으시고 그를 만나게 하신 후 복음을 전하게 하셨던 것을 우리는 기억합니다. 본문도 마찬가지입니다 먼저 사도행전 10장 1-2절에 보면 하나님께서 가이사랴에 있는 로마의 백부장 고넬료의 마음밭을 미리 준비시켜 놓으신 것을 알 수 있습니다. 그는 구스 내시처럼 로마군대의 장교로서 상당히 영향력이 있는 사람이었던 것 같습니다. 그런데 이 사람이 경건하여 온 집으로 더불어 하나님을 경외하며 백성을 많이 구제하고 하나님께 항상 기도했는데 어느 날 환상 중에 하나님의 음성을 듣습니다. 그리고 욥바에 있는 사도 베드로를 초청합니다.

반면에 베드로는 어떠했습니까? 빌립보다 순종하는데 시간이 좀더 걸렸습니다. 기도하다가 세 번이나 환상을 보고도 의심했다고 17절은 말씀합니다. 그러나 성령께서 다시금 말씀하실 때 그도 순종했습니다. 빌립처럼 먼저 한 걸음 나아가지 못했고 마지못해 하는 마음이 있었지만 그래도 요나처럼 도망가지는 않았습니다. 함께 가이사랴에 가서 보니 고넬료가 일가 친구들을 다 모아 놓고 복음을 듣기 위해 준비된 마음으로 기다리고 있음을 24절에서 봅니다. 이제 고넬료는 왜 베드로를 초청하게 되었는지 설명합니다. 그리고 마지막 33절에서 말합니다. "지금 우리는 주께서 선생님께 지시하신 모든 말씀을 들으려고, 다같이 하나님 앞에 모여 있습니다." 얼마나 멋진 말입니까? 장교로서 군인정신이 투철할 뿐만 아니라 영적으로도 철저히 복종할 각오가 되어 있는 열린 마음 아닙니까?

그제서야 베드로는 비로소 고백합니다. "나는 참으로, 하나님께서는 사람을 외모로 가리지 않는 분이시고, 그분을 두려워하며 의를 행하는 사람은, 그 사람이 어느 민족에 속해 있든지, 다 받아 주신다는 것을 깨달았습니다"(34-35절). 이제야 비로소 베드로는 문화와 인종을 초월합니다. 예루살렘과 유다, 사마리아와 땅끝까지 복음이 증거되어야 한다는 주님의 말씀이 무엇을 의미하는지 깊이 깨닫게 된 것입니다. 이 복음은 유대인들만을 위한 것이 아니요 이방인들도 위함임을 알게 되었습니다.

모든 나라 사람에게 열린 복음

그러므로 우리도 우리 주변에 있는 각 나라 사람들에게 복음을 전해야 합니다. 문화와 인종을 넘어서야 합니다. 이런 의미에서 그리스도인들이야말로 가장 국제화되고 세계화되어야 하는 것입니다. 종종 해외에 있는 한인 교회들을 보면 외딴 섬처럼 있는 것을 봅니다. 우리나라의 동쪽 끝에 있는 섬을 독도라고 하지요. 외롭게 홀로 서 있는 섬입니다. 한인 교포 교회들 중에 이 독도와 같은 교회가 많습니다. 외국에 있으면서도 그 나라의 교회들과 전혀 교제가 없고 그 나라에 있는 다른 외국인 교회들과도 전혀 교류가 없습니다. 그러다 보니 점점 더 우물 안 개구리가 되고 국제적인 감각도 없어지고 주님께서 주시는 비전을 감당할 수도 없어지면서 결국 교회가 게토화되어 내부적으로 문제가 생기고 분쟁이 일어나는 것을 저는 많이 보았습니다.

제가 섬기던 쾰른한빛교회는 총회에서 독일어 교회공식 명칭에 'koreanisch'라는 단어를 없앴습니다. 과거에는 'Hanbit koreanisch evangelische Kirchengemeinde, Köln e.V'였지만 'Hanbit evangelische Kirchengemeinde, Köln e.V(영어로는 Hanbit community church)'로 바꾼 것입니다. 그리고 나서 주님께서 중국 형제자매들을 보내 주시기 시작했습니다. 일본교회와 연합예배도 드릴 수 있도록 인도해 주셨습니다. NRW에 있는 외국인 교회들과의 협력도 강화하여 리더십을 가지게 되었습니다. 이 모든 것이 우연이 아니라 성령님의 인도하심이 분명히 있었고 그것이 또한 우리가 받았고 순종해야 할 비전임을 잊어서는 안됩니다.

이제 베드로는 이방인인 고넬료에게 담대히 복음을 전합니다. 전도자 빌립이 구스 내시의 병거에 올라가 이사야 53장의 말씀을 근거로 복음을 증거했듯이 본문 36-43절에 보니 사도 베드로가 고넬료의 집에 초청을 받아 만유의 주되신 예수 그리스도의 화평의 복음, 주님께서 십자가에 죽으심과 부활, 그리고 그로 인한 죄사함의 복음을 담대히 선포했을 때 성령께서 말씀을 듣는 모든 사람에게 임했으며 심지어 그들이 방언도 말했다고 44-46절은 증거합니다. 그것을 보면서 베드로와 그의 일행들은 다시금 놀랐습니다. 그러나 이제 베드로는 주님의 역사하심을 확신하면서 47-48절에 보니 그들에게 세례를 베풀게 되었습니다. 빌립이 구스 내시에게 세례를 준 것과 같습니다.

베드로는 로마에 가서 선교한 것 아닙니다. 사도 바울이 로마에 가기 훨씬 전에 가이사랴에 와 있는 백부장에게 복음을 전한 베드로를 통해 이미 로마제국의 복음화는 시작된 것입니다. 공교롭게도 이 가이사랴는 전도자 빌립의 집이 있던 곳이기도 합니다. 빌립이 전도한 구스 내시 한 사람이 주님을 믿음으로 그 나라가 복음화 되는 밀알이 된 것처럼 베드로가 전도한 이 백부장 고넬료는 분명 로마를 복음화 하는 데 귀히 쓰임 받은 밀알이 되었을 것입니다.

쾰른은 가이사랴와 같은 국제적인 도시입니다. 당시 가이사랴는 유대를 식민지로 만든 로마 군대의 본부가 있던 국제 항구 도시였습니다. 쾰른 또한 로마제국이 식민지로 삼은 유럽의 중심도시이며 라인강을 끼고 있는 국제적인 도시인 동시에 독일의 육군 본부가 있는 곳이

자 독일 최대의 대학인 쾰른 대학교가 있는 교육 도시입니다. 여기에 공부하러 온 중국 유학생들, 이곳에 파견 나온 군인장교들을 복음으로 섬기면 분명코 주님께서는 이들을 통해 수많은 열매를 거두실 것입니다. 중국 학생들이 주님의 제자로 훈련되고 학업도 잘 마친 후 중국에 돌아가든지 아니면 어느 나라에 있든지 주님께서 인도하시는 대로 귀하게 쓰임 받을 것입니다. 이들 중에 중국의 장관이 나올 수도 있고 앞으로 장교들 중에는 훌륭한 장성이 나올지도 모릅니다. 이들이 중국인들의 리더로 서게 되고 각 나라의 지도자가 될 때 이 분들을 통해 주님께서는 더 많은 영혼들을 주님 앞으로 인도하실 것입니다.

제가 현재 사역하고 있는 곳은 유럽 연합의 수도 브뤼셀입니다. 이곳은 쾰른보다 더 국제적인 도시로 유럽 연합의 정부와 국회 기타 많은 기관들이 있습니다. 이곳에는 불어, 화란어, 영어, 독일어가 동시에 사용되는 다언어권 사회입니다. 이곳에도 수많은 외국인들이 유학 및 직장관계로 들어 오고 있습니다. 그러므로 이 분들에게 복음을 전하는 것이 바로 이곳에 있는 교회의 중요한 사명이라고 할 수 있습니다. 놀랍게도 제가 섬기는 교회는 두 분의 장로님이 계시는데 한 분은 한국 분이시지만 다른 한 분은 벨지움 분이십니다. 안수 집사님 다섯 분 중에도 벨지움 분이 계시고 성도들 가운데도 인도, 방글라데시, 코소보, 태국, 미국, 중국 등지에서 오신 외국분들도 계십니다.

또한 저희 교회 예배당을 오후에는 작은 미국 교회에 빌려 드리고 있는데 이 교회 구성원은 미국, 독일, 영국, 벨지움 그리고 아프리카 성도들입니다. 한인교회에 현지인 장로님이 계시고 나아가 미국교회에 예배당을 거의 무료로 빌려드리는 경우는 드물 것으로 생각합니다. 나아가 이 분들과 협력하여 이 지역 사회를 복음으로 섬기는 것은 크나큰 특권이 아닐 수 없습니다.

한국도 마찬가지입니다. 한국 내에도 많은 외국 학생들과 근로자들이 공부하며 일하고 있습니다. 제 3세계에서 온 그 분들에게 복음을 전하여 그 분들이 그리스도인드로 고국에 돌아간다면 그 땅에 한국인 선교사를 보내는 것보다 훨씬 더 효과적인 사역을 할 수 있을 것입니다. 그리할 때 우리는 진정 '열방을 섬기는 축복의 통로' 가 될 것입니다. 이 귀한 비전을 가지고 오늘 우리에게 주신 기회들을 놓치지 않고 사명을 감당하는 저와 여러분 되시길 주님의 이름으로 간절히 바랍니다.

기도: 모든 사람들이 구원받기를 원하시는 하나님 아버지, 우리에게 주신 이 사명을 잊지 않고 늘 순종함으로 열방을 주님께로 인도하는 축복의 통로가 되게 하여 주옵소서.

2_ 새로운 공동체를 위한 리더십 느 5:1-19

　해외에 오래 사신 분들은 삼일절에 대한 의식이 조금씩 약화되고 희미해질 수도 있습니다. 그러나 이 사건을 좀더 깊은 영적인 눈으로 볼 때 교훈하는 바가 많다고 저는 생각합니다. 1919년 3월 1일 조국이 일제의 압박 하에 있을 때 민족의 대표 33인이 독립선언문을 낭독하고 평화적으로 폭력을 전혀 쓰지 않고 조국의 독립을 세계만방에 알렸습니다. 그런데 놀라운 것은 당시의 통계를 보면 전 국민들 중에 기독교인은 2%밖에 되지 않았습니다. 그러나 민족의 대표 33인중에 그리스도인은 16명이나 들어가 있었습니다. 그 당시의 그리스도인들이 그 암울한 상황 속에서도 빛과 소금의 사명을 어떻게 감당했는가를 단적으로 알 수 있는 자료가 아닌가 생각합니다. 해외에서 살아가고 있는 한국인들이 이러한 역사를 그냥 무관심하게 지나쳐서는 안 된다고 생각합니다. 특별히 하나님을 믿는 우리 신앙인들은 과거의 역사를 성경적인 관점에서 올바로 반성하면서 이 시대에 우리가 해야 할 일이 무엇인지 깊이 고민하고 기도해야 할 줄 압니다.

저는 몇 년 전 독일 프랑크푸르트의 마울로프라는 수양관에서 개최된 유럽 유학생 수련회에 참여한 적이 있습니다. 저는 거기서 한국, 미국, 캐나다, 터키, 헝가리 그리고 유럽의 여러 나라에서 오신 목사님들과 선교사님들 그리고 유럽에서 공부하고 있는 새벽이슬같이 젊고 신선한 유학생들과 이민 2세들과 함께 간절히 기도하고 뜨겁게 찬양하며 말씀을 나누면서 우리 한국 교회와 조국의 미래를 보게 되었습니다. 그러면서 하나님께서 지금도 계속해서 일하시며 역사하셔서 귀한 인물들을 키우고 계심을 새롭게 깨달았습니다. 이와 동시에 조국을 사랑하며 신앙으로 어려운 위기를 극복한 한 위대한 인물, 즉 성경에서 가장 모범적인 한 모델을 느헤미야에게서 찾을 수 있었습니다. 그가 무너진 예루살렘 성벽을 재건하는 과정을 통해 우리는 주님의 마음을 알 수 있습니다.

느헤미야의 리더십

느헤미야서는 당시 바벨론 포로에서 돌아와 무너진 예루살렘 성벽을 어떻게 재건했는가를 우리에게 보여줍니다. 느헤미야의 이름은 '여호와의 위로' 라는 뜻인데 문자 그대로 느헤미야의 신앙 인격과 지도력은 그와 함께 성벽 재건의 역사에 참여했던 이스라엘 백성들에게 하나님의 큰 위로가 되었을 것입니다. 그들은 느헤미야의 탁월한 신앙과 리더십에 감명을 받아 단 52일만에 성벽 재건의 대역사를 완성합니다. 그 기간 중에는 이방인들의 방해가 많고 내적인 위기도 없지 않았지만 이 모든 난관을 극복하고 목표를 성취합니다. 저는 그 과정들을 살펴보면서 우리가 배울 수 있는 영적인 진리들이 참 많다는 것을 발견합니다.

우리 조국은 현재 그 동안 쌓아 온 경제발전이라는 공든 탑에도 불구하고 도덕적으로 그리고 영적으로도 너무나 부패하고 타락했습니다. 교회들도 그 동안 너무나 세속화되고 윤리적으로 사회의 빛과 소금이 되지 못했던 것이 사실입니다. 그러므로 이제는 우리 먼저 믿는 성도들이 온전히 깨어서 이러한 성벽을 재건해야 할 때입니다. 이러한 비전을 가지고 사명을 온전히 감당했던 느헤미야의 신앙인격을 살펴보면서 주님께서 우리에게 교훈하시는 몇 가지 진리들을 중점적으로 생각해 봅시다.

첫 번째로 느헤미야는 문제 상황을 직시하면서 기도했던 진실한 신앙인이었습니다. 그는 해외에서 안정된 직업을 가지고 살고 있었지만 항상 고국의 수도 예루살렘의 상황에 관심을 가지고 있었습니다. 1장 2-3절에 보면 그는 그의 형제중 한 사람인 하나니와 그와 동행한 두어 사람에게 예루살렘의 형편에 대해 묻습니다. 해외에 살면서도 계속해서 조국의 상황에 관심을 두고 있었음을 알 수 있습니다. 그런데 그들로부터 예루살렘성은 무너져 황폐화되고 잔류민들은 환란을 당하고 있다는 충격적인 소식을 접하게 됩니다. 그때 한편으로는 낙심되어 슬퍼하면서도 그는 자신이 믿는 하나님 앞에 금식하며 간절히 기도합니다. 문제가 있을 때, 위기에 봉착했을 때 그는 문제의 핵심을 그냥 지나쳐 버리지 않고 있는 그대로 인정했습니다. 저는 이것이 매우 중요하다고 생각합니다. 병든 상처가 곪아터지고 있는데도 이것을 무시하고 아프지 않다고 거짓말한다면 그 환자에게는 더 이상 소망이 없습니다. 어려운 상황에 처할 때 가장 중요한 출발점은 그 위기 상황을 있는 그대로 인정하고 받아 들여야 한다는 것입니다. 문제 앞에 정직해야 합니다. 그리할 때 우리는 하나님께 무릎꿇고 간절히 기도할 수 있습니다. 문제를 덮어두기만 한다거나 슬쩍 회피하면서 돌아가려고 잔꾀를 부리면 그것은 해결될 가망이 없습니다. 전능하신 하나님 앞에 온전히 내어놓고 엎드려야 합니다.

요즈음 경제학자들은 정직의 금전적 가치(monetary value)가 얼마나 큰가에 대해 많이 강조합니다. 한 나라의 경제 구조가 정직하지 못해서 기업이 탈세를 하고 뇌물을 바친다면 이것을 감시하기 위한 감사 비용이 엄청나게 발생합니다. 그리고 이를 규제하기 위해 다시 법령을 제정하고 감독하기 위해 인력이 소요됩니다. 이것 또한 엄청난 비용이 들기 때문에 결국 정직하지 못한 나라의 경제는 국제 경쟁력을 상실할 수밖에 없다는 것입니다. IMF에서 한국경제를 진단한 것 중에 가장 중요한 지적중의 하나는 '투명성의 결여'(lack of transparency)였다고 합니다. 투명하지 않은 경제는 예측하기가 매우 어렵습니다. 그러니까 해외에서 투자하기를 주저할 수밖에 없는 것이지요. 그러므로 결국 정직하고 신용있는 기업만이 장기적인 면에서 볼 때 가장 돈을 많이 벌 수 있는 것입니다. 이것은 아주 당연한 논리입니다. 그러나 우리는 이 단순한 진리를 너무나 무시하지 않습니까?

현실을 직시하는 지혜

느헤미야는 문제를 직시했고 그 문제를 그대로 주님 앞에 내어놓고 기도합니다. 그가 어떻게 기도합니까? 1장 5-11절에 보면 느헤미야의 기도가 나옵니다. 그는 이 모든 문제의 핵심은 '죄'라는 것을 분명히 보았습니다. 1장 5절에 보면 우리 하나님 여호와께서는 자기 백성들과 언약을 세우시고 그 언약을 신실하게 지키시는 분임을 고백합니다. 하나님과 이스라엘 백성들간에 맺은 언약이 무엇입니까? 우리가 하나님의 백성답게 그 말씀대로 살면 축복을 받지만 그렇지 못하고 범죄 타락하면 심판을 받는다는 것이 언약의 핵심입니다. 느헤미야는 조국이 처한 위기의 본질이 바로 여기에 있음을 꿰뚫어 볼 줄 아는 영적인 분별력이 있었습니다. 그러므로 그는 먼저 자기 민족의 범죄함을 고백하고 회개하는 중보의 기도를 드립니다. 그 자신은 무슨 특별한 죄를 지었던 것 같지 않습니다. 그러나 그는 민족의 죄를 자신의 죄로 인정하고 참으로 상하고 통회하는 심령으로 이 모든 문제의 책임이 바로 자신에게 있음을 6절 이하에서 고백하고 있습니다. 동시에 느헤미야는 하나님의 신실하신 언약에 근거하여 다시금 주님의 말씀에 순종할 때 주시고자 약속하신 그 회복과 축복을 간구합니다.

어떤 사람들이 한국의 문제점을 두 가지 단어로 요약하여 꼬집는 것을 들어보았습니다. 하나는 한국은 ROK가 아니라 ROTC의 나라라는 것입니다. 그 뜻은 Republic of Korea가 아니라 Republic of Total Corruption, 즉 전적으로 부패한, 총체적으로 썩은 나라라는 것입니다. 두 번째는 LMC가 아니라 LOB입니다. 즉 Land of Morning Calm(고요한 아침의 나라)가 아니라 Land of Bribery(뇌물의 나라)가 되고 말았다는 것입니다. 독재 정권을 유지하기 위해 공무원의 부패를 허용 내지는 조장했습니다. 기업은 정부에 아첨하면서 각종 이권을 챙겼습니다. 그러면서 정경유착의 악순환이 증폭되었습니다. 금융도 소위 관치금융이 되어 권력을 잡은 자들이 부도덕한 기업에게 엄청난 자금을 대출하게 됩니다. 국민들도 흥청망청 외화를 낭비하였고 사회 분위기 전체가 정직해서는 살 수 없는 나라가 되고 말았습니다. 하나님의 법을 떠나고 말았습니다. 그렇기 때문에 저는 하나님의 심판이 IMF라고 하는 형태로 임했다고 봅니다.

심지어 이러한 죄악이 교회 안에도 들어왔습니다. 국내와 해외를 막론하고 우리 교회들도 너무나 하나님의 법을 무시하고 이 세상의 순간적인 만족을 추구했습니다. 육신의 정욕, 안목의 정욕, 그리고 이생의 자랑을 더 추구했던 것입니다. 그러므로 문제의 핵심은 우리의 심령이 거룩하신 하나님 앞에 통회 자복하고 하나님의 말씀으로 돌아가는 데 있다고 봅니다. 감사한 것은 부분적으로나마 이러한 움직임들이 일어나고 있습니다. 가령 북미주에서는 몇 년 전부터 '영적 대각성' 운동이 일어나고 있다고 합니다. 김춘근 박사님의 리드하에 이민 온 1.5세, 2세들 중의 전문 직업인들이 하나님 앞으로 돌아오는 귀한 운동이 일어나고 있다는 것입니다.

일부 몰지각한 사람들은 이제 위기는 지나갔다는 식으로 말하면서 IMF를 'I'm forgetting'이라고 해석합니다. 이것은 매우 잘못되었을 뿐만 아니라 아직도 정신을 차리지 못한 사탄의 유혹이라 아니할 수 없습니다. 우리 신앙인들은 느헤미야와 같이 모든 문제의 책임을 다른 사람들에게 전가하지 아니하고 바로 나의 죄 때문임을 고백하며 주님 앞에 회개하는 영적 대각성 운동에 참여해야 할 줄 압니다. IMF에 대한 가장 신앙적 해석은 'It's my fault,' 즉 '내 탓입니다'라고 하는 겸비한 자세일 것입니다.

하나님의 부르심에 대한 바른 응답

두 번째로 느헤미야는 하나님의 부르심에 올바로 응답할 수 있는 지도력을 갖춘 신앙인이었습니다. 그는 믿음과 담력을 겸비하였고, 결단력이 있었으며, 치밀한 계획을 세운 후 그것을 강력하게 밀고 나가는 추진력을 갖추고 있었습니다. 먼저 그의 간절한 기도가 놀랍게 응답되는 것을 우리는 2장에서 읽어볼 수 있습니다. 그의 얼굴에 평소에 없던 수색이 있음을 보고 왕이 그 이유를 묻자 느헤미야는 2장 4절에 보니, 곧 하나님께 묵도하고 사실을 있는 그대로 정직하게 보고하게 됩니다. 그리고 동시에 성전 재건에 대한 허가를 요청합니다. 그러자 놀랍게도 아닥사스다 왕은 이러한 요구를 즉시 허락합니다. 이것은 정말 하나님의 놀라운 역사가 아닐 수 없습니다. 자연스럽고 일상적인 대화가운데서도 하나님께서는 왕의 마음을 움직이셨을 뿐만 아니라 심지어 성전 재건에 필요한 모든 자재까지도 공급하도록 허락하는 것을 볼 때 평소에 느헤미야가 얼마나 왕앞에서 진실되고 충성된 청지기의 삶을 살았는지를 잘 알 수 있습니다.

아닥사스다 왕의 파격적인 배려에 힘입어서 느헤미야는 유다 총독의 자격으로 호위병까지 거느리고 학수고대하던 조국의 땅을 밟게 됩니다. 그러나 그는 즉시 사마리아인들의 반발에 부딪히는 시련을 겪게 되는데 그 때 그는 아주 지혜롭게 처신합니다. 즉 성벽 중건을 착수하기 전 심야에 성벽의 상황을 둘러보게 됩니다. 이 일은 자신의 명성을 위한 것이 아니라 하나님의 영광을 위한 사역이었기에 그는 은밀히 이 모든 일을 준비하고 직접 자신이 확인하여 정확한 데이터를 수집한 후 확실한 계획을 수립합니다(2:12-16). 그는 현실을 있는 그대로 인식하고 직시하면서 적절한 시기에 이 역사를 설명하고 백성들을 격려하여 성벽중건의 역사를 시작했습니다. 그렇게 함으로써 내외의 모든 방해자들의 음모와 술수를 사전에 방지했던 것입니다. 그 당시 이스라엘이 처한 참담한 상황과 성벽 재건의 중요성, 그리고 이를 위한 왕의 후원과 하나님의 인도하심에 대해 느헤미야는 확신을 가지고 이스라엘 백성들에게 알립니다. 그러므로 그의 주장은 잠자던 이스라엘 백성들의 심령을 깨우기에 충분했습니다. 비록 대적들의 조롱과 위협이 있었지만 그 주장의 불합리성을 간파한 느헤미야는 오직 하나님만 신뢰하고 담대히 일을 추진합니다. 하나님의 일에는 언제나 사탄의 방해가 있기 마련입니다. 그때마다 우리는 낙심할 것이 아니라 그것을 당연히 여기면서 지혜롭게 성령의 인도하심을 따라 주님의 뜻을 분별해야 할 것입니다.

3장을 읽어보면 양문에서부터 시작된 공사는 이스라엘의 유지들이 물자 동원과 공정을 분할 담당하는 식으로 진행되었음을 알 수 있습니다. 동시에 이 공사는 성벽 전체에 걸쳐 전면적으로 착공됨으로써 이러한 거대한 프로젝트를 추진하는 느헤미야의 치밀한 조직력과 탁월한 지도력을 보여줍니다. 그러나 4-6장에는 다시금 대적들의 방해공작이 나타납니다. 산발랏과 도비야는 잔류자와 소수 귀환자들의 미약함을 비웃습니다. 표면적으로 그들은 이스라엘의 수적, 조직적 허약성을 비방했으나 실상 이것은 이 새 일을 행하시는 하나님의 주권을 향한 도전이었습니다. 이러한 영적인 싸움에서도 느헤미야는 4장 4절 이하에 보니 기도로 승리합니다.

그러나 대적들이 한 걸음 더 나아가 물리적인 실력행사를 하자 심신이 지친 백성들은 그 위협에 굴복하려는 위기 상황에 도달하게 됩니다. 이러한 긴박한 상황이 닥치자 느헤미야는 즉시 온 회중을 소집하여 전열을 재정비하고 아울러 영육간에 무장할 것을 촉구합니다. 4장 9절에 보니 그들은 한편 하나님께 기도하고 다른 한편으로는 주야로 방비합니다. 14절에서 느헤미야가 "그들을 두려워하지 말아라. 위대하고 두려운 주님을 기억하고, 형제자매와 자식과 아내와 가정을 지켜야 하니, 싸워라"고 격려합니다. 그러면서 이전에는 소수 병력에게만 방비를 전담시키던 전략을 과감히 바꾸어 전 인원을 무장화하여 언제라도 적의 침입에 대항할 수 있는 전천후 요새 체제를 갖추게 합니다. 한 손으로는 일을 하며, 한 손에는 병기를 잡은 채 불철주야 수고하는 이들의 모습은 마치 우는 사자와 같이 우리를 삼키려고 하는 마귀의 궤계를 능히 대적하기 위해 기도와 말씀으로 무장해야 할 우리 성도의 자세를 상기시켜 줍니다.

청렴결백한 리더

세 번째로 느헤미야는 청렴결백한 지도자였습니다. 본문 5장에 보면 외부 문제가 어느 정도 수습되자 이제 내부적인 갈등이 발생합니다. 식량난, 가뭄, 과중한 세금 등으로 인해 동족간에 분열이 일어날 조짐이 보이자 느헤미야는 이러한 사태를 올바로 파악했을 뿐만 아니라 그 심각성을 깊이 깨닫게 됩니다. 그 후 다시금 대회를 열어 문제의 본질을 있는 그대로 지적하면서 그 대안을 제시합니다. 즉 부당한 이윤을 취하는 것을 금지하고, 동고동락을 함께 할 운명공동체임을 역설합니다. 그러자 온 회중이 다 아멘하고 여호와를 찬송하며 그대로 준행하였다고 13절은 말씀합니다. 더 놀라운 것은 14-19절에 나타난 그의 고백입니다. 주전 444년부터 432년까지 12년간 유대 총독으로 있으면서도 느헤미야는 그가 당연히 사용할 수 있는 권리조차도 일체 사용하지 않고 오직 백성들의 평안과 행복을 위해 선정을 베푸는 성숙한 신앙을 보여줍니다. 14-15절을 보면 그는 12년 동안의 총독 재임기간 동안 총독으로서 받을 수 있는 월급을 받지 않았습니다. 백성들이 저렇게 고생하는데 어떻게 나만 잘 먹고 잘 살 수 있느냐 하는 것입니다. 이전의 총독들은 자기의 배만 채우기에 급급하여 백성들을 압제하고 토색하였으나 느헤미야는 이렇게 하나님을 경외하였기에 자신의 권리마저 포기합니다. 나아가 16절을 보면 그는 전혀 부동산 투기를 하지 않았습니다. 성벽이 완공되면 자연히 그 성안의 땅값이 오르지 않겠습니까? 이 때 미리 땅을 사두면 분명히 이익을 볼 것이라는 것은 매우 분명한 이치입니다. 그럼에도 불구하고 그는 그렇게 하지 않았습니다. 오히려 그가 솔선수범하여 성벽을 재건하는 데에만 전심전력하면서 함께 일함으로써 모든 백성들에게 귀감이 됩니다. 이렇게 신앙적으로 바로 선 지도자, 청렴결백한 지도력을 갖춘 느헤미야는 그저 가만히 있어도 모든 백성들의 존경을 받았을 것입니다. 그래서 16절에 보니 백성들이 스스로 느헤미야를 위해 필요한 모든 것을 준비하고 대접하는 것을 볼 수 있습니다.

　이 시대는 바로 이러한 지도자를 요구합니다. 이러한 리더십은 하루 아침에 생겨나는 것이 아닙니다. 각고의 노력과 자기희생 없이 지도자가 될 수는 없습니다. 더욱 하나님의 일에 지도자가 된다는 것은 신앙과 인격, 그리고 재능의 3대 요소를 모두 온전히 갖추어야 합니다. 권위를 강조하는 것이 아니라 성숙한 영성과 온화한 인품으로써 사람들을 감화하고 리드할 수 있어야 합니다.

저는 일제시대 우리나라의 위대한 지도자이셨던 고당(古堂) 조만식 장로님에 관한 회상록을 읽으면서 바로 이분이 우리나라의 느헤미야가 아니었나 하고 생각하게 되었습니다. 고당 선생님은 국권을 상실한 조국의 운명을 타개하기 위해 22세에 기독교 신앙을 가지시면서 평양 숭실 중학교에 입학하여 철저한 신앙인으로 그리고 민족의 지도자로 훈련을 받으셨습니다. 그 후 일본으로 유학하여 동경 명치대학 법학과를 졸업하신 후 평북 정주에 있는 오산학교에서 교사로 계시다가 다시 교장이 되십니다. 한경직 목사님께서 쓰신 글을 보니 그 때 이분은 가족을 평양에 두고 혼자 기숙사 한 방에 계시면서 기거일체를 학생과 같이 하셨다고 합니다. 당시에 학생들과 더불어 친히 괭이를 잡고 운동장을 수축한 것은 그의 실천궁행을 대변하는 사건입니다.

더 나아가 그 때 고당 선생께서는 봉급은 한 푼도 받지 아니하시고 완전히 무보수로 학교에 봉사하셨다는 것입니다. 그 분의 교육은 그의 실제 생활로써 모범을 보여 주는 실천교육이었습니다. 고당 선생님은 민족 부흥의 환상을 보며 인재를 양성하는 교육에 혼신의 정열을 기울였을 뿐만 아니라 국민들을 계몽하기 위해 조선일보 사장으로 재직하셨습니다. 또한 일본에 진 부채로 말미암아 피폐해진 국민경제를 다시 일으키기 위해 근검절약하며 국산품으로 자급자족하는 물산장려운동을 주도하셨습니다. 그래서 고당께서는 명함을 조선의 백지에 친필로 이름을 적은 것으로 유명합니다. 의복은 무명으로 만든 짧은 두루마기를 즐겨 입으셨고 모든 일용품을 국산품으로 사용했으며 모자는 제주도에서 난 말총모자를 쓰셨고 신발은 평양에서 제조한 고무신을 즐겨 신으셨습니다. 선생님의 집에는 방이 두 칸 있었는데 그 값싼 평양 전등도 한 개밖에는 없었고 선생님이 계시는 방에는 여전히 남포등을 썼다고 합니다. 우리 민족이 현재 처한 위기도 먼저 믿는 성도들이 이러한 고당 선생님을 본받는 각오로 정신을 바짝 차리면 얼마든지 극복할 수 있다고 저는 믿습니다.

영적인 통찰력과 분별력

마지막으로 느헤미야는 대적들의 흉계를 꿰뚫어 볼 줄 아는 영적인 통찰력과 분별력을 겸비한 인물이었습니다. 6장에 보시면 원수들이 다시금 느헤미야를 암살하려는 음모를 꾸미게 됩니다. 2절에 그들은 회담을 제의하면서 느헤미야를 죽이려 합니다. 그러나 느헤미야는 다시금 현명한 대처로 그들의 궤계를 무색하게 만듭니다. 즉 3절에 보니 정당한 명분을 들어 대적들의 간계한 회담 제의를 거절하는 그의 당당함을 볼 수 있습니다. 그러나 그의 대적들은 다시 6절에서 사실 무근한 유언비어로 느헤미야를 중상 모략합니다. 즉 느헤미야가 성벽을 중수한 후 예루살렘에서 왕이 되려한다는 것입니다. 이에 대해 느헤미야는 8절에 대적들의 허탄한 심중을 꿰뚫는 명쾌하고 단호한 회신을 보냄과 동시에 다시금 기도로 자신을 재무장합니다. 그러자 10절에 대적들은 한걸음 더 나아가 느헤미야의 심복 스마야를 뇌물로 매수하여 거짓 진언을 하게 합니다. 즉 대적들이 죽이러 오니 제사장 외에는 아무도 들어갈 수 없는 성소에 들어가 숨도록 충동질한 것입니다.

11절에 보니 느헤미야는 비범한 통찰력으로 즉시 그 허구성을 포착해내어 그것마저도 거부합니다. 그의 탁월한 영성은 사단의 깊은 계략까지도 분별하는 지혜를 겸비하고 있었던 것입니다. 6장 15-19절을 보니 그는 성벽을 52일이라는 최단기간에 재건한 후에도 자신을 드러내지 아니하고 이 모든 일이 하나님께서 이루신 일이라고 겸손하게 하나님께 영광을 돌립니다. 그리고는 계속해서 7장에 보면 국가의 재건을 위해 각종 사회제도를 정비합니다. 먼저 대적들의 위협을 대비하여 파수꾼을 세웁니다. 성벽 중수라고 하는 거대한 역사를 완성한 이후에도 자만하거나 방심하지 않았습니다. 오히려 학사 에스라와 함께 본격적인 신앙부흥 운동을 전개합니다. 자신이 독주하지 아니하고 에스라와 같은 위대한 신앙 지도자를 인정하고 그와 함께 영적인 대각성 운동을 일으켜 온 백성들이 하나님 앞에 회개하고 다시금 하나님의 말씀대로 살겠다고 하는 언약을 세우게 됩니다. 또한 거주민과 제사장, 그리고 레위인을 계수하여 종교제도를 재정비합니다. 백성들을 이교도들과 분리시킴으로써 하나님의 백성답게 살 것을 강조합니다. 느헤미야의 이러한 모든 자세는 그의 신앙인격이 얼마나 고귀한지를 잘 드러내어 주는 것이라고 생각됩니다.

저는 이 느헤미야와 에스라를 보면서 다시금 평양 산정현 교회의 조만식 장로님과 주기철 목사님을 생각하지 않을 수 없었습니다. 신사참배와 창씨개명을 끝까지 거부하고 순교로써 하나님 앞에 신앙을 지켰던 주기철 목사님, 비록 주목사님을 가르친 스승이었지만, 위대한 주의 종으로 모시면서 민족의 지도자로 존경을 받았던 조만식 장로님. 오늘 이 시대는 바로 이러한 신앙인격을 갖춘 지도자를 필요로 하고 있습니다.

지금까지 느헤미야의 신앙인격과 삶을 살펴보면서 오늘 이 시대에 우리가 어떻게 살아야 할 것인지를 생각해 보았습니다. 먼저 그는 현실의 문제에 직면하여 기도합니다. 우리도 조국의 이 어려운 상황, 우리 교회의 문제에 대해 주님 앞에 무릎을 꿇고 우리의 죄뿐만 아니라 우리 민족의 죄까지 자복하는 역사적이고 통시적인 책임의식을 가져야 합니다. 진정한 신앙적 대부흥은 온전하고도 철저한 회개운동에서 시작됩니다. 문제를 있는 그대로 주님 앞에 내어놓고 자비와 긍휼을 구해야 할 것입니다. 삼일절은 일제의 식민통치에서 벗어나려는 우리 민족의 평화적 몸부림이었습니다. IMF시대는 실제적으로 우리나라가 경제적인 주권을 상실하고 경제 신탁통치를 받고 있는 상황이었습니다. 우리 교회에도 무너진 성벽들이 있습니다. 이러한 시점에 우리에게는 느헤미야의 진실한 회개의 눈물이 필요한 때입니다. 이러한 눈물이 있는 곳에 사랑이 있고, 사랑이 있는 곳에 용서와 동정과 협조가 생깁니다. 이 IMF는 해외에 사는 우리와는 아무 상관이 없다고 생각할 것이 아닙니다. 조국의 아픔이 나의 아픔이 되어야 하고 동족의 고통은 곧 나의 고통이어야 합니다.

교회는 더욱 그러합니다. 형제자매의 아픔은 우리 모두의 아픔이요 기쁨도 함께 나누어야 할 것입니다. 동시에 우리에게는 하나님의 말씀대로 살겠다고 하는 새로운 헌신이 필요합니다. 세상의 가치관을 본받지 아니하고 하나님 나라의 백성답게 성결한 삶을 살고자 하는 노력, 즉 신령한 땀이 필요합니다. 그리할 때 불가능하게 보이는 일도 하나님의 도우심으로 가능하게 됩니다. 주님께서는 인간적인 방법을 쓰지 않고 전심으로 주를 의뢰하는 자에게 능력을 베푸십니다. 또한 우리는 우리 개인의 삶이 편안하다고 해서 나만 생각하는 이기주의를 버려야 합니다. 느헤미야의 청렴결백하면서도 자신을 던지는 희생정신과 분명한 책임의식을 우리는 본받아야 할 것입니다.

고당 선생님은 계속해서 이남으로 넘어가자는 동지들의 말에 '천만 이북동포를 두고 내 어찌 내 한 목숨을 구하기 위해 갈 수 있겠느냐'고 하시며 결국 고려호텔에 연금된 상태로 남아 계시다가 공산당에 의해 피 흘려 순국하셨습니다. 고당께서는 이 세 가지 즉 눈물과 땀과 피를 강조하셨습니다. 또한 이것은 예수님께서 우리에게 보여주신 삶이기도 합니다.

나아가 느헤미야는 신앙문제에 있어서 분명한 입장을 견지하여 퇴락한 예루살렘 성을 재건했을 뿐만 아니라 그 백성들의 심령도 새롭게 하는 놀라운 역사를 이루었습니다. 바라기는 저와 여러분이 바로 이러한 신앙인격을 가지고 삶으로 실천함으로써 조국과 교회의 무너진 성벽을 재건하는 성숙한 신앙을 이어가길 바랍니다.

기도: 거룩하시고 전능하신 아버지여, 우리의 죄를 사하여 주옵소서. 조국의 어려움, 교회의 아픔들을 방관하지 아니하고 주 앞에 엎드려 통회 자복하는 저희들이 되게 해 주옵소서. 오 주님 우리에게 이 느헤

미야와 같은 하나님의 사람들을 일으켜 주옵소서. 영적인 대각성 운동이 일어나게 해 주옵소서. 먼저 나 자신이 주님 앞에 바로 서게 하시고 주님의 방법대로 이 모든 어려움을 극복하며 우리의 무너진 신앙과 윤리의 성벽을 새롭게 재건하게 하옵소서. 우리의 타락한 심령도 성령과 말씀으로 새롭게 하사 주님 보시기에 온전한 하나님의 백성들로 살아가게 인도하여 주옵소서.

3_ 약자를 위한 사명 눅 14:12-24

    성경에 보면 하나님께서는 사회적으로 약한 자들, 특별히 고아와 과부 그리고 장애자들에게 각별한 관심과 사랑을 보이셨던 것을 찾아볼 수 있습니다. 또한 우리 예수님께서도 이 땅에 계실 때 특별히 소외된 자들과 장애인들에게 깊은 관심과 사랑을 보이셨습니다. 그러므로 우리도 그 주님의 뜻을 따라 우리 주위에 있는 어려운 이웃들과 장애자들을 기억하며 어떻게 하면 그들을 보다 잘 섬길 수 있는지 생각해야 합니다.

사회적 약자들에 대한 하나님의 사랑

먼저 성경 전체를 볼 때 하나님께서는 무척이나 사회적인 약자들과 장애인들에 대해 따뜻한 사랑과 관심을 가지고 계셨음을 알 수 있습니다. 모세 오경에 나타난 율법을 보면 레위기 19장에서 하나님의 거룩한 백성이 준수해야 할 사회적인 규범들을 제시하면서 14절에 "듣지 못하는 사람을 저주해서는 안 된다. 눈이 먼 사람 앞에 걸려 넘어질 것을 놓아서는 안 된다. 너는 하나님 두려운 줄을 알아야 한다. 나는 주다"라고 장애자들을 보호할 것을 말씀합니다. 신명기 27장 18절에도 "'눈이 먼 사람에게 길을 잘못 인도하는 자는 저주를 받는다' 하면, 모든 백성은 '아멘' 하여라" 말씀합니다.

이러한 계명을 잘 지킨 사람으로는 욥을 예로 들 수 있습니다. 왜냐하면 그는 욥기 29장 15절에서 앞을 못 보는 이에게는 눈이 되어 주고, 발을 저는 이에게는 발이 되어 주었고 궁핍한 사람들에게는 아버지가 되어 주었다고 고백하고 있기 때문입니다. 또한 이사야 선지자는 종말론적인 관점에서 주님의 날이 임하면 눈먼 사람의 눈이 밝아지고, 귀먹은 사람의 귀가 열릴 것이며 다리를 절던 사람이 사슴처럼 뛰고, 말을 못하던 혀가 노래 부를 것을 이사야 35장 5-6절에서 예언하고 있습니다. 예레미야 선지자도 장차 남은 주님의 백성들이 돌아올 때 그들 가운데는 눈 먼 사람과 다리를 저는 사람과 같은 장애인들도 함께 할 것을 예레미야 31장 8절에서 예언합니다.

그러므로 예수님께서도 공생애를 시작하실 때 이사야 61장 2절의 말씀을 인용하시면서 "주님의 성령이 임하셔서 가난한 자에게 복음이 전파되며 포로된 자에게 자유를 눈 먼 자에게 다시 보게 함을 전파하고 눌린 자를 자유케 하며 주의 은혜의 해를 전하게 하려 하심이라"고 선포하십니다. 실제로 우리가 사복음서를 읽어보면 주님께서 사역하신 내용이 모두 이 말씀을 실행하신 것임을 알 수 있습니다. 시각 장애인의 눈을 뜨게 하시고, 가난한 자들에게 천국 복음을 전파하시며, 귀신들린 자를 자유케 하시고 기타 많은 질병으로 고통 당하는 심령들을 영육간에 온전하게 하시는 것을 볼 수 있습니다.

세례 요한이 옥중에서 사람을 보내어 '오실 그 분이 당신입니까? 아니면 우리가 다른 사람을 기다려야 합니까?' 라고 예수님께 물었습니다. 그때 예수님께서는 그 질문에 대해 간접적으로 다음과 같이 대답하십니다(마 11:4-5). "가서, 너희가 듣고 본 것을 요한에게 알려라. 눈먼 사람이 보고, 저는 사람이 걷고, 나병 환자가 깨끗해지고, 귀먹은 사람이 듣고, 죽은 사람이 살아나고, 가난한 사람이 복음을 듣는다." 무슨 뜻입니까? 예수님께서 장애인들에게 행하신 사역 그 자체가 바로 그 분이 메시야이심을 증거한다는 것입니다.

본문 누가복음 14장을 보면 예수님께서 안식일에 바리새인 중 한 고관의 집에 식사 초대를 받아 들어가시게 됩니다. 여기서 주님은 종말론적인 잔치 즉 우리가 하나님 나라에 들어갈 때 누릴 어린 양 혼인 잔치에 대하여 비유로 말씀하십니다. 하나님의 나라는 잔치하는 것과 같습니다. 왜 그렇습니까? 그것은 우리가 거룩한 주님의 백성으로 주님과 하나되는, 즉 가장 친밀한 사랑의 교제를 나누게 되는 것이며 하나님의 풍성한 기업과 영원한 축복을 누리기 때문에 그렇습니다. 이 세상에서 아마 혼인 잔치보다 더 즐거운 날은 없을 것입니다. 그러므로 장차 우리가 누릴 그 영광스러운 축복을 주님은 혼인 잔치에 비유하시는 것입니다. 그런데 그 잔치에는 자신을 높이는 교만한 자가 대접을 받는 것이 아니라 겸손히 자신을 낮추는 자가 높임을 받는다고 말씀하십니다.

또한 본문 12-14절에 보니 우리가 식사 초대를 할 때 벗이나 형제나 친척이나 부한 이웃을 청하지 말라고 말씀합니다. 왜냐하면 그들이 우리를 다시 초대하여 은혜를 갚게 되면 우리가 별로 주님 앞에 받을 상이 없다는 것입니다. 그렇다고 해서 친척이나 친구를 전혀 초대하지 말라는 뜻은 아닙니다. 다만 이 본문의 핵심적인 교훈은 우리가 구제하거나 잔치를 베풀 때 어떤 대가를 바라거나 값싼 동정에서가 아니라 가장 갚을 것이 없는 약자들에게 도움의 손길을 펴야 한다는 것입니다. 가장 가난한 자들과 장애인들과 지체 장애자들과 시각 장애자들은 갚을 것이 없기 때문에 그것이 우리에게 복이 되어 우리가 부활할 때에 주님께서 갚아 주실 것이라는 말씀입니다.

나아가 15-24절에도 보면 예수님께서 다시 하나님 나라를 잔치에 비유하십니다. 어떤 사람이 큰 잔치를 열고 많은 사람을 초대했으나 각각 나름대로의 이유를 대면서 잔치에 오지 않자 주인은 화를 내며 하인들에게 거리로 나가 가난한 자, 지체장애인, 그리고 시각 장애인들을 잔치에 데려 오라고 명하십니다. 하인들이 주인의 말대로 장애인들을 불러 잔치에 데려왔으나 그래도 잔칫상은 많이 비어 있어 주인은 다시 시내의 거리와 골목으로 나가서 사람들을 데려 오라고 명하십니다. 이렇게 말씀하시면서 처음에 초대받지 못하였으나 나중에라도 그 초대에 응했던 장애인들과 가난하고 소외된 사람들은 하나님의 축복을 누릴 것이며 그러므로 그들을 섬기는 것이 주님에 대한 진정한 순종이라는 것입니다. 원래 이 비유의 뜻은 하나님의 선민으로서 메시야를 기다리던 유대인들이 오히려 그리스도를 배척하게 되었고 그 대신 이방인과 세리들 그리고 장애자들과 같은 소외된 자들에게 도리어 복음의 문이 활짝 열리게 되었음을 뜻합니다.

그런데 특별히 우리가 주의해서 보아야 할 말씀은 21절입니다. 우리말에는 분명히 나타나지 않지만 주인이 '이르되'라는 단어는 '명령하다'(oder)는 뜻입니다. 그러므로 장애인 선교는 해도 그만 하지 않아도 그만인 것이 아니라 우리가 마땅히 해야 할 의무요 사명인 것입니다. 주님은 말씀하십니다. 빨리 나가서 가난한 자들과 장애인들을 도와주고 그들을 주님께로 데려오라고. 교회는 장애인들이 스스로 교회에 나오도록 기다리고 있어서는 안됩니다. 오히려 그들을 찾아가서 복음을 전해야 할 사명이 있음을 알 수 있습니다.

약한 자들도 사용하시는 하나님

하나님께서는 장애인들을 사랑하실 뿐만 아니라 그들을 들어 귀하게 사용하십니다. 인간적으로 볼 때 희망이 없던 장애인들이 예수님을 만나 변화를 받고 하나님의 그릇들로 크게 쓰임받은 것을 우리는 많이 볼 수 있습니다. 보지도 듣지도 말하지도 못했지만 많은 사람에게 용기를 준 헬렌 켈러, 시각 장애인이었지만 「실락원」이라는 불후의 명작을 남긴 영국의 존 밀턴, 또한 보지 못하지만 우리가 즐겨 애창하는 주옥같은 찬송가를 수없이 작사했던 크로스비(Fanny Jane Crosby) 여사 등이 하나님의 도구가 되었습니다. 크로스비 여사가 쓴 찬송가중 23편이 우리 찬송가에 수록되어 있을 정도입니다. 우리 나라에도 이에 못지 않은 송명희 자매가 있습니다. 그녀가 쓴 주옥같은 신앙시들을 여러분 많이 읽어 보셨을 줄 압니다. 그 중에 어떤 것은 복음성가로 작곡되어 불려지기고 있기도 합니다.

또한 미국의 한 장애 여성으로 죠니 애릭슨 여사라는 분이 있습니다. 이분은 1967년 여름 16세의 나이에 다이빙을 하다가 그만 사고로 목뼈를 다치면서 전신마비의 장애인이 되었습니다. 그럼에도 불구하고 그녀는 신앙으로 이 장애를 극복하여 전 세계의 장애인들에게 도움을 주고 있으며 그들에 대한 하나님의 관심과 사랑을 일깨워 주는 일을 하고 있습니다. 그녀는 특별히 장애인들이 교회에 올 때 모든 성도들이 따뜻하게 환영하고 서로 아름다운 교제를 나누며 더 나아가 그 장애인들도 교회와 이웃을 위해 봉사할 수 있도록 도와주어야 할 것을 강조합니다.

제가 네덜란드에 있을 때 함께 공부하시던 목사님중에 장애 아동을 둔 가정이 있었습니다. 그 목사님과 대화하는 중에 한 가지 안타까웠던 것은 이 목사님 가정은 가족이 함께 주일날 교회에 가서 예배를 드릴 수가 없다는 것입니다. 이 아이가 교회에 가서 얌전히 있지 않기 때문에 목사님께서 먼저 교회에 다녀오실 동안 사모님께서 그 아이를 돌보다가 목사님께서 돌아오시면 그 이후에 사모님은 2부 예배에 가시고 목사님께서 다시 그 아이를 돌봐야 한다는 것입니다. 그래서 그 큰 아이는 교회에도 가지 못하고 집에서 부모님의 보호를 받을 수밖에 없습니다. 그러나 아직도 목사님 내외분은 이 아이를 포기하지 않고 주님의 능력을 끝까지 신뢰하며 기도하고 계십니다. 우리 교회에도 앞으로 어떤 장애자가 오든지 이들을 주님의 사랑으로 따뜻하게 맞이할 준비를 갖추고 있어야 할 줄 압니다. 장애인을 섬기는 것은 바로 주님을 섬기는 것이기 때문입니다.

하나님께서 가장 기뻐하시는 예배는 신령과 진정으로 드리는 영적인 예배입니다. 그런데 로마서 12장 1-2절에 보면 우리가 드릴 참된 영적 예배는 우리 자신을 하나님이 기뻐하시는 거룩한 산 제사로 드리는 것이라고 말씀합니다. 그런데 히브리서 13장 16절에 보니 하나님께서 기뻐하시는 다른 제사가 나옵니다. 즉 "선행과 친교를 게을리하지 마십시오. 하나님께서는 이런 제사를 기뻐하십니다"라고 말씀합니다. 그러므로 영적인 예배, 거룩한 산 제사, 서로 사랑을 나누어주는 것 이 모두가 하나임을 새롭게 깨닫게 됩니다.

약자들을 섬기는 중 깨닫는 하나님의 사랑

좀더 깊이 생각해 보면 하나님께서 우리에게 장애인을 허락하신 것은 우리가 그들을 섬기는 가운데 주님의 사랑을 더욱 더 올바로 깨닫기 위함이 아닌가 생각해 봅니다. 중풍병으로 고통당하는 친구를 도와주기 위해 심지어 지붕을 뚫고 예수님께 데려 왔던 사람들의 믿음과 희생적인 사랑은 그들의 삶을 더욱 더 보람있고 가치있게 만들어 주었습니다. 그래서 영국에 있는 어느 장애인 선교단체는 이름이 '지붕을 뚫고 선교회(Through the Roof Ministry)' 입니다.

스페인의 마드리드 근교에서 현지 스페인 사람들을 대상으로 선교하시는 목사님이 계십니다. 이 분은 원래 한국에서 교사로 계시다가 주님의 부르심을 받고 처음에는 평신도 선교사로 오셨고 나중에는 다시 신학을 하셨습니다. 이 분 가정에 아들이 세 명있고 막내로 딸이 하나 있는데 세 번째 아들이 아주 심각한 장애를 가지고 태어났습니다. 이 아이는 태어나는 순간 질식한 상태로 오랜 시간이 지나 뇌에 심각한 손상을 입어 16년이 지난 지금도 말을 할 수 없으며 전혀 지능이 없습니다. 그리고 아직도 대소변을 가리지 못합니다. 그런데 이 아이의 이름은 아주 역설적이게도 솔로몬입니다. 이 분들이 기도하고 금식하면서 스페인의 각종 환자들에게 침술로 치유 사역을 하면서 선교 하고 있습니다. 그러나 한가지 안타까운 것은 그 중에 많은 사람들이 치유되는 역사가 일어났지만 자기 아이를 고치지 못한다는 사실 때문에 선교사역에 방해를 하며 비방하는 사람들이 있다는 것입니다. 이 목사님 내외분은 오히려 이것을 믿음으로 극복하면서 이렇게 고백하는 것을 들어보았습니다. "이 아이 솔로몬은 우리 가정에 주신 하나님의 축복입니다." 이 아이 때문에 더욱 주님을 의지하게 되었고 이 솔로몬을 키우면서 더 신앙이 성숙해졌다는 것입니다. 솔로몬의 행동이 조금씩 나아지고 약간의 발전이라도 있으면 얼마나 감사해 하시는 지 모릅니다. 우리가 장애인을 섬길 때 그 가운데 우리의 믿음이 자라고 주님의 사랑도 더욱 깨달을 수 있는 것입니다. 바로 이것이 합력하여 선을 이루시는 주님의 섭리가 아닌가 생각합니다.

서구 유럽은 장애인들을 위한 복지 시설이 너무나 잘 되어 있어서 우리가 장애인에 대한 관심이나 선교의 필요성에 대해 잘 느끼지 못하는 것이 사실입니다. 그러나 우리 조국의 상황이나 동구, 아프리카, 구 소련연방 등과 같은 지역을 생각하면 상황은 전혀 달라집니다. 간단하게 말하자면 서구 유럽에는 장애인들이 갈 수 없는 곳이 거의 없는 반면에 동구와 아프리카 등에는 장애인들이 갈 수 있는 곳이 거의 없는 실정입니다. 통계에 의하면 세계 각국의 장애인 수는 그 인구의 약 10-15% 내외라고 합니다. 선천적으로 장애를 가지고 태어난 경우도 있지만 요즈음은 여러 가지 질병과 사고로 인한 후천적인 장애가 훨씬 더 많습니다. 통계에 의하면 장애인들 중 약 90%가 후천성 장애인이라고 합니다. 한 나라가 선진국이냐 후진국이냐를 결정하는 척도가 여러 가지 있겠습니다만 그 중에 가장 중요한 것 중의 하나는 역시 장애인들과 같은 사회적인 약자들에게 얼마나 많은 관심과 사랑을 보이고 복지 시설을 해 놓았느냐는 것이라고 생각합니다. 적어도 이러한 점에서 보아도 한국은 아직도 선진국이라고 말하기가 어렵습니다. 단적인 예로 한국의 그리스도인은 전체 인구의 약 25%라고 하지만 장애인으로서 그리스도인은 장애인구 전체의 5%밖에 되지 않습니다. 장애인들에 대한 선교가 얼마나 중요한지를 금방 알 수 있으시겠지요.

감사한 것은 이러한 일들을 감당하기 위한 단체들이 생겨나 지금도 활발하게 활동하고 있다는 사실입니다. 그 중에 하나가 바로 세계밀알연합회인데 현재 그 회장으로 섬기시는 이재서 박사님도 시각 장애자이십니다. 가난한 가운데서도 한국의 어느 교회에서 후원하여 미국에서 공부를 마치시고 지금 전세계의 장애인들을 선교하는 데 귀하게 쓰임받고 계시는 분입니다. 지금 한국과 미주를 비롯해 호주, 뉴질랜드, 러시아 그리고 유럽에 그 지부를 결성하여 활발한 사역을 전개하고 있습니다.

유럽 밀알에서 하고 있는 사역 중의 하나가 밀알 장학생을 선발하여 후원하는 것입니다. 제일 먼저 후원했던 형제가 베를린에서 바이올린을 전공했던 김종훈 형제입니다. 이 형제는 시각 장애자로 어릴 때 시신경을 다쳐 거의 실명상태입니다. 다행히 약간의 시신경이 살아있어서 큰 물체는 어렴풋이 분간합니다만 사람의 얼굴이나 작은 물체는 전혀 볼 수가 없습니다. 이 형제가 현재 공부하면서 가장 고통스럽게 느끼고 있는 것 중의 하나가 악보를 읽을 수 없다는 것이었습니다. 그러니까 주로 듣고는 완전히 암기하지 않으면 안된다고 합니다. 한 번 상상해 보십시오. 새로운 바이올린 연주곡을 연습해야 하는데 악보를 볼 수가 없으니 얼마나 불편하겠습니까? 다행히 주위에서 도움을 주시는 분들이 많이 계셔서 공부를 잘 마쳤습니다. 그리고 장기적으로는 동구와 아프리카 그리고 구 소련 지역과 같은 낙후된 국가에 장애인들을 도우며 선교할 비전을 가지고 기도하며 준비하고 있습니다.

하나님께서 우리를 먼저 사랑하셔서 그 독생자를 보내시사 십자가에 죽게 하시는 엄청난 대가를 치루신 것은 우리도 그 사랑을 받기만 할 것이 아니라 서로 나누기 위함인 것입니다. 우리가 주님께 받은 그 엄청난 은혜와 축복을 나눌 때 그것은 그 사랑을 받는 사람에게도 큰 도움과 기쁨이 되겠고, 그러한 도움을 주는 우리도 더 큰 감사와 기쁨이 될 줄 압니다. 마치 한 소년이 자신의 도시락으로 가져 왔던 보리떡 다섯 개 물고기 두 마리를 주님께 드렸을 때 그것으로 오 천명이나 먹이고도 열 두 광주리나 남았던 것처럼 말입니다. 주님은 말씀하십니다. 바로 이들 어려운 한사람, 지극히 작은 자 한 형제 자매를 섬기는 것이 바로 주님을 섬기는 것이라고 말입니다. 우리가 장애인들을 볼 때 그들의 외모만 보아서는 안됩니다. 그들안에 있는 하나님의 형상을 보아야 하고, 온 천하보다도 더 귀한 그들의 생명을 보아야 합니다.

우리가 하늘 나라에 가면 이 모든 장애는 사라질 것입니다. 그렇기 때문에 주님께서 이 땅에 계실 때 많은 시각 장애인들의 눈을 뜨게 해 주셨고 언어 장애인의 입을 열어 주님께 찬양으로 영광 돌리게 하셨습니다. 평생 앉아 있어야만 하는 지체 장애인을 고쳐 주셨고 귀신들린 장애인을 치유하셨습니다. 그러시면서 하나님 나라가 바로 거기에 임했다고 선포하십니다. 왜 그렇습니까? 그것은 하나님 나라, 즉 하나님께서 통치하시는 나라에는 더 이상 이러한 장애가 있을 수 없고 영원한 축복만이 있기 때문입니다. 그러므로 우리도 이러한 장애인들에게 복음을 전하고 그들을 섬기는 사역을 계속해나가야 합니다. 이것을 통해 하나님 나라의 복된 소식이 전파되며 하나님 나라가 임하게 됩니다. 장애인 선교는 사실 교회의 가장 중요한 사명인 선교와 구제를 동시에 할 수 있는 가장 이상적인 선교 전략입니다. 왜냐하면 그들은 대부분 가장 가난할 뿐 아니라 가장 복음을 듣지 못한 소외된 약자 계층이기 때문입니다. 그들을 섬기는 것은 바로 주님을 섬기는 것입니다. 이 주님을 섬기는 축복이 저와 여러분의 남은 생애에 충만하시길 소원합니다.

기도: 사랑하는 주님, 저희에게 주신 축복들을 상고해 볼 때 만 입이 있어도 다 감사할 수 없나이다. 그러나 저희들은 이 축복을 나누어주는데 얼마나 주님 보시기에 열심을 내었는지 우리 자신을 돌아보게 하옵소서. 세계를 품은 그리스도인으로서 하나님 나라의 비전을 가진 주님의 거룩한 백성답게 이 땅에서 고난받는 우리의 이웃들을 돌아보게 도와주옵소서. 특별히 육신적으로 몸이 불편할 뿐만 아니라 정신적으로 온갖 멸시와 천대를 받는 장애인들을 섬기며 주님께로 인도하는 저희들이 되기를 간구하옵나이다.

4_ 신령한 연합 요 17:20-26

독일 쾰른에 있는 한빛교회는 네 개의 한인교회들이 통합된 독특한 역사를 가진 교회입니다. 감리교회인 연합교회와 장로교회인 중앙교회가 중심이 되어 이 일이 추진되었고 주님의 뜻 가운데 무난히 성사가 되어 다른 두 한인교회도 합치게 되었습니다. 이러한 일은 한국교회 역사상 매우 보기 드문 현상입니다. 국내외를 불문하고 한국교회는 분열 잘하기로 유명합니다. 거기에 대해서는 제가 길게 설명하지 않아도 여러분들 다 잘 아시겠지요. 저는 솔직히 한국교회의 교단이 얼마나 되는지 교파수가 어떻게 되는지 모릅니다. 아마 너무 많아서 셀 수 없을 정도일 것입니다. 그런데 그 정반대의 현상이 쾰른 지역에서 일어난 것입니다. 이것은 분명히 주목할 만한 사건이 아닐 수 없습니다. 그러므로 이러한 현실에 대한 주님의 뜻이 어떠한 것인지 성경 안에서 분명한 해답을 찾아야 한다고 생각합니다. 그리고 그러한 메시지를 선포하는 것이 저의 중대한 책임이라고 믿습니다. 저는 이 통합에 대한 근거를 본문 말씀에서 찾았습니다. 바로 예수님의 중보 기도입니다.

예수님의 마지막 기도의 핵심

요한복음 17장에 기록된 예수님의 기도는 공관복음, 즉 마태, 마가, 누가복음에 기록된 예수님의 겟세마네 동산에서의 기도와는 다릅니다. 아마도 이 본문의 기도는 겟세마네 동산으로 가기 전에 하신 기도인 것 같습니다. 어디서 하셨는지에 대해서는 전혀 알 수 없고 또한 그것이 사도 요한에게는 별로 중요하지 않았던 것 같습니다. 이 예수님의 대제사장적인 중보 기도는 성경에 기록된 예수님의 기도 중 가장 긴 것입니다. 동시에 주님께서 제자들에게 가르쳐 주신 주기도문과 함께 중보 기도의 표본이 됩니다. 그 내용은 세 부분으로 나눌 수 있습니다.

첫째는 예수님 자신(의 영광)에 관한 기도(1-5절)인데 십자가 고난이라는 큰 난관을 앞에 두고 오직 하나님의 영광과 그 뜻만이 이루어지기를 바라는 내용입니다(마 6:9, 10). 그런데 이 기도를 자세히 읽어 보면 마치 예수님께서 죽음을 정복하신 후 하나님의 보좌 우편에서 간구하시는 것 같은 인상을 줍니다. 그래서 이 부분의 가장 중요한 주제 내지 단어는 '영광' 입니다.

둘째는 제자들(의 안전)을 위한 기도(6-19절)입니다. 주님 스스로는 십자가 고난마저 능히 승리하실 것이라는 확신을 가지고 계셨습니다. 그러나 제자들의 믿음은 너무도 약하여 이제 주님을 버리고 뿔뿔이 흩어지는 것은 시간 문제였습니다. 그럼에도 불구하고 주님은 그들이 훗날 당신의 도구로 사용될 것을 미리 내다보시고 그들을 위해 기도하셨습니다. 이 기도대로 훗날 제자들은 세상에 살되 세상에 속하지 않고 오히려 그 세상을 말씀으로 극복합니다. 나아가 세상을 복음으로 정복해 가면서, 세상이 감당하지 못하는 자들로 활약하게 됩니다.

마지막 세 번째로 모든 성도들(의 평안)을 위한 주님의 중보 기도인데 하나님과 그리스도가 하나된 것 같이 그리스도와 성도들의 신령한 연합을 간구하고 있습니다(20-26절). 이제 이 기도를 좀더 깊이 살펴보기로 하겠습니다.

첫 번째로 예수님께서는 자신의 영광에 관한 기도를 1-5절에서 드리고 있습니다. 1절에서 예수님은 때가 이르렀다고 말씀하십니다. 여기서 이 '때'란 물론 예수님께서 세상 죄를 지고 가는 하나님의 어린양으로 십자가에서 당하실 수난의 때를 가리킵니다. 예수님께서는 처음부터 항상 이 때를 염두에 두고 사역해 오셨습니다. 왜냐하면 이 때가 바로 사단의 세력을 멸하는 때이며, 성도들의 죄를 속하는 때이고, 나아가 믿는 자들이 영화롭게 되기 위한 부활의 서곡을 알리는 때이기 때문입니다.

"영광을 돌리게 하여 주십시오." 성부 하나님의 영광과 성자 예수님의 영광은 매우 밀접하게 연결되어 있습니다. 즉 십자가에 죽으심으로 예수님은 하나님 아버지께 영광을 돌리게 되고 이것은 궁극적으로 예수님을 믿는 모든 신자들에게 영생을 가져다주게 됩니다(2절). 예수님의 성육신에서 우리는 하나님의 독생자의 영광을 보게 됩니다(요 1:14). 그리고 예수님께서는 여러 가지 이적을 통해 자신의 영광을 드러내십니다(요 2:11). 그러나 궁극적으로 주님께서는 십자가에 죽으신 후 다시 부활하심으로 그의 영광을 드러내십니다(요 7:39; 13:31). 주님은 십자가의 고난과 그 처절한 죽음 건너편에 있는 부활의 영광을 보셨기에 이러한 놀라운 기도를 드리실 수 있었던 것입니다. 찬송가에도 이런 가사가 있지요 '십자가 십자가 무한 영광일세, 요단강을 건넌 후 무한 영광일세.' 놀라운 것은 이 기도가 겟세마네 동산의 기도와는 너무나 대조적이라는 점입니다. 본문에서 예수님은 이미 승리하신 영광의 주님으로서의 모습을 우리에게 보여 주십니다. 즉 예수님께서는 십자가를 통해 다시금 드러날 자신의 영광을 위해 기도하십니다 (2, 5절).

2절에 '모든 사람'들은 '모든 육체'란 뜻으로 전형적인 히브리식 표현법인데, 하나님의 영화로운 존재와는 대조적인 연약한 인간성을 뜻합니다(창 6:12; 시 65:2; 사 40:5; 렘 12:12). 이 모든 사람들은 아버지께서 아들에게 주신 모든 자라고 말씀함으로써 사도 요한은 여기서 인간의 구원에 관한 하나님의 주도권(initiative)을 강조합니다. 우리가 우리 자신을 구원하는 것이 아닙니다. 하나님께서 먼저 손을 뻗쳐서 죄에 빠진 우리 한사람 한사람을 구원해 내시는 것입니다.

3절에는 영생의 궁극적인 정의가 언급되고 있습니다. 즉 "오직 한 분이신 참 하나님을 알고 또 아버지께서 보내신 예수 그리스도를 아는 것"입니다. 여기서 안다는 것은 일시적인 것이 아니라 지속적이며 점진적인 인격적인 교제의 관계입니다. 그리고 그 대상은 거짓 우상들이 아닌 참 하나님과 그의 아들 예수 그리스도입니다. 사실 주님께서 자신을 '예수 그리스도'라고 표현한 곳은 여기가 유일합니다. 예수를 그리스도, 즉 메시야, 구세주로 믿는 바로 거기에 영생이 있다는 말씀입니다.

4절에서 예수님께서는 자신의 사역이 자기를 위한 것이 아니라 하나님께서 맡기신 사명임을 강조하십니다. 심지어 예수님께서는 앞으로 감당해야 할 십자가의 고난까지도 이미 각오하고 계시기에 그것을 이미 이룬 것처럼 과거형으로 표현합니다. 성경은 종종 미래에 일어날 일이지만 너무나 확실한 내용을 진술할 때 미래형이 아니라 오히려 과거형으로 쓰는 경우가 종종 있습니다. 이것도 이러한 경우라고 볼 수 있습니다.

5절에서 주님은 '지금' 즉 그의 지상에서의 생애가 끝나가는 이 때, 하나님 아버지와 함께, 그 우편에서 성육신 전에 누리셨던 영광을 다시금 회복시켜 주실 것을 기도합니다. 이것은 예수님께서 십자가에 죽으시기까지 낮아지신 후 다시금 하나님께서 그를 지극히 높이실 것을 암시합니다.

두 번째로 6-19절에서는 제자들의 안전을 위해 기도하십니다.

6절에서 '세상에서 택하셔서 내게 주신 사람들'이라는 말씀은 구속 사역에 있어서 하나님의 주도권을 다시금 강조합니다. 주님께서 그들에게 "아버지의 이름을 드러냈습니다." 즉 아버지의 참된 본성을 계시하셨음을 말씀합니다. 하나님 아버지의 사랑과 은혜, 공의와 거룩하심을 나타내셨습니다.

7절에서 주님은 우리가 예수 그리스도 안에서 역사하시는 하나님을 바로 알아야 함을 말씀합니다. 우리가 예수님을 바로 알 때 하나님 아버지도 올바로 알 수 있습니다. 그리고 바로 여기에 영생이 있는 것입니다. 또한 이것이 바로 사도 요한이 요한복음을 기록한 목적이지요.

8절에 보니 제자들은 바리새인들과는 달리 예수님의 가르침을 받아들였습니다. 그리고 제자들은 예수님이 하나님 아버지께로부터 왔다는 것을 알고 믿었습니다(1:7, 12; 20:31).

9절에서 예수님께서 제자들을 위해 기도하는 것은 그들이 하나님께 속해 있기 때문이라고 합니다.

10절에서 예수님은 제자들의 삶을 통해 영광을 받으신다고 말씀합니다. 우리가 주님의 뜻대로 순종하는 삶을 살 때 그것은 주님께 영광을 돌려 드리는 삶이 됩니다. 이 얼마나 귀한 특권입니까?

11절에서 예수님은 이제 제자들의 보호를 위해 기도하십니다. 예수님은 십자가에 죽으신 후 부활 승천하여 하나님 아버지께로 돌아가실 것을 알고 계십니다. 그러나 그 제자들은 환난과 곤고가 많은 이 세상에 계속 남게 됩니다. 그러므로 그들을 지켜 주시도록 간절히 기도하고 계시는 것입니다. '거룩하신 아버지' 라는 말에서 거룩은 세속적인 죄와 불의가 가까이 하지 못하는 하나님의 초월적인 도덕성(remoteness, transcendence)을 가리키며, 아버지는 사랑을 느끼게 하는 하나님의 내재적인 속성(nearness, immanence)을 뜻합니다. 우리가 하나님의 '거룩' 하심을 잊어버리면 죄를 두려워하지 않을 것이며 그의 부성(父性)을 잊어버리면 낙심하게 될 것입니다.

하나됨을 위한 간구

그리고 계속해서 주님은 제자들의 하나됨을 위해 간구하십니다. 여기서 '하나가 되게'라는 말씀은 계속해서 '하나됨을 지키라'는 뜻입니다. 이것은 마치 성부 하나님과 성자 예수님이 하나이듯 제자들도 이미 그리스도 안에서 하나가 되었으므로 이 하나됨을 계속해서 유지해 나가야 한다는 것입니다. 따라서 오늘날 많은 한국 교회들이 하나되지 못하는 것에 대해 우리는 책임의식을 느껴야 합니다.

12절에서 '보호'란 주의 깊은, 목양적인 보호를 뜻하고 '지킴'이란 외부의 위험으로부터의 보호를 뜻합니다. 즉 예수님의 보증하시는 말씀은 그에게 주어진 자 중 한 사람도 잃지 않는다는 것입니다. 가롯 유다의 실족은 목자되신 그리스도께서 실패하신 것이 아닙니다. 그는 원래 '멸망의 자식'이라고 말씀합니다.

13절에서 주님은 자신의 기쁨이 모든 신자들 속에서 성취되길 기도하십니다. 특별히 요한복음에 나타난 다락방 강화를 읽어보면 예수님께서 모든 그리스도인들이 풍성한 주님의 기쁨을 누릴 것을 강조하고 있음을 알 수 있습니다(15:11; 16:20-22,24).

우리 그리스도인들은 이 세상에 살지만 이 세상에 속한 사람이 아닙니다(14절). 오히려 하나님 나라의 시민권을 가진 하나님의 백성들이요 왕 같은 제사장들입니다.

15절에서 예수님의 제자들은 계속해서 세상에서 그들이 감당해야 할 사명이 있다고 말씀하십니다. 내가 이 땅에서 지금도 살아있다는 것은 다시 말해 주님을 위해 해야 할 일이 있다는 뜻입니다(18절). 그러나 이 세상에는 아직도 악의 세력이 만연해 있고 계속 그 영향력을 행사하기 때문에 우리는 주님의 보호하심이 필요한 것입니다. 세상에서 도피하는 분리주의가 아니라 이 세상에 살면서 빛과 소금의 사명을 다하도록 주님께서 지켜 주신다는 의미입니다. 우리가 진정 말씀대로 살려고 애를 쓰면 쓸수록 그만큼 더 악의 세력이 얼마나 집요하고 거세게 우리를 유혹하며 넘어지게 하는지 알 수 있습니다. 따라서 주님께서도 '우리를 유혹에 들지 말게 하옵시고 다만 악에서 구하옵소서'라고 기도하라고 가르쳐 주신 것입니다.

16절에서 예수님은 하나님의 나라와 이 세상의 어두움이 지배하는 나라간에는 본질적인 차이(antithese)가 있음을 강조하고 있습니다. 이 원리는 성도들과 적그리스도를 구별하는 원리가 되기도 합니다.

17-19절에서 예수님은 또한 제자들의 성화(sanctification)를 위해서도 기도하십니다.

17절의 말씀은 하나님과 그의 거룩한 목적을 위해(19절) 제자들이 분리되어야 함을 의미합니다. 이것은 오직 진리, 즉 하나님의 말씀을 통해서만 가능합니다. 다시 말해 성화와 계시(revelation)는 항상 함께 간다는 뜻입니다. 우리가 계속해서 거룩한 주의 백성다운 삶을 살기 위해서는 주님의 거룩하신 말씀으로 훈계를 받아야 합니다. 요한복음

8장 31-32절에도 보면 예수님의 제자는 그 말씀 안에 거해야 되고 그 진리가 참 자유를 준다고 말씀합니다.

18절의 말씀은 선교의 사명을 강조하는 매우 중요한 구절입니다. 아버지께서 예수님에게 권세를 주셔서 이 땅에 보내셨던 것과 마찬가지로 예수님도 제자들에게 권세를 주시면서 땅끝까지 이르러 주님의 증인이 되라고 말씀하셨습니다. 예수님께서 하나님 아버지의 사랑과 용서의 메시지를 가지고 오셨던 것처럼 제자들도 그 복음을 온 세상에 두루 다니면서 전파해야 합니다.

19절에서 '내가 나를 거룩하게 하는 것' 이라는 말씀은 예수님께서 하나님의 그 크신 구원의 역사를 이루시기 위해, 즉 십자가에서 죽으심으로 구속의 역사를 완성하시기 위해 자신을 성별한다, 거룩하게 구별한다는 의미입니다. 그렇기에 주님의 죽으심은 단지 우리를 구원하실 뿐만 아니라 우리가 하나님을 섬기기 위한 거룩한 백성이 되기 위함이라고 말씀하시는 것입니다.

세 번째로 우리 주님은 모든 성도들을 위해 기도하십니다(20-26절). 여기서는 특별히 신자의 하나됨을 위해(21-23절), 그리고 신자의 궁극적 영화를 위해(24절) 기도하십니다.

20절을 보면 예수님께서는 이제 제자들의 증거를 통해 복음을 믿게 될 사람들까지도 위해서 기도하십니다. 단지 근시안적으로 자신과 제자들만을 위한 기도가 아니라 장기적으로, 아니 종말론적으로 하나님 나라의 완성을 바라보시면서 자기 백성들 전체를 위해 기도하고 계시는 것입니다.

21절에서 주님은 우리가 모두다 하나가 되기를 간구하십니다. 모든 신자는 그리스도의 한 몸(고전 12:13)에 속합니다. 그리고 하나님의 동일한 권속(엡 2:19)이라고 말씀합니다. 따라서 주님께서는 우리가 영적으로 하나되고 진리로 거룩하여지며 성령의 은사들을 실천(엡 4:3-16)하고 함께 기도하면서 사랑과 선행을 격려함으로(고후 1:11; 히 10:25) 말미암아 세상을 향해 하나님의 사랑과 복음을 증거하는 삶을 살도록 간절히 기도하십니다. 진실로 우리 믿는 자들이 거룩한 백성으로 하나가 될 때 세상 사람들은 엄청난 영향을 받지 않겠습니까? 만일 이 세상의 모든 그리스도인이 현재의 교단이나 교파적인 분열을 다 초월하여 하나가 되고 말씀으로 무장한다면 복음의 역사는 더욱더 크게 일어날 것입니다. 저는 적어도 해외에 있는 한인교회들은 가능한 한 복음적인 입장에 서되 초교파적으로 사역하는 것이 여러 가지 면에서 바람직하며 더 효과적이라고 생각됩니다. 진리는 양보할 수 없습니다. 그러나 부차적인 것에 대해서는 양보해도 됩니다. 우리가 진정 믿음 안에서 하나가 되고 거룩한 삶을 보여 준다면 그것을 보고 아직 믿지 않는 분들이 주님께 돌아오는 믿음의 역사, 복음의 역사가 일어날 것입니다. 세상 사람들이 진실로 예수님이 그리스도이심을 믿게 될 것입니다.

22절에 보니 우리 성도들이 그리스도의 마음을 본받아 겸손히 서로 하나가 되어 섬길 때 바로 거기에 하나님의 영광이 임한다고 말씀합니다. 성부 하나님과 성자 예수님이 하나이듯 우리도 마음을 같이 하며 뜻을 모아 같은 사랑으로 하나됨을 힘써 지켜야 할 것입니다.

23절에서는 성부 하나님, 성자 예수님, 성도들, 그리고 세상과의 관계가 뚜렷이 나타나고 있습니다. 성부는 성자를 사랑하심같이 모든 성도를 사랑하십니다. 그것은 성부가 성자를 보내심에서 증명되었습니다(3:16). 성부 하나님께서 성자 예수님과 함께 하시듯, 성자 예수님께서는 믿는 자들과 함께 하십니다. 이렇게 될 때 진정한 하나됨이 가능한 것입니다. 이러한 하나됨은 복음을 증거하는 데에도 도움을 줄 뿐 아니라 하나님의 사랑을 더욱 효과적으로 선포할 수 있다는 것입니다.

24절은 예수님의 최후 유언과 같은 말씀입니다. 그가 자신에 관하여는 아버지의 뜻이 이루어지길 간구했지만(막 14:36), 믿는 자들을 위해 기도하실 때 주님은 우리가 주님과 함께 있어 그 놀라운 주님의 영광을 보기를 원하시는 것입니다. 주님과 함께 영원히 사는 것은 성도들이 누리는 최고의 축복이요 모든 언약의 궁극적인 성취입니다. 요한일서 3장 2절의 말씀대로 우리가 그 날에는 주님의 그 영화로우신 모습을 얼굴과 얼굴을 대하여 직접 보게 될 것입니다.

25절에서는 '의로우신 아버지'라고 기록하고 있습니다. 하나님은 거룩하시며(11절) 또한 공의로우신 분입니다.

마지막으로 26절에서 주님께서는 그 놀라우신 사랑가운데 십자가에 죽으시고 부활하심으로 우리도 하나님의 사랑을 알게 될 것을 말씀하고 있습니다.

지금까지 우리는 예수님께서 십자가의 고난을 당하시기 전 자신과 그 제자들, 그리고 장차 주님을 믿게 될 성도들을 위해 중보 기도하신 것을 상고해 보았습니다. 우리 주님은 하나님의 뜻과 그 타이밍을 분명히 의식하면서 사셨습니다. 그리고 그 뜻에 자신을 온전히 드리심으로 우리의 구원을 이루셨습니다. 그 엄청난 십자가의 고난과 참혹한 형벌을 앞에 놓고도 주님은 그 이후에 다가올 부활과 승천의 영광을 보셨습니다. 잠시 당할 환난과는 비교할 수 없는 영광을 보았기에 십자가를 넉넉히 이기실 수 있었던 것입니다.

때가 되어 주님께서는 쾰른한빛교회에 네 교회의 통합이라고 하는 귀한 기회를 주셨습니다. 이 일을 추진하는데 있어서 서로 원치 않는 양보를 해야 되는 경우도 있었습니다. 우리가 진정 주님 안에서 하나 되기 위해서는 주님의 이 기도를 늘 기억하고 우리가 하나님 나라에서 장차 누릴 영광을 바라보며 성령의 도우심을 따라 계속해서 선한 싸움을 싸워가야 할 것입니다. 또한 우리는 주님의 뜻대로 겸비한 인격으로 서로 사랑하며 섬김으로 하나됨을 힘써 지켜가야 하겠습니다.

하늘 나라에 가면 천주교도, 동방정교회도, 개신교도 없습니다. 장로교와 감리교인들이 따로 모이지도 않을 것입니다. 오직 한 하나님의 백성들로 함께 섬기며 주님께 영광을 돌릴 것입니다.

또한 우리는 주님의 기도를 본받아 서로를 위해 중보 기도해 줄 수 있어야 하겠습니다. 주님은 지금도 하나님 보좌 우편에서 우리를 위해 기도하고 계십니다. 그러므로 우리의 기도 생활도 주님의 본을 닮아가면서 이 귀한 역사를 아름답게 이루어 온 세상에 살아계신 하나님의 영광을 드러내는 저와 여러분의 삶이 되시길 주님의 이름으로 간절히 바랍니다.

기도: 모든 하나님의 자녀들이 하나되기를 원하시는 아버지여, 저희들이 온전히 그 뜻을 받들지 못함을 용서하여 주옵소서. 모든 주님의 백성들이 하나되어 이 세상에 주님의 영광을 온전히 드러낼 수 있도록 인도하여 주옵소서.

5_ 하나님 백성의 소유관 _{벧전 4:7-11}

　캘리포니아의 공동 묘지에서 일하던 한 장의사가 직접 목격한 일이라고 합니다. 부인과 자식들로부터 버림받은 사람이 평생 동안 원한에 사무쳐서 자기가 그 동안 벌었던 전 재산 20만불 전 재산을 장례식에 털어 넣고 자식들에게는 한푼도 남겨주지 않았다는 것입니다. 관과 그 밖의 비용에 십만불이 들어갔습니다. 그러자 그는 남은 십만불 전부로 꽃을 사라고 유언을 했다는 것입니다. 그러나 막상 이 사람이 죽자 그 장례식에는 세 사람밖에 참석하지 않았다고 합니다. 얼마나 잘못된 가치관입니까? 그가 마지막으로 가졌던 그 돈으로 그는 훨씬 더 좋은 일을 할 수 있었을 것입니다. 그러나 그는 이기적이고 어리석은 행동으로 그의 유산을 헛되이 사용하고 말았습니다. 만일 그가 예수님을 믿는 신앙인이었다면 어떻게 했을까요?

성경은 우리가 살고 있는 이 시대를 '만물의 마지막이 가까운 시대'(7절)라고 말씀합니다. 베드로 사도가 직접 살아있던 그 때나 지금이나 동일하게 종말을 살고 있다는 말씀입니다. 왜 그렇습니까? 왜냐하면 우리 신앙인들은 주님의 죽으심과 부활 승천하심으로 '이미' 우리의 구속이 성취되었고 하나님의 나라가 이미 우리 안에 있지만 그러나 '아직'(십자가와 최후의 완성 사이) 완성되지 않았기 때문에 그렇다는 것입니다. 주님께서 언제 다시 오실 지 모르기 때문에 우리는 이 땅에서 '나그네와 행인'(2:11) 같다고 말씀하는 것입니다. 새 생명이 우리 안에 있지만 여전히 옛사람이 우리 안에 남아 있기에 육신의 정욕이 우리의 영혼을 거스려 싸운다고(2:11) 베드로 사도는 설명하고 있는 것입니다.

그럼에도 불구하고 우리 그리스도인들은 계속해서 낙심하지 아니하고 오히려 기쁨과 소망 가운데서 그리스도의 발자취를 따라(2:21) 갑니다. 비록 우리를 시험하려는 '시련의 불길'(4:12)이 있다 할지라도 낙심하지 않더라도 말할 수 없는 영광스러운 즐거움으로 기뻐한다(1:8; 4:13)고 말씀하고 있는 것입니다. 그러므로 종말을 살아가는 우리 그리스도인의 가장 전형적인 모습은 나그네요, 행인이며, 순례자이면서, 청지기(steward, house-manager)라고 말할 수 있을 것입니다. 본문에서는 특별히 우리가 하나님의 은혜를 맡은 청지기 같이 서로 봉사하라고 말씀합니다.

복음의 청지기

우리는 복음의 청지기입니다. 복음의 청지기란 첫째로 믿지 않는 사람들에게는 복음을 담대히 증거하고, 둘째로 복음을 대적하는 자들을 향하여는 복음 진리를 변호하며, 나아가 셋째로는 복음에 합당한 삶을 사는 것입니다.

먼저 복음을 부끄러워하지 않는 삶에 관해 로마서 1장 16절에서 사도 바울은 이렇게 말씀합니다. "나는 복음을 부끄러워하지 않습니다. 이 복음은 유대 사람을 비롯하여 그리스 사람에게 이르기까지, 모든 믿는 사람을 구원하는 하나님의 능력입니다." 또한 디모데후서 1장 8절에서 바울은 디모데에게 권면합니다. "그러므로 그대는, 우리 주님을 증언하는 일이나, 주님을 위하여 갇힌 몸이 된 나를 부끄러워하지 말고, 하나님의 능력을 힘입어, 복음을 위하여 고난에 참여하십시오." 유대인들은 복음을 부끄러워했습니다. 그들은 복음을 선포하신 예수님을 십자가에 못박고 복음의 증인된 스데반 집사에게 돌을 던져 죽였습니다. 헬라인들은 이 복음을 어리석은 것으로 여겼습니다. 요즈음과 같은 포스트모던 시대의 많은 사람들은 말합니다. 모든 종교는 다 똑같다, 모든 것은 상대적이다, 절대적인 것은 없다고 합니다. 그러므로 우리는 서로 서로에게 모든 것을 인정해 주고 관용해 주어야 하고, 서로 다른 종교도 결국 진리에 이르는 다른 길일 뿐이라는 것입니다.

그러나 바울은 달랐습니다. 그는 복음을 부끄러워하지 않았다고 말씀합니다. 왜냐하면 복음은 하나님의 놀라운 사랑을 증거하는 것이요 이 사랑의 복음을 믿는 모든 자에게 구원을 베푸시는 하나님의 능력이기 때문입니다. 그리고 이 복음은 죄인들과 원수까지도 사랑하는 복음이며 사망권세를 깨뜨리고 승리하신 부활의 복음이기 때문입니다.

둘째로 복음의 청지기들은 거짓된 교훈이나 이단에 대해 복음을 변호하고 증거합니다. "다만 여러분의 마음 속에 그리스도를 주님으로 거룩하게 높이며, 여러분이 가진 소망을 설명하여 주기를 바라는 사람에게는, 언제나 누구에게나 답변할 수 있도록 준비하십시오"(벧전 3:15)라고 말씀합니다. 우리 주위에는 여러 가지 잘못된 사상들이 믿는 자들을 유혹합니다. 한 명이라도 더 넘어뜨리려고 합니다. 그럴 때마다 우리는 더욱 근신하고 정신을 차리고 그 잘못들을 분별하면서 무엇이 잘못되었는지 지적할 수 있어야 할 것입니다.

셋째로 복음의 청지기는 경건한 삶으로 복음의 증인이 됩니다. "죄를 짓고 매를 맞으면서 참으면, 그것이 무슨 자랑이 되겠습니까? 그러나 선을 행하다가 고난을 당하면서 참으면, 그것은 하나님께서 보시기에 아름다운 일입니다"(벧전 2:20)고 말씀합니다. 복음에 합당한 생활을 할 때에 우리는 진정한 의미에서 복음의 청지기가 될 것입니다.

기도의 청지기

우리가 기도의 청지기입니다(8절). 먼저 근신하고 절제함으로 기도하라고 말씀합니다. "만물의 마지막이 가까웠습니다. 그러므로 정신을 차리고, 삼가 조심하여 기도하십시오"(4:7). 그리스도의 재림이 임박하므로 그리스도인들은 더욱 남은 시간들을 올바로 사용해야 합니다. '정신을 차리고' 라는 말씀은 우리 성도들의 사고방식이 이 불안하고 불확실한 세대 중에 살면서도 주먹구구식이 아니라 지혜롭게, 성숙한 판단을 내리면서 분명한 삶의 목적, 직업에 대한 소명감을 가지고 하나님과 교제하면서 살라고 하는 것이다. '삼가 조심하여' 라는 말씀은 절제하라는 뜻입니다. 그리고 동시에 기도함으로 깨어 있으라고 권면합니다. 나아가 우리가 더욱더 하나님과 그의 뜻을 분별하면서 기도해야 합니다. 우리가 하는 일이 과연 주님께서 인도하시는 것인지 아닌지를 점검하면서 기도해야 한다는 것입니다. 어떤 일도 기도보다 앞서서는 안됩니다. 더 나아가 그리스도의 재림을 소망하면서 기도해야 할 것입니다. 인내하면서 끝까지 낙심하지 않고 서로를 위해 중보기도하는 우리가 되어야 하겠습니다.

사랑의 청지기

우리는 주님의 사랑을 실천하는 청지기가 되어야 합니다. "여러분은 진리에 복종함으로써, 영혼을 정결하게 해서, 꾸밈없이 서로 사랑하기에 이르렀으니, 순결한 마음으로 서로 뜨겁게 사랑하십시오"라고 베드로전서 1장 22절은 강조하며 2장 17절에서는 "모든 사람을 존경하며, 신도를 사랑하며, 하나님을 두려워하며, 왕을 존경하십시오"라고 말씀합니다. 3장 8절에서는 베드로 사도는 "마지막으로 말합니다. 여러분은 모두 한 마음을 품으며, 서로 동정하며, 서로 사랑하며, 자비를 베풀며, 겸손하십시오"라고 권면하고 있습니다. 본문 8절에서도 "무엇보다도 먼저 서로 뜨겁게 사랑하십시오. 사랑은 허다한 죄를 덮어 줍니다"고 강조합니다. '무엇보다도' 라는 단어는 성도의 생활에 있어서 가장 우선되는 것이 사랑임을 보여줍니다. 이러한 사랑을 실천하는 자는 자신의 잘못을 용서하신 그리스도의 사랑을 알고 있기 때문에 다른 사람들의 허물을 무한히 용서할 수 있는 것입니다. 다른 사람들의 허물을 들추어내고 비방하기보다 그들을 위해 기도하게 될 것입니다. 또한 5장 14절에서도 "여러분도 사랑의 입맞춤으로 서로 문안하십시오"(벧전 5:14)라고 권면하는 것을 볼 수 있습니다. 낙심된 심령을 사랑으로 찾아가 문안하고 위로해 주라는 말씀입니다.

우리가 진정 이렇게 사랑할 때 세상 사람들은 우리가 진정한 그리스도인이요 신자인 것을 알 것입니다. 주님의 새 계명을 기억하시지요? "이제 나는 너희에게 새 계명을 준다. 서로 사랑하여라. 내가 너희를 사랑한 것과 같이, 너희도 서로 사랑하여라. 너희가 서로 사랑하면, 모든 사람이 그것으로써 너희가 나의 제자인 줄을 알게 될 것이다"(요 13:34-35). 사도 바울 또한 권면합니다. "이 모든 것 위에 사랑을 더하십시오. 사랑은 온전하게 묶는 띠입니다"라고 바울은 골로새서 3장 14절에서 말씀합니다. 골로새서 2장 2절에서도 "내가 이렇게 하는 것은, 그들이 사랑으로 결속되어 마음에 격려를 받음으로써, 풍부하고도 완전한 이해력을 갖게 하고, 나아가서는 하나님의 비밀인 그리스도를 깨닫게 하려는 것입니다"라고 강조합니다. 사랑 안에서 진정한 연합과 원만한 이해가 가능해지며 하나님의 비밀인 그리스도를 깨닫게 되는 것입니다. 사도 요한도 강조합니다. "우리가 이미 죽음에서 생명으로 옮겨 갔다는 것을 우리는 압니다. 이것을 아는 것은 우리가 형제자매를 사랑하기 때문입니다. 사랑하지 않는 사람은 죽음 가운데 머물러 있습니다"(요일 3:14).

그렇다면 우리가 어느 정도 사랑해야 합니까? '뜨겁게'(8절, 1:22) 사랑하라고 말씀합니다. 자신을 십자가에 못박는 원수같은 사람들까지도 용서하시며 위하여 기도하시던 주님을 본받아 살아가야 하겠습니다. 통합된 교회는 아직 서로 얼굴을 익혀야 하고 서먹서먹하기 때문에 자칫 우리의 관계가 깨어지기 쉬울지도 모릅니다. 그러나 오직 우리가 이 주님의 사랑의 마음으로 청지기의 직분을 다할 때 우리 교회가 더욱더 아름다운 주님의 교회가 될 줄로 믿습니다.

사랑은 허다한 죄를 덮어 준다(잠 10:12; 약 5:20; 고전 13:4, 7)고 말씀합니다. 형제의 허물을 지적하기보다는 그것을 사랑의 마음으로 이해하려고 노력해야 하겠습니다. 그리고 사랑의 권면을 통해 함께 주님을 섬기는 교회가 되어야 하겠습니다.

이러한 베드로 사도는 사랑은 손님 접대함을 통해 실제로 나타나야 한다고 강조합니다(9절, 출 22:21; 신 14:28-29; 마 25:35, 43, 히 13:2). 그리스도인들 사이에서 이루어지는 친절한 대접은 그 당시 사회에서 중요하고도 구체적인 사랑의 표현이었습니다. 이 말씀은 또한 특별히 순회 전도자들을 염두에 둔 말씀이라고 생각됩니다. 오직 복음을 위해 수종드는 종들을 따뜻하게 대접하라는 것입니다. '원망 없이' 하라는 것은 이러한 명령을 수행하는 과정에서 생길 수 있는 모든 어려움을 사랑으로 극복하라는 뜻입니다.

성령의 은사를 맡은 청지기

마지막으로 우리는 성령의 은사들을 맡은 청지기입니다. 한 분이신 성령께서 우리의 교회 모든 지체들에게 다양한 은사, 즉 은혜의 선물을 주셨습니다. 각각 받은 은사는 다릅니다. 어느 것이 더 중요하고 어느 것이 덜 중요한 것이 아닙니다. 오직 함께 협력하면서 서로 봉사할 뿐입니다. 은사는 서로 섬기기 위한 것입니다. 우리의 말(엡 4:29)과 행실로 교회의 덕을 세워야 하겠습니다. 교회 내에서도 말 한마디에 상처를 입는 사람들이 있을 수 있기 때문입니다. 받은 은사를 감추어 두어서는 안됩니다. 적극 활용할 때 그것은 더 가치를 발할 것입니다.

우리가 받은 다양한 은사가 조화롭게 사용될 때 우리 모두는 아름다운 화음을 만들어 내는 하나의 오케스트라가 될 것입니다. 그리할 때 우리는 범사에 주님을 인정할 수 있고 그로 인해 하나님께 영광을 돌릴 수 있을 것입니다. 그러므로 우리 성도들은 생활의 모든 영역에서 하나님을 나타내고 증거해야 합니다. 여기 본문에서 말하는 것은 주로 하나님의 말씀을 선포하는 것을 뜻하며, 봉사하는 것은 교회에서 여러 가지 직분을 맡아 섬기는 것을 의미합니다. 물론 그 외 우리의 모든 삶을 통해서도 우리는 하나님께서 주시는 힘을 따라 최선을 다해야 할 것입니다. 이렇게 모든 일을 하나님의 뜻 안에서 행할 때, 하나님은 이 모든 것을 통하여 영광을 받으십니다. 베드로가 이 '선한 관리인'이라는 단어를 쓰는 것은 매우 의미가 깊습니다. 그것은 누가복음 12장 41절 이하에 예수님께서 베드로에게 바로 '신실하고 슬기로운 청지기' 비유를 말씀하셨기 때문입니다.

우리가 온전히 하나님을 중심으로 '은혜 안에 굳게 섬'(벧전 5:12)으로 복음과 기도, 사랑과 은사를 맡은 선하고 진실한 청지기가 될 때 주님의 교회는 더욱 더 온전하고 성숙하게 될 것입니다. 우리의 삶이 복음을 부끄러워하지 않고 담대히 전하면서 복음에 합당한 경건한 삶을 살아가는 복음의 청지기가 되어야 하겠습니다. 하나님의 뜻을 분별하면서 소망 중에 인내하며 교회를 위해, 서로를 위해 깨어 근신하며 중보기도하는 기도의 청지기가 되어야 하겠습니다. 하나님의 사랑을 더욱 깊이 깨닫고 그 사랑 안에서 서로 연합하며 피차 더욱 더 열심히 뜨겁게 사랑하는 사랑의 청지기가 됩시다. 그리고 마지막으로 우리에게 주신 은사를 따라 맡은 바 사명을 충성스럽게 감당함으로 주님의 몸된 교회를 함께 섬기는 은혜의 청지기가 되십시오. 그리할 때 우리 통합된 교회가 더욱 더 주님 보시기에 아름답고 다른 세상 사람들도 교회에 나오고 싶은 마음이 들 것입니다. 한 마음 한 뜻이 되어 주님 앞에서 귀한 청지기의 사명을 충성스럽게 감당하는 우리들이 되어야 할 것입니다.

기도: 우리에게 귀한 사명을 허락하신 하나님 아버지, 그 은혜를 맡은 선한 청지기의 삶을 살기에 부족한 저희들의 연약함을 긍휼히 여겨 주옵소서. 우리의 남은 생애 더욱 주님의 뜻을 잘 분별하여 그 뜻대로 순종하는 지혜로운 청지가 되게 하여 주소서.

6_ 모든 영역에서의 회복 막 8:27-38

　미국의 로스엔젤레스 근처인 선 벨리(Sun Valley)에서 그레이스 교회(Grace Community Church)라고 하는 큰 교회가 있습니다. 그 교회를 섬기시는 존 맥아더(John F. MacArther, Jr.) 목사님께서 쓰신 책 중에 The Gospel according to Jesus라고 하는 책이 있습니다. 쉽게 말해 "예수님의 복음"이라는 뜻이지요. 신약 성경에 보시면 마태, 마가, 누가, 요한의 복음은 있지만 예수님께서 직접 쓰신 복음서는 없습니다. 그래서 이 맥아더 목사님께서 한번 그것을 재구성해 본 것입니다. 그런데 이 책에는 다음과 같은 긴 부제가 달려 있습니다. 즉 "예수님께서 '나를 따라 오너라'로 말할 때 그 의미가 무엇인가?" (What does Jesus mean when he says 'follow me'?)

　그런데 원래 이 목사님은 달라스 신학교에서 공부하신 분입니다. 달라스 신학교는 소위 '세대주의 신학(Dispensational Theology)'으로 유명합니다. 그와 반면에 제가 공부했던 필라델피아의 웨스트민스터 신학교는 소위 '개혁주의 신학(Reformed Theology)'으로 유명합니다. 이 두 신학교는 미국에서도 서로 다른 신학적인 입장에서 가장 대표적인 신학교라고 할 수 있습니다. 그런데 이 맥아더 목사님의 책 서문을 제임스 패커(James Packer) 교수님이 써 주었습니다. 패커 목사님은 여러분이 잘 아시는 대로 영국이 낳은 세계적인 복음주의 신학자요 목회자인 존 스토트(John Stott) 목사님과 더불어 가장 복음주의적이며 개혁주의적인 신학자로 알려져 있습니다. 그렇다면 문제는 과연 이것이 어떻게 가능한가 하는 것입니다.

이 문제의 해답은 이 책 안에서 발견할 수 있습니다. 즉 맥아더 목사님께서 자신이 쓴 이 책에서 소위 '세대주의 신학'의 약점들을 강하게 비판하고 있기 때문입니다. 여기서 '세대주의 신학'이 무엇인지 자세히 다룰 수는 없지만 몇 가지 예를 든다면, 첫째로 예수님을 이해할 때 구세주라는 사실과 주님이라는 사실을 동시에 고려하지 못하고 종종 분리하는 경향이 있다는 것입니다. 즉 예수님을 구주로는 믿는데 삶의 모든 영역을 다스리시는 주님으로 인정하지는 않는다는 것이지요.

그리고 두 번째로는 율법과 은혜를 분리합니다. 율법은 구약에 속한 것이고 신약은 은혜의 시대이기 때문에 율법과는 아무런 상관이 없다는 것입니다. 그래서 '세대주의'라는 말도 역사를 7단계의 '세대'로 나누어 각 세대간의 연속성은 약화시키고 그 세대 혹은 시대마다의 독특한 하나님의 역사를 상대적으로 더 강조합니다. 따라서 은혜 시대인 신약 시대에는 율법이 아무런 의미가 없다는 것입니다. 그러나 성경을 자세히 보면 은혜는 율법을 없애 버리고 폐지하는 것이 아니라 완성한다고 말씀합니다. 사실 폐지한다는 것과 완성한다는 것은 큰 차이입니다.

세 번째로는 믿음과 행위를 분리시키는 경향이 있습니다. 믿음에도 불구하고 그에 합당한 열매가 없다는 것입니다. 이것 역시 은혜와 율법을 지나치게 분리시키기 때문에 오는 결과라고 말할 수 있습니다. 마지막으로 구원과 순종도 분리시킵니다. 이것 역시 앞에서 언급한 결과로 나타나는 현상입니다. 바로 이러한 현상들에 대해 맥아더 목사님은 강하게 비판합니다. 우리의 구원은 단지 우리의 영혼만 하늘나라에 가는 것이 아니라 우리의 삶 전체가 새롭게 되는 것이라고 강조합니다. 그래서 그 분은 이것을 'Lordship salvation' 이라고 설명합니다. 주님을 삶의 모든 영역에서 주님으로 모시는 삶이라는 의미입니다. 따라서 삶의 모든 분야에서 우리는 주님 앞에 철저히 엎드리고 순종하며 헌신해야 함을 강조합니다. 이것은 또한 '제자됨의 대가' 도 지불해야 함을 암시하는 것입니다.

어떤 칼빈주의자가 이렇게 말했다고 합니다. "현대 교회들은 복음을 분명히 선포하지 못하기 때문에 선택받지 못한 자들이 그 복음을 거부할 수도 없다."(The contemporary church often fails to present the gospel clearly enough for the non-elect to reject it.) 사실 이것은 매우 핵심을 찌르는 경구가 아닐 수 없습니다. 교회에 사람이 많습니다. 그러나 참 예수님의 제자는 드뭅니다.

나를 누구라고 하느냐?

　본문은 마가복음의 가장 중심에 해당합니다. 예수님의 공생애의 전환점(Turning Point)입니다. 바로 여기에서 주님은 진정으로 주님을 따르는 삶이 어떤지 보여주십니다. 본문의 배경은 가이사랴 빌립보 지방입니다. 이스라엘을 다녀오신 분들은 잘 아시겠지만 이곳은 갈릴리 북쪽의 도시로서 헤롯의 아들 빌립이 건축한 도성입니다. 그래서 가이사의 이름과 자기 이름을 붙여 그 도시명을 삼았던 것이지요. 그러므로 이 지역은 유대인들이 아니라 이방인들이 많이 살던 지역입니다. 즉 이교적인 곳이었습니다.

　당시에 세계를 제패한 그리이스-로마 문명의 꽃을 피웠던 가이사랴 빌립보에서 한 볼품없는 갈릴리 출신의 목수의 아들 예수께서 이제 물으십니다. "사람들이 나를 누구라고 하느냐?" 그리고 제자들에게 다시 묻습니다. "너희는 나를 누구라고 하느냐?" 예수님께서는 종종 가장 중요한 교훈을 하실 때 먼저 질문을 던지심으로 제자들의 진지한 관심을 유도하시는 것을 보게 됩니다. 그런데 이제 십자가를 앞에 두고 주님의 고난을 바라보며 가장 중요한 진리, 즉 예수님이 누구신지를 가르쳐 주십니다. 따라서 마가는 그의 복음서 가장 중간 부분에 이 사건을 기록하는 것입니다. 바로 여기서 예수님께서는 메시야의 수난과 죽으심, 그리고 부활을 통해 인류가 구원을 얻는 귀한 복음의 진리 그리고 이 주님을 따르는 삶은 어떠해야 하는지를 분명히 가르쳐 주십니다.

먼저 29절에 보면 '너희는 나를 누구라고 하느냐?' 라고 주님께서 물으실 때 시몬 베드로가 대답하지요, "선생님은 그리스도이십니다." 이 말은 곧 예수님이 메시야 즉 구세주이십니다 하는 것입니다. 마태복음에 보면 베드로가 이 고백 외에 '살아계신 하나님의 아들이십니다' 라고 덧붙이는 것을 볼 수 있습니다. 이 신앙고백을 주님은 칭찬하시면서 이것은 그가 스스로 대답한 것이 아니라 성령의 역사라고 설명하십니다. 누구든지 성령으로 말미암지 않고는 예수님을 주와 그리스도로 고백할 수 없기 때문입니다.

그리고 이어서 30-31절에 보면 예수님께서 메시야이심을 분명히 밝혀 설명했음에도 불구하고 제자들은 그 의미를 바로 이해하지 못했습니다. 왜냐하면 그 당시 사람들의 메시야관이 잘못되어 있었기 때문이었습니다. 그들은 한마디로 정치적인 메시야를 기다려 왔습니다. 그러나 예수님께서는 우리의 모든 죄악을 지시고 돌아가십니다. 그래서 30절에 보시면 자신이 메시야이심을 아무에게도 말하지 말라고 하십니다. 왜냐하면 군중들이 예수님을 지도자로 삼고 혁명을 일으킬 수도 있기 때문이고 그렇게 되면 이 세상에 오신 원래의 목적을 이루시는데 방해가 될 수 있기 때문입니다.

이어서 31절에 보면 예수님께서 이제 비로소 수난을 예고하십니다. 그들의 메시야관이 잘못되었음을 지적하면서 진정한 메시야가 가야 할 길을 설명하고 있습니다. 그리고 마가복음 9장 31절과 10장 33절 이하에서 재차 반복해서 설명하십니다. 예수님은 이스라엘 백성들을 로마의 압제에서 해방하러 오신 것이 아니라 온 인류의 죄를 대속하시려고, 십자가에 돌아가시기 위해 오신 것입니다.

그러나 이러한 예수님의 가르침은 제자들에게 큰 충격이었습니다. 예수님의 말씀은 자신들이 지금까지 기대해 온 바와는 너무나 달랐습니다. 이러한 예수님의 가르침을 제자들은 전혀 받아들일 준비가 되어 있지 않았습니다. 그것을 단적으로 보여 주는 것이 바로 32절에 나옵니다. 그 멋있는 신앙고백을 한 베드로가 이 예수님의 말씀을 듣고 간했다고 하는데 이 말은 원래 의미가 예수님을 '꾸짖었다' 는 뜻입니다. '예수님 그럴 수 없습니다. 어찌 그런 일이 있을 수 있습니까?' 성질이 급한 베드로가 자신의 기존 관념과 예수님의 말씀이 다르니까, 자신의 생각을 바꾸려고 하지는 않고 예수님의 생각을 바꾸려고 했다는 것이지요. 이 얼마나 어리석은 일입니까?

그래서 33절에 보면 예수님께서 베드로를 사탄이라고 부르십니다. "사탄아, 내 뒤로 물러가라. 너는 하나님의 일을 생각하지 않고, 사람의 일만 생각하는구나!" 사랑하는 수제자가 사탄이 됩니다. 언제 그렇게 됩니까? 그가 하나님의 일보다 사람의 일을 앞세울 때 사탄이 되는 것입니다. 나의 뜻을 하나님의 뜻에 맞추기보다는 하나님의 뜻을 끌어당겨 나의 뜻에 맞추려고 하는 것 바로 그것이 사탄이 하는 역사입니다. 가장 신뢰했던 제자도 사탄이 될 수 있습니다. 우리 모두가 이 사탄의 유혹에 넘어갈 수 있습니다! 그러므로 우리는 항상 깨어 주님의 선하신 뜻을 잘 분별해가야 할 것입니다.

베드로를 꾸짖으시고 나서 34절에서 38절까지 예수님께서는 주님을 따르는 제자의 삶이 어떠해야 할 것인가를 말씀하십니다. 34절에서 세 가지를 말씀하십니다.

자기를 부인하는 제자도

첫 번째 조건은 자기를 부인하는 것입니다. 이것은 한마디로 이렇게 말할 수 있습니다. 하나님께 순종하기 위해 나 자신의 모든 것을 기꺼이 포기하는 것입니다. 나의 생각과 주님께서 요구하시는 것이 상충될 때에는 기꺼이 주님의 뜻에 순종해야 합니다. 사실 우리가 주님께 순종하려고 할 때 가장 먼저 걸림돌이 되는 것이 무엇인지 아십니까? 그것은 바로 우리 자신, 즉 우리의 자아입니다.

우리에게 가장 치열한 영적인 전투는 사실 나 자신과의 싸움입니다. 천사도 결국 이 자아의 교만 때문에 타락했으며, 아담과 하와 역시 이로 인해 타락하게 된 것을 우리는 잘 알고 있습니다. 심지어 예수님의 제자들도 예수님의 이 말씀을 듣고 나서 바로 뒷장인 9장에서 다시 그들 중에서 누가 가장 큰 사람인가라는 쟁론을 벌이는 것을 볼 수 있습니다. 사탄은 우리의 가장 연약한 바로 이 점을 잘 알고 있기 때문에 이 자아의 교만을 이용하여 우리를 타락시키려고 합니다. 또 마귀는 우리 개인들뿐 아니라 교회 안에서도 이 자아의 교만을 이용하여 하나님의 역사를 방해합니다.

그렇다면 우리가 어떻게 하여야 우리의 자아, 우리 자신을 부인할 수 있겠습니까? 칼빈 선생은 이렇게 설명합니다. 먼저 우리의 삶은 우리의 것이 아니라 주님의 것임을 인식하는 것이다. 내 인생은 내 것이 아니라 주님의 피로 값주고 산 것이므로 주님께 속한 것이라는 말입니다. 우리 그리스도인이 스스로 자랑할 것은 아무 것도 없습니다. 우리가 우리 된 것은 완전히 하나님의 은혜이기 때문입니다.

그러므로 두 번째로 우리는 하나님의 영광을 먼저 구해야 합니다.

그리고 세 번째로 우리가 자신을 부인하는 구체적인 내용은 '절제'(sobriety)와 '의'(righteousness)와 '경건'(godliness)이라고 칼빈은 말합니다.

네 번째로는 겸손히 다른 사람을 존경하는 것이라고 설명합니다.

그 다음에는 다른 사람의 유익을 먼저 구하는 것입니다. 그러면서 나의 부귀나, 권세, 명예에 대해서는 철저히 무관심한 것입니다.

그리고 마지막으로는 하나님께 온전히 헌신하고 신뢰함으로 모든 역경을 극복해 나가는 것이라고 칼빈은 주석하고 있습니다. 매우 적절한 해석이라고 생각합니다.

자기를 부인하는 것, 이것은 한마디로 옛자아가 죽는 것입니다. 여러분은 얼마나 자신을 부인하는 삶을 살고 있습니까?

십자가를 지고가는 제자도

두 번째 제자됨의 조건은 자기 십자가를 지는 것이라고 주님 말씀하십니다. 자기를 부인하는 것은 소극적인 의미로 자기의 주장이나 욕심을 버리는 것이라면 십자가를 지는 것은 보다 적극적인 의미로 진리를 위해 고난을 받는 자세를 의미합니다. 자기 십자가를 진다는 것은 죄에 깊이 젖어 있던 사람이 그리스도를 영접하기 위하여 지불해야 하고, 버려야 하며, 손해봐야 하고 고통을 당해야하는 아픔을 자청해서, 기쁨으로 받아들이는 것을 말합니다.

참된 그리스도의 제자가 되려면 우리의 옛 자아의 부분들을 십자가에 못박지 않으면 안됩니다. 옛 자아를 부인해야하는 것입니다. 그 대신 새로운 성품 안에서 새 기준을 따라 살아가야 합니다. 로마서 6장 13절에 보니 '우리가 죄에 대하여는 죽은 자요 하나님께 대하여는 산 자로 여기라' 고 말씀합니다. 에베소서 4장 22-24절에서는 '옛 사람을 버리고 새 사람을 입으라' 고 말합니다.

옛 사람과 새 사람, 세상 것과 하늘의 것을 동시에 가질 수는 없습니다. 양자 택일을 해야하는 것입니다. 그러므로 우리가 참된 그리스도의 제자가 되고 그리스도께 헌신하기 전에 먼저 깊이 생각해야 할 것은 그리스도를 따르기 위해 치러야 할 댓가가 있다는 것입니다. 미리 이것 저것 계산을 해보고 그리스도를 따르라는 것입니다. 이것은 누가복음 14장 25-35절에 나오는 것처럼 마치 망대 짓는 사람이 미리 비용을 계산하고, 전쟁하는 사람이 미리 승부를 계산해 보고 전쟁을 시작할 것인지 말 것인지 결정하는 것과 같다고 주님 말씀하십니다.

칼빈 선생은 여기서 가장 중요한 덕은 '인내' 라고 말합니다. 왜냐하면 십자가는 우리를 겸손하게 하고, 하나님의 신실함을 경험하게 하며, 소망을 주고, 순종을 가르쳐 주며, 연단시키고, 회개하게 하며, 영적인 기쁨을 주고, 우리를 위로하면서 구원의 길로 인도하기 때문이라고 설명합니다. 그래서 영어에 이런 표현이 있지요. No cross, no crown! 십자가가 없으면 면류관도 없다는 말입니다. 주님께서 우리 모두 한사람 한사람에게 십자가를 허락하십니다. 이것은 우리를 미워하시기 때문에 주신 것이 아닙니다. 오히려 우리를 사랑하사 우리가 계속해서 이 십자가를 인하여 더욱 더 주님을 올바로 따라갈 수 있게 하시기 위해 주신 것입니다. 여러분은 지금 주님께서 주신 십자가를 감사하게 지고 가십니까?

주님을 직접 따라가는 제자도

마지막으로 제자됨의 조건은 '주님을 따라가는 것' 입니다. 이것은 자기를 부인하고 자기 십자가를 진 제자의 궁극적인 삶의 목표입니다. 어린이가 눈보라 속에서 길을 찾을 수 있는 유일한 방법은 길을 잘 알고 있는 자기 아버지의 발자국을 따라가는 것입니다. 이와 같이 우리 믿는 자들도 인생의 눈보라 속에서 예수님의 발자국만 따라가야 할 것입니다.

그러기 위해서는 먼저 우리가 예수님으로부터 배워야 합니다. 그 다음에 이론적인 수준에서 머무는 것이 아니라 우리의 삶 속에서 배운 것을 적용해야 합니다. 그리하면 우리의 성품이 조금씩 조금씩 예수님을 닮아가게 될 것입니다. 예수님을 따르는 것은 우리의 인격이, 우리의 생활방식(life style)이 예수님의 형상을 닮는 것을 의미합니다. 우리가 주님처럼 고난을 받으면 주님처럼 영광을 누릴 것입니다. 주님을 따르는 삶은 주님의 말씀에 순종하는 삶이요, 형식적인 신앙을 극복하는 삶입니다. 내적인 성숙이 있는 삶입니다.

한 부자 청년이 예수님께 찾아와서 물었습니다. 내가 어떻게 해야 영생을 얻겠습니까? 예수님께서 말씀하셨습니다. "너의 소유를 다 가난한 자들에게 나누어주고 나를 따르라." 그 때 그 청년은 실망하면서 돌아갔습니다. 왜 그랬습니까? 재물에 집착했기 때문입니다. 우리는 하나님과 재물을 동시에 섬길 수 없습니다. 그 반면에 삭개오는 그 재물을 포기합니다. 자기가 그동안 부정한 방법으로 모은 돈을 네 배나 더해서 갚아 줍니다. 그리고 주님을 따르는 신실한 제자가 됩니다.

우리가 주님을 따른다고 하는 것은 이와 같이 우리의 삶의 모든 영역에서 주님을 주인으로 모신다는 것을 의미합니다. 회개에 합당한 열매를 맺고, 빛의 열매, 성령의 열매를 구체적으로 맺으면서 주님의 뜻을 이루어 드리는 삶을 뜻하는 것입니다. 지금 여러분은 누구를 따라가고 계십니까?

예수님은 경고하십니다. 자기의 목숨을 구하고자 하는 자는 잃을 것이요, 예수님과 복음을 위해 자기 목숨까지도 포기하는 자는 구원을 얻으리라. 온 천하보다도 더 귀한 우리의 목숨이지만 우리가 자기를 부인하지 않고 예수님을 부인할 때, 사람들 앞에서 예수 믿는 것을 부끄러워한다면 우리의 생명을 영원히 잃어버릴 수밖에 없습니다. 우리 주님께서는 우리를 구원하시기 위해 십자가의 부끄러움을 개의치 아니하셨습니다.

마가가 이 복음서를 쓸 때에는 복음 때문에 순교를 각오해야 할 상황이었습니다. 예수님을 믿는다는 것은 곧 생명의 위험까지도 각오하는 것이었습니다. 예수님을 따르는 삶은 적어도 그 당시의 성도들에게는 일사각오의 신앙이었다는 것입니다. 한국 교회의 위대한 순교자 주기철 목사님께서도 순교하시기 직전 마지막 설교제목 중의 하나가 바로 '일사각오' 였습니다.

우리는 신앙생활을 너무 쉽게 생각하는 경향이 있는 것 같습니다. 소위 영어로 그러한 태도를 '안일한 믿음주의'(easy believism)라고도 하고 '값싼 은혜'(cheap grace)라고 말하기도 합니다. 미국의 기독교 잡지 중의 하나인 〈무디〉지에서 조사한 바에 의하면 미국의 그리스도인 중에 일주일에 3-6일 성경을 읽는다고 대답한 사람이 18%, 한두번 성경을 읽는다고 한 사람이 37%, 그리고 주일 이외에는 손도 안된다고 말한 사람이 26%입니다. 저는 미국 사회가 점점 타락하는 이유, 한국 사회가 점점 더 부패하는 것은 다른 사람들에게 있는 것이 아니라 그리스도인들에게 있다고 확신합니다. 소위 그리스도인들이라고 하는 사람들이 진정으로 빛과 소금의 역할을 못하기 때문입니다.

한국 교회의 가장 큰 문제가 무엇입니까? 그것은 형식적인 신자들(nominal Christians)이 너무 많다는 것입니다. 믿는 척만 하는 사람들입니다. 입술로만 주여 주여 하면서 주님의 뜻에는 전혀 관심이 없는 사람들입니다. 참된 신앙은 우리가 구원받은 후에 구원받은 자답게 거룩하고 경건한 삶을 사는 것입니다. 제가 처음에 말씀드린 맥아더 목사님의 책이 강조하는 것이 바로 이것입니다. 행함이 있는 믿음 말입니다.

주님을 따르는 길은 좁은 길입니다. 고난의 길이요 십자가의 길입니다. 지극히 작은 자 하나를 정성껏 섬기는 길이요, 자기를 부인하는 길입니다. 그 길은 가시밭길입니다. 그러나 이 길은 최후 승리의 길이요, 영원한 생명과 축복의 길입니다. 우리 모두가 진정 나를 부인하고 내 몫에 태인 십자가를 지고 주님을 따라가는 자들이 되어야 하겠습니다.

기도: 우리에게 제자의 삶으로 부르시는 주님, 부끄럽고 연약하지만 순간 순간 온전히 나를 부인하고 내게 주신 십자가를 기쁨으로 감당하며 주님을 따라가는 저희들이 되게 하여 주옵소서.

第6장

새로운 희망

1 성도의 소망 (계 21:1-4)
2 최후의 심판 (계 20:7-15)
3 알파와 오메가 (계 22:10-15)

1_ 성도의 소망 계 21:1-4

우리 그리스도인이 가지고 있는바 궁극적 소망, 즉 만물의 최종 완성이 구체적으로 어떠한 모습일까요? 그것을 요한계시록 21장 1-4절 말씀을 중심으로 생각해 보고자 합니다. 그러나 먼저 요한계시록에 대한 간단한 서론적인 말씀을 드리려고 합니다. 요한계시록이 과연 어떤 책인가에 대해 우리는 여섯 가지로 생각해 볼 수 있겠습니다.

첫째로 계시록은 문자 그대로 장차 이루어질 '하나님의 계시'를 기록한 책입니다. 계시(Revelation)라고 하는 것은 감추어진 어떤 것을 드러낸다는 뜻이지요. 그러니까 사실은 우리가 계시록을 매우 신비로운 책으로만 생각할 것이 아니라 오히려 오픈해서 자주 읽고, 듣고, 그 가운데 기록한 대로 지켜야 하는 책입니다. 그런 사람이 복이 있다고 요한계시록 1장 3절에 말씀하고 있지 않습니까?

두 번째로 계시록은 '성전(聖戰)', 즉 거룩한 전쟁의 책입니다. 하나님의 나라와 사탄의 나라, 빛의 세력과 어둠의 세력 간에 치열한 갈등과 대결이 전개되지만 궁극적으로는 하나님의 나라가 분명히 승리하며 모든 악의 세력들은 마침내 멸망당하고 심판받는다는 것을 미리 보여주는 것입니다.

따라서 세 번째로 이 요한계시록은 '위로와 격려'의 책입니다. 성도들이 이 땅에서 아무리 어려운 일을 당해도 낙심하지 말 것은 궁극적인 승리를 하나님께서 보증하셨기 때문입니다. 당시 로마 제국의 그 혹독한 핍박에도 굴하지 않고 오히려 그 막강한 로마 제국을 복음으로 변화시켜 기독교 국가로 바꾸어 놓은 것은 바로 당시의 성도들이 이 계시의 말씀으로 힘을 얻고 위로를 받았기 때문일 것입니다. 그러므로 우리에게 어떤 위기나 환난이 닥칠 때마다 하나님이 우리와 함께 하시고 위로하시며 격려하심을 이 계시록 말씀을 통해 확인하시기 바랍니다.

그렇기 때문에 네 번째로 이 계시록은 '찬양'의 책입니다. 계시록을 자세히 읽어보면 보좌에 앉으신 하나님과 그 어린 양되신 예수 그리스도께 온 천하 만물이 새 노래로 찬양 드리는 장면들이 아주 많이 나옵니다. 그래서 이 책을 신약의 시편이라고 부르기도 합니다. 우리가 궁극적으로 하나님 나라에 들어가면 영원토록 하나님께 새 노래로 찬양 드릴 것이며 그것을 이 땅에서도 성가대나 일반 찬송, 그리고 여러 가지 복음 성가를 부름으로 미리 맛보며 연습하고 있다고 말씀드릴 수 있습니다.

나아가 다섯 번째로 계시록은 '선교'가 완성된 모습을 보여주는 책입니다. 땅 끝까지 복음이 증거 되어 모든 민족과 열방들이 인종과 언어 그리고 문화를 초월해서 모두 한 하나님의 자녀들로 하나가 되어 주님께 영광 돌리는 모습을 보여 줍니다. 거대한 로마 제국에 비해 극소수에 불과했던 그리스도인들에게 보여 주신 이 주님의 비전은 정말 놀라운 환상이 아닐 수 없습니다. 복음이 꽤 편만하게 증거된 현대에 사는 우리는 이러한 비전을 별로 어려움 없이 받아들일 수 있겠습니다만 그 당시 상황을 생각하면 생각할수록 인간적으로는 도저히 상상도 할 수 없는 불가능한 꿈이었을지도 모릅니다. 그러나 역사를 주관하시는 하나님께서 세계 선교를 통해 이러한 비전을 점점 더 실현시켜가고 계심을 확인하게 됩니다.

마지막으로 계시록은 '하나님의 우주적 주권'을 보여주는 책입니다. 앞에서 말씀드린 모든 것을 종합해볼 때 우리는 하나님의 광대하심과 전능하심, 그리고 신실하심이 드러납니다. 자기 백성을 끝까지 사랑하시고 마침내 사탄의 세력을 심판하신 후 완성하시는 하나님의 나라를 보면서 거룩하신 주님께 존귀와 영광과 능력을 드리지 않을 수 없는 것입니다.

요한계시록의 비전

요한계시록의 서론적인 이해와 더불어 21장 1-4절에서 보여 주는 비전을 통해 최후의 완성은 어떠한 모습인지를 함께 살펴보겠습니다.

여러분, 우리 그리스도인의 궁극적인 소망이 무엇입니까? 본문은 이것을 크게 네 가지로 나누어 구체적인 내용을 보여주고 있습니다. 첫째는 새 하늘과 새 땅이요, 둘째는 하나님의 거룩한 성 새 예루살렘이고, 셋째는 임마누엘, 즉 하나님이 우리와 친히 함께 하심이요, 마지막으로는 영원한 축복을 누리는 것입니다. 이제 이것들을 하나씩 좀 더 깊이 말씀드리겠습니다.

먼저 1절에 보면 사도 요한이 '새 하늘과 새 땅'을 보았다고 말씀합니다. 이 신천신지란 하나님께서 현재 우리가 경험하는 세계와는 전혀 절적으로 다른 새로운 질서의 세계인 하나님의 나라를 완성하신다는 것입니다. 그래서 새롭다는 헬라어도 단지 시간적으로 새로움을 가리키는 '네오스'가 아니라 완전한 질적 변화를 가리키는 '카이노스'라는 단어를 쓰고 있습니다.

이러한 신천신지에 대해서는 시편 102장 25-27절에 암시되어 있습니다. "그 옛날 주님께서는 땅의 기초를 놓으시며, 하늘을 손수 지으셨습니다. 하늘과 땅은 모두 사라지더라도, 주님만은 그대로 계십니다. 그것들은 모두 옷처럼 낡겠지만, 주님은 옷을 갈아입듯이 그것들을 바꾸실 것이니, 그것들은 다만, 지나가 버리는 것일 뿐입니다. 주님은 언제나 한결같습니다. 주님의 햇수에는 끝이 없습니다." 우리의 옷도 오래 입으면 낡아 새 옷으로 갈아입듯이 지금 하늘과 땅은 마치 낡은 옷과 같이 되어 버리고 하나님께서 새 하늘과 새 땅을 새 옷처럼 우리에게 주실 것이라는 것입니다.

또한 이사야 선지자도 이미 이 새 하늘과 새 땅에 대해 사도 요한 못지않게 선명한 비전을 보았습니다. 가령 이사야 65장 17절 이하를 보면 본문 말씀과 매우 유사하다는 것을 알게 됩니다. "보아라, 내가 새 하늘과 새 땅을 창조할 것이니, 이전 것들은 기억되거나 마음에 떠오르거나 하지 않을 것이다." 이것은 참으로 놀라운 성경의 일관성이 아닐 수 없습니다. 수백 년의 시간 차이에도 불구하고 이렇게 동일한 말씀이 기록되었다는 것은 진정 성령의 영감이 아니고서는 불가능할 것입니다.

이 새 하늘과 새 땅에 대해 신약 성경에서도 여러 군데 말씀하고 있습니다. 마태복음 19장 28절을 보시면 예수님께서 "내가 진정으로 너희에게 말한다. 새 세상에서 인자가 자기의 영광스러운 보좌에 앉을 때에, 나를 따라온 너희도 열두 보좌에 앉아서, 이스라엘 열두 지파를 심판할 것이다"라고 말씀합니다. 나아가 이 신천신지는 아담과 하와가 범죄 타락함으로 잃어 버렸던 낙원을 회복하게 됩니다. "그 때에는, 이리가 어린 양과 함께 살며, 표범이 새끼 염소와 함께 누우며, 송아지와 새끼 사자와 살진 짐승이 함께 풀을 뜯고, 어린 아이가 그것들을 이끌고 다닌다. 암소와 곰이 서로 벗이 되며, 그것들의 새끼가 함께 눕고, 사자가 소처럼 풀을 먹는다. 젖 먹는 아이가 독사의 구멍 곁에서 장난하고, 젖 뗀 아이가 살무사의 굴에 손을 넣는다. 나의 거룩한 산 모든 곳에서, 서로 해치거나 파괴하는 일이 없다. 물이 바다를 채우듯, 주님을 아는 지식이 땅에 가득하기 때문"이라고 이사야 선지자는 예언합니다(사 11:6-9).

다시 본문을 보면 이 새 하늘과 새 땅에는 바다가 없다고 말씀합니다. 왜 그럴까요? 이것은 상징적인 표현으로서 성경 전체의 문맥을 볼 때 바다는 항상 흉용한 무질서와 혼동의 상징으로 묘사되고 있습니다(출 15:10; 시 46:3). 요한계시록 13장 1절에도 보면 바다에서 적그리스도의 상징인 한 짐승이 나온다고 말씀합니다. 주님이 창조하실 신천신지에는 아예 바다가 없습니다. 그것은 더 이상 어두움이나 무질서나 혼돈이 없이 오직 주님께서 다스리시는 평화와 광명의 나라임을 알 수 있는 것입니다.

두 번째로 2절에 보면 거룩한 성 새 예루살렘이 하나님께로부터 하늘에서 내려온다고 말씀합니다. 10절에도 나옵니다. 먼저 이 새 예루살렘 성은 거룩한 성이라고 말씀합니다. 거룩하신 하나님으로부터 내려오기에 세속적인 것이 전혀 없는 성결한 도성이며 따라서 하나님의 말씀대로 거룩한 삶을 산 성도들만이 들어갈 수 있는 곳입니다. 또한 이 성의 기원은 하나님이 직접 예비하신 것이라고 말씀합니다. 아브라함에게 어린 양을 예비하시던 여호와 이레의 하나님께서 어린 양되신 예수 그리스도를 이 땅에 보내심으로 우리의 구속을 성취하신 이후, 다시금 우리 성도들을 위해 처소를 예비하러 승천하게 하셨습니다. 이제 그 준비된 거룩한 성이 하늘에서 내려오는 것입니다. 그런데 종말론적으로 볼 때 우리 성도들은 이미 이 영원한 하나님의 도성에 들어와 있다고 히브리서 12장 22절에서 말씀합니다. 이것 또한 우리가 누리는 놀라운 특권이 아닐 수 없습니다.

더 나아가 이 거룩한 성 새 예루살렘은 얼마나 아름다운지 신부가 남편을 위하여 단장한 것과 같다고 말씀합니다. 성경은 예루살렘과 하나님의 백성들을 종종 여호와 하나님의 아내에 비유하여 말씀합니다. 그 대표적인 예가 호세아서입니다. 하나님을 떠나 이방신들을 섬긴 이스라엘 민족을 호세아 선지자는 부정한 아내 고멜에 비유하면서 비판하는 동시에 그들을 끝까지 사랑하시는 하나님이심을 선포했습니다(호 2:19).

 신약 성경에도 구속받은 주의 백성들 즉 교회를 그리스도의 신부로 묘사하는 말씀들이 많이 나옵니다. 예수님의 비유에도 천국을 혼인잔치라고 말씀하신 적이 여러 번 있습니다(마 9:15; 22:2 이하; 25:1이하; 막 2:19이하; 요 3:29). 사도 바울은 고린도 교회의 성도들에게 자신이 한 남편이신 그리스도에게 그들을 순결한 처녀로 드리려고 약혼시켰다고 말씀합니다(고후 11:2). 또한 에베소서 5장 22-33절에 보면 부부간의 윤리를 설명하면서 그리스도와 교회와의 관계를 그 원형으로 삼고 있음을 볼 수 있지요. 그러므로 이 모든 내용을 종합해 볼 때 이러한 결혼의 이미지가 주는 궁극적인 의미는 장차 성도들과 주님이 함께 누릴 '가장 친밀한 사랑의 교제'(the most intimate loving fellowship)를 뜻한다고 말씀드릴 수 있겠습니다. 우리가 현재적으로 맛보며 누리는 주님과의 깊은 교제와 사랑의 관계가 새 예루살렘에서 온전히 완성되는 것입니다.

도성에서의 영원한 삶

드와이트 펜테코스트(J. Dwight Pentecost)라는 신학자는 이런 의미에서 이 영원한 도성에서 누릴 성도들의 삶을 아홉가지로 말씀했습니다. 첫째는 하나님과 교제하는 삶(고전 13:12)이요, 둘째는 영원한 안식을 누리는 삶(계 14:13)이고, 셋째는 온전한 지식을 소유하게 되고(고전 13:12), 넷째로는 거룩한 삶(계 21:27)을 살게 되며, 다섯째로 기쁨의 삶(계 21:4)을 살고, 여섯째로 섬김의 삶(계 22:3)을 살게 됩니다. 일곱째로는 가장 부요한 삶(계 21:6)을 살게 되고, 여덟 번째로 영광스러운 삶(골 3:4)을 살게 되며, 마지막으로는 영원히 주님을 경배하는 삶(계 19:1)을 살게 될 것이라고 말씀합니다. 참으로 적절한 요약이라고 생각됩니다.

세 번째로 본문 3절에 보시면 사도 요한이 보좌에서 큰 음성이 울려 나오는 것을 들었는데 그 내용은 '하나님의 집이 사람들 가운데 있어 하나님이 친히 그들과 함께 계실 것이며 그들은 하나님의 백성이 될 것'이라고 합니다. 이것은 한마디로 '임마누엘'의 완성이라고 말할 수 있습니다.

구약시대에 하나님께서는 여러 가지 모형으로 자기 백성과 함께 하심을 보여 주셨습니다. 족장 시대 즉 아브라함, 이삭, 야곱 그리고 요셉 등은 하나님께 구체적으로 제단을 쌓음으로 하나님의 임재를 체험하곤 했지요. 그러나 모세 시대에 하나님께서 구체적으로 계시하신 바 대로 성막, 즉 장막을 만들었는데 그 지성소는 하나님의 임재의 상징이었습니다. 다음에 솔로몬 왕이 더 이상 움직일 필요가 없기에 성막 대신 성전을 예루살렘에 완공했을 때 하나님의 임재하심이 그 성전에 가득 찼습니다.

그러나 신약시대에 와서는 하나님께서 직접 인간의 몸을 입으심으로 우리와 함께 하셨습니다. 즉 임마누엘되신 예수님께서 제단, 성막 그리고 성전의 구체적인 실현이셨기에 주님께서 십자가에 돌아가시자 성전의 휘장이 위에서 아래로 찢어지면서 누구든지 예수님을 믿으면 하나님의 은혜의 보좌 앞에 담대히 나아가 하나님의 임재와 그 영광을 친히 대면할 수 있는 길이 열리게 된 것입니다.

나아가 예수님께서 부활 승천하신 후 약속하신 대로 오순절 날 성령께서 임하심으로 다시금 하나님께서 모든 성도들 심령 속에 함께 하시게 되었습니다. 그러므로 사도 바울은 이제부터는 우리의 몸이 거룩한 성전이라고 말씀하는 것입니다(고전 3:16; 6:19). 그런데 이제는 이 하나님께서 친히 장막을 치심으로 자기 백성들과 함께 하신다고 말씀합니다. 그 결과 신구약 성경 전체를 통한 언약의 핵심이 완성됩니다. 즉 하나님은 우리의 하나님이 되시고 우리는 하나님의 백성이 되는 것입니다. 이 얼마나 놀라운 축복입니까!

쉐키나의 영광

그런데 요한계시록 21장 16절에 새 예루살렘 성을 측량해 보니 가로 세로 높이가 모두 일만 이천 스다디온으로서 정육면체라고 말씀합니다. 왜 그럴까요? 그것은 성막이나 성전에 있던 지성소가 가로 세로 높이가 같습니다. 이것은 바로 새 예루살렘이 지성소가 완성된 모습으로서 지극히 거룩하신 하나님께서 임재하시고 오직 거룩한 주의 백성들만이 들어갈 수 있음을 분명히 보여 주는 것입니다. 또한 이 지성소 위에는 하나님께서 임재하시는 상징으로 구름이 덮여 있었습니다. 히브리어로 이것을 쉐키나(Shekinah)의 영광이라고 합니다. 솔로몬 왕이 성전을 건축했을 때에도 하나님의 영광스러운 임재의 상징인 구름이 그 성전에 가득 찼습니다. 이런 의미에서 요한복음 1장 14절에도 보시면 말씀이 육신이 되어 우리 가운데 사셨고 우리는 그 영광을 보았는데 그것은 아버지께서 주신, 외아들의 영광이었고 그 분은 은혜와 진리가 충만하였다고 말씀합니다. 예수님의 탄생이야말로 하나님께서 우리 가운데 친히 장막을 치신 사건이요, 따라서 임마누엘의 영광이 충만하였다고 증거하는 것입니다.

그런데 예수님께서 사역기간 중에 다시금 이 영광을 보여주십니다. 어딘지 기억하십니까? 그것은 바로 변화산상에서입니다. 주님께서 영광스러운 모습으로 변형되신 후 빛나는 여호와의 영광의 구름이 그를 덮었다는 말씀을 읽어볼 수 있습니다. 이것은 다름 아닌 하나님의 임재의 영광이며 앞으로 십자가를 지게 될 수난을 앞에 두고 제자들에게 하나님 나라의 궁극적인 영광을 미리 보여주는 것입니다. 그렇게함으로써 그들을 격려하고 소망을 주고 있습니다.

우리들도 이 새 예루살렘에 들어갈 때 부활하신 예수님처럼 가장 거룩하고 영화로운 모습으로 변화될 것입니다. 그리고 우리는 영원히 주님과 함께 지내게 될 것입니다. 그렇기 때문에 사도 바울은 우리가 현재 당하는 고난은 장차 우리가 누릴 영광과는 비교가 되지 않는다고 말씀합니다. 이 영광의 소망을 확실히 붙잡고 계십니까? 우리는 이 소망과 비전을 가지고 세상을 살아갈 때에는 이 땅에서 어떤 어려움이 와도 주님의 도우심으로 넉넉히 이길 수 있습니다.

마지막으로 4절에 보시면 하나님께서 우리와 함께 하시는 결과가 어떤지 설명합니다. 즉, 그들의 눈에서 모든 눈물을 닦아 주실 것이니, 다시는 죽음이 없고, 슬픔도 울부짖음도 고통도 없을 것이라고 말씀합니다. 다시 말해 성도들이 누릴 영원한 축복을 이 세상의 고난과 비교하여 슬픔이나 고통 그리고 사망이 없는 영원한 생명의 나라로 묘사하고 있는 것입니다.

놀라운 것은 이러한 영원한 축복에 대해서도 신구약 성경 여러 군데에서 이미 예언하고 있다는 사실입니다. 먼저 이사야 25장 6-9절에서 이사야 선지자는 다음과 같이 선포하고 있습니다. "만군의 주님께서 이 세상 모든 민족을 여기 시온 산으로 부르셔서, 풍성한 잔치를 베푸실 것이다. 기름진 것들과 오래된 포도주, 제일 좋은 살코기와 잘 익은 포도주로 잔치를 베푸실 것이다. 또 주님께서 이 산에서 모든 백성이 걸친 수의를 찢어서 벗기시고, 모든 민족이 입은 수의를 벗겨서 없애실 것이다. 주님께서 죽음을 영원히 멸하신다. 주 하나님께서 모든 사람의 얼굴에서 눈물을 말끔히 닦아 주신다. 그의 백성이 온 세상에서 당한 수치를 없애 주신다. 이것은 주님께서 하신 말씀이다. 그 날이 오면, 사람들은 이런 말을 할 것이다. 바로 이분이 우리의 하나님이시다. 우리가 하나님을 의지하였으니, 하나님께서 우리를 구원하신다. 바로 이분이 주님이시다. 우리가 주님을 의지한다. 우리를 구원하여 주셨으니 기뻐하며 즐거워하자."

하나님의 백성들은 유대인들뿐만 아니라 예수를 그리스도로 믿는 모든 민족이 될 것이며 하나님께서는 그들을 위해 풍성한 축복의 잔치를 베푸십니다. 그리고 죽음의 상징인 수의를 없애버리시고 모든 눈물을 깨끗이 닦아 주시며 세상에서 당한 부끄러움도 제거하실 것입니다. 우리가 끝까지 이 신실하신 하나님을 의지하면 하나님께서 그 언약을 이루시고 마침내 주님 안에서 영원토록 기뻐하게 될 것입니다. 나아가 이사야 35장 10절과 51장 11절을 보면 구속함을 받은 주님의 백성들이 새 예루살렘으로 돌아올 때 그들은 영원히 기뻐 노래하면서 시온에 이르러 머물 것이며 슬픔과 탄식이 사라질 것이라고 예언하고 있습니다.

신약에도 사도 바울은 고린도전서 15장 51-53절에서 사망을 이기는 부활의 생명에 대해서 말씀하고 있고 요한계시록 7장 17절에서도 이와 유사한 말씀을 하고 있습니다. "보좌 한가운데 계신 어린 양이 그들의 목자가 되셔서, 생명의 샘물로 그들을 인도하실 것이고, 하나님께서 그들의 눈에서 눈물을 말끔히 씻어 주실 것입니다." 이러한 영원한 축복을 히브리어로 샬롬(shalom)이라 말할 수 있습니다. 그러나 우리가 누릴 이 샬롬은 단순히 전쟁이 없는 평화의 상태가 아니라 가장 완전한 상태를 의미하는 것입니다. 우리가 장차 들어갈 하나님의 도성은 결코 불안이나 공포 또는 전쟁이 없는 평화의 나라가 될 것입니다. 또한 하나님께서 천지를 창조하신 후에 제 7일에 안식하셨고, 이스라엘 백성들도 출애굽하여 축복과 약속의 가나안 땅에 들어간 후 안식을 누렸던 것과 같이 우리도 이 재창조의 세계에서 영원한 안식을 누릴 것입니다. 바로 여기에 성도의 궁극적인 소망이 있으며 만물의 최종적 완성의 비전이 있는 것입니다.

하나님께서 우주만물을 만드신 후 그것을 보셨을 때 매우 좋았다(창 1:31)고 말씀하셨습니다. 그러나 이제 새 하늘과 새 땅이 완성되면 그것은 매우 좋은 정도가 아니라 가장 좋은 것이 될 것입니다. 그렇다면 이제 우리가 무슨 말을 하겠습니까? 만일 하나님이 우리를 위하시면 누가 우리를 대적하겠습니까? 그러므로 우리 성도들은 다만 하나님의 이 놀라운 은총에 그저 깊이 감사 감격할 수밖에 없습니다. 우리가 이 흔들리지 않는 하나님의 나라를 기업으로 받을 것이기 때문에 우리는 두렵고 떨림으로 우리의 구원을 이루어야 합니다. 그리고 우리의 남은 생애를 통해 주님의 뜻을 이루어 드리고 주님께 영광 돌리는 삶을 살아야 할 것입니다. 우리가 이미 하나님 나라의 시민이 되었기 때문에 우리는 시편 73장 24-25절에 나타난 바와 같은 고백을 주님께 드릴 수밖에 없습니다. "주의 교훈으로 나를 인도해 주시고, 마침내 나를 주의 영광에 참여시켜 주실 줄 믿습니다. 내가 주님과 함께 하니, 하늘로 가더라도, 내게 주님 밖에 누가 더 있겠습니까? 땅에서라도, 내가 무엇을 더 바라겠습니까?" 또한 우리는 주님이 언제 다시 오실지 모르기 때문에 항상 깨어 기도에 힘쓰며, 어떤 어려움이 닥쳐도 절망하지 않고 인내해야 합니다. 나아가 서로 위로하고 사랑과 선행을 격려하면서 모이기를 힘쓰고 "아멘 주여 어서 오시옵소서(마라나타)!" 라고 고백할 수 있어야 할 것입니다.

 이러한 소망, 즉 새 하늘과 새 땅의 소망, 거룩한 성 새 예루살렘의 소망, 하나님께서 영원토록 우리와 함께 하실 영광스러운 소망, 그리고 주님과 함께 영원히 누릴 샬롬의 소망이 저와 여러분에게 항상 함께 하시길 진심으로 바랍니다.

기도: 우리에게 놀라운 소망의 약속을 허락하신 하나님 아버지, 감사드립니다. 하늘 나라의 축복을 이 땅에서 누리며 천국 백성답게 살아갈 수 있도록 붙잡아 주옵소서.

2_ 최후의 심판 계 20:7-15

최근 몇 년간 지구상에서 가장 충격적인 사건을 들라면 역시 9.11 사태라고 할 것입니다. 그런데 미국의 권위있는 기독교 리서치 센터로서, 캘리포니아 벤투라(Ventura)에 있는 바마 리서치 그룹(Barna Research Group)이 미국의 5대 기독교 뉴스를 발표한 적이 있습니다. 가장 중요한 결과, 가장 논쟁거리가 되는 통계, 가장 놀라운 뉴스, 중요하지만 그다지 놀랍지 않은 뉴스, 그리고 가장 도전적인 뉴스 등을 발표했는데 이것은 9.11 사태 못지 않게 충격적이며 현재 미국의 영적 상태를 보여주고 있습니다. 이것은 또한 유럽 상황에서 우리 자신의 영적 상태를 점검해볼 수 있는 중요한 거울이 될 수도 있다고 생각하기에 이 시간 잠시 핵심적인 부분만 나누고자 합니다.

우선 '가장 중요한 결과' 일곱 가지 중 세 가지를 소개하면 우선, 예배에 참석하는 성인의 41%가 거듭나지 않은, 즉 예수 그리스도를 구세주로 영접하지 않은 사람들이라는 것입니다. 둘째, 종교적인 가르침이나 가치가 정작 사람들의 도덕적인 판단 기준에 별로 영향을 주지 못하고 있는 것으로 나타났습니다. 오히려 개인에게 닥칠 것으로 예상되는 결과나 부모가 가르쳐준 가치 등이 더욱 영향을 미친다고 합니다. 믿음 따로 판단 따로, 이원론적 신앙생활을 의미합니다. 셋째, 십년 전만 해도 미국인의 절반 이상이 도덕적으로 절대적인 진리가 있다고 믿었는데, 2000년 1월에는 38%였다가 2001년 11월에는 22%로 떨어졌습니다.

두 번째로 '가장 논쟁거리가 되는 통계'도 일곱 가지 중 세 가지만 든다면 첫째, 결혼한 성인 중 거듭난 크리스천과 비크리스천이 거의 비슷한 이혼율을 보이고 있다는 사실입니다. 둘째, 개신교나 천주교인들이 평상시 성경을 읽는 것보다 몰몬교도가 그들의 경전(몰몬경)을 더 많이 읽는 것으로 나타났습니다. 셋째, 거듭난 그리스도인들 중 3분의 1이 십일조를 한다고 말은 하지만, 실제로는 약 12%만이 실천하고 있는 것으로 나타났습니다.

세 번째로 '가장 놀라운 뉴스' 일곱 가지 중에서 제가 보기에 가장 충격적인 사실은 성인의 대다수가 동성결혼을 합법화하는 데 동의하고 있으며, 거듭난 크리스천의 3분의 1 정도가 동성애자 권리 등에 대해서 긍정적으로 생각하고 있다는 조사 결과입니다.

네 번째로 '중요하지만 그다지 놀랍지 않은 뉴스' 중 가장 중요한 것은 9.11 사태로 인해 영적인 관심이 많아지면서 교회에 사람들이 갑자기 많이 나왔는데, 약 두 달 후에는 다시 이전 수준으로 돌아갔다는 것입니다.

마지막으로 '가장 도전적인 뉴스' 세 가지는 먼저 거듭난 성인 10명 중 최소한 3명이 속도위반, 동성애, 성적인 환상, 동거, 포르노 영화 보는 것에 대해 도덕적으로 받아들일 수 있는 일이라고 말합니다. 둘째, 어렸을 때부터 교회를 나온 사람의 믿음과 성인이 되어 교회를 다니는 사람의 믿음에 큰 차이가 없는 것으로 나타났습니다. 셋째, 오늘날의 청소년들이 과거 어느 때보다도 부모로부터 독립하여 살 경우 교회에 나오는 비율이 가장 낮다고 합니다.

이러한 조사 결과에 대해 바마 리서치 그룹의 대표인 조지 바마(George Barna)씨는, "이제는 신앙이 미국인들의 생활 속에 그저 하나의 요소일 뿐이요, 대부분의 사람들에게 중심 역할을 하지 못한다"고 분석합니다. 그러면서 특히 젊은이들에게 대해 교회는 점점 더 영향력을 잃어가고 있으므로 첨단 기술과 상대주의적 지구촌 시대에 보다 분명하고 전체적인 진리를 제시할 수 있는 새로운 접근 방법을 강구해야 한다고 밝혔습니다.

물론 이 바나 리서치 그룹의 조사 결과가 100% 정확하다고는 할 수 없습니다. 그러나 우리가 살고 있는 이 시대의 영적인 분위기를 파악하고 우리 자신의 모습을 돌아보는 데에는 매우 중요한 교훈을 줄 수 있다고 생각합니다. 만일 이 연구소에서 유럽의 그리스도인들을 상대로 조사를 한다면 어떤 결과가 나올 것 같습니까? 저는 이보다 더한 결과가 나왔으면 나왔지, 덜한 결과가 나오지는 않을 것이라고 확신합니다. 그만큼 유럽은 영적으로 더 어둡기 때문입니다.

나아가 우리는 우리 인생의 종말, 아니 역사의 종말을 생각하지 않을 수 없습니다. 바나 리서치 그룹의 조사는 완전하지 않습니다. 그러나 우리 주님께서 행하실 마지막 리서치, 최후의 심판은 가장 정확하고 공정할 것입니다. 본문은 바로 역사의 종말에 일어날 최후의 심판에 관한 말씀입니다. 이 말씀을 함께 상고하면서 우리 자신의 영적 상태를 다시금 점검할 수 있기를 바랍니다.

치열해지는 영적 전쟁

첫 번째로 우리가 생각해야 할 것은 주님의 재림이 가까울수록 영적인 전쟁은 더욱 치열해질 것이라는 점입니다(7-10절). 역사의 종말이 다가올수록 사탄의 역사는 더욱더 강해집니다. 왜냐하면 그들의 남은 때가 얼마 남지 않았다는 것을 알기 때문입니다. 그러면 이 악한 영들이 어떻게 역사합니까? 그것은 바로 '미혹하게' 한다는 것입니다. 이것이 사탄의 주특기입니다. 에덴동산에서 아담과 하와를 미혹했던 사탄은 지금까지도 하나님의 백성들을 계속해서 미혹하고 있습니다. 하나님보다 황금우상을 더 섬기라고 미혹합니다. 말씀보다 빵이 더 중요하다고 미혹합니다. 천하만국의 영광을 보여주면서 미혹합니다. 육신이 원하는 대로 하라고 유혹합니다. 그래서 본문 7-10절에서 가장 중요한 단어는 '미혹' 입니다.

본문 1-3절에도 보면 천사가 무저갱 열쇠와 큰 쇠사슬을 가지고 하늘로서 내려와서 사탄을 잡아 일천년 동안 결박하여 미혹하지 못하게 합니다. 그런데 7절에 하나님께서 천년 후에 다시 잠시 풀어 주십니다. 왜 풀어주십니까? 그것은 그 다음 말씀을 보면 알 수 있습니다. 천년 후 풀려 나온 사탄이 제일 먼저 하는 일이 무엇이지요? 본문 8절에서는 사탄이 땅의 사방 백성을 또다시 미혹하고 모아 싸움을 붙입니다. 사탄은 평화의 영이 아니라 분열과 전쟁의 영입니다. 따라서 종말의 중요한 징조 중의 하나가 난리와 전쟁이라고 주님 말씀하셨습니다. 그러니까 사탄은 천 년 동안 옥에 갇혀 혼나고도 아직도 달라진 게 하나도 없는 것입니다. 사람들을 미혹케 하는 일을 더 많이 하고 있습니다. 여기에서 우리는 사탄이 가지고 있는 죄악이 얼마나 절망적인 것인지를 잘 알 수 있습니다. 하나님께서 사탄의 권세를 천년 동안 묶어 두셨다가 다시 잠시 풀어 주신 이유도 바로 이 사탄의 죄악이 얼마나 구제불능인지, 얼마나 철저하게 타락했는지를 분명히 보여주기 위함이라고 말할 수 있습니다.

그러므로 10절에 보면 저희를 미혹하는 마귀가 불과 유황 못에 던지워 그 짐승과 거짓 선지자들과 함께 세세토록 밤낮 괴로움을 받습니다. 사탄과 마귀, 그리고 거짓 선지자들에 대한 심판의 당위성을 계시하십니다. 죄악의 절망성 때문에 하나님의 심판은 불가피합니다. 이 최후의 심판은 단순한 징계가 아닙니다. 징계라는 것은 고쳐질 가능성을 전제하는 일시적인 것입니다. 그러나 이 심판은 더 이상 고쳐질 가능성이 없습니다.

그러므로 마귀와 거짓 선지자들은 하나님의 택한 백성들을 넘어뜨리기 위해 끝까지 교묘하게 위장해서 미혹합니다. 이단들의 특징이 다 그러합니다. 처음에는 정통적인 신앙인인 것처럼 위장하지만 결국은 복음이 아닌 다른 것을 드러냅니다. 그러나 결국 하나님께서 그 모든 세력들을 심판하십니다. 9절에서는 이렇게 말합니다. "저희가 지면에 널리 퍼져 성도들의 진과 사랑하시는 성을 두르매 하늘에서 불이 내려와 저희를 소멸한다." 우리가 이 마지막 때에 어떤 환란과 유혹을 당해도 끝까지 인내하고 믿음을 지키면 주님께서 우리를 지키시고 눈썹 하나 다치지 않도록 보호해 주실 것을 믿으시기 바랍니다.

어떤 한국신문을 보니 소위 역술인에 대한 광고가 큼직하게 나는 것을 보았습니다. 말이 역술인이지 쉽게 말해 점치는 사람들입니다. 그런데 더 놀라운 것은 한국 교회의 직분을 가진 분들, 특히 여권사님들이 이런 사람들에게 미혹되는 분들이 많다는 것입니다. 꿈을 알아 맞추고, 궁합을 봐주고, 작명, 즉 이름짓고, 사업의 운수를 예측한다는 것을 미끼로 많은 금품을 요구합니다.

신명기 18장 10-13절에 "너희 가운데서 자기 아들이나 딸을 불 가운데로 지나가게 하는 사람과 점쟁이와 복술가와 요술객과 무당과 주문을 외우는 사람과 귀신을 불러 물어 보는 사람과 박수와 혼백에게 물어 보는 사람이 있어서는 안 된다. 이런 일을 하는 사람은 모두 주께서 미워하신다. 주 너희의 하나님은 이런 역겨운 일 때문에 너희 앞에서 그들을 몰아내시는 것이다. 너희는 주 너희의 하나님 앞에서 완전해야 한다." 점쟁이에게 가실 시간이 있으면 성경 더 읽고 기도하시면서 영적으로 성숙한 분들의 조언을 구하시기 바랍니다.

  예수님께서도 분명히 경고하셨습니다. 말세에 '거짓 그리스도들과 거짓 예언자들이 일어나, 큰 표적들과 기적들을 행하여 보여서, 할 수만 있으면, 선택받은 사람들까지도 홀릴 것이다'(마 24:24). 요한계시록에도 마지막 때에 미혹하는 영들이 이적을 행합니다. 요한계시록 13장에 보면 심지어 하늘에서 불이 내려오게 하는 이적을 행하면서 사람들을 미혹하고 자기 우상을 만들어 섬기게 합니다. 이마와 손에 표를 받게 하면서 이 표가 없으면 매매를 못하게 경제를 장악합니다. 또한 요한계시록 18장 23절에는 복술을 인하여 만국이 미혹되었다고 말씀합니다. 거짓 선지자는 처음에는 좋은 사람인척 하다가 나중에는 반드시 복채, 돈을 요구합니다. 이것은 바로 구약 민수기에 나오는 발람의 어그러진 길입니다. 양의 탈을 쓴 늑대입니다. 분명히 분별하시기 바랍니다. 교회에 나오지만 진정으로 중생하지 못한 사람들, 미혹받기 쉽습니다. 동성연애나 동성결혼을 합당하다고 생각하는 사람들 미혹받은 것입니다. 오직 하나님의 말씀만 붙잡으십시오. 주님만 바라보십시오. 하나님의 전신갑주를 입으십시오. 두렵고 떨림으로 깨어 기도해야 합니다. 그리할 때만이 우리가 종말에 영적인 전투에서 승리할 수 있고, 미혹에 넘어가지 않습니다.

모든 사람에게 미칠 심판

둘째로 우리가 기억해야 할 것은 최후의 심판이 반드시 있으며 이 심판은 모든 사람에게 임한다는 사실입니다(11-15절). 사도 요한이 먼저 크고 흰 보좌에 앉으신 주님을 봅니다. 보좌가 흰색이라는 말은 주님의 거룩하심을 의미합니다. 그리고 죽은 자들이 무론대소하고 그 보좌 앞에 서서 자기 행위를 따라 책들에 기록된 대로 심판을 받습니다. 이 심판은 믿는 사람이든 믿지 않는 사람이든 모든 사람에게 해당하는 심판입니다.

먹이를 찾던 물고기 두 마리가 먹음직해 보이는 지렁이를 발견했습니다. 한 물고기가 다른 물고기에게 말했습니다. '저 지렁이가 보이지? 저건 낚시 바늘에 끼워져 있는 거야. 낚시 바늘은 낚싯줄 끝에 달려 있지. 낚싯줄은 낚싯대에 연결되어 있고, 그 낚싯대는 사람이 쥐고 있어. 우리가 저 지렁이를 삼키면 우리 입이 바늘에 걸려 결국 후라이팬에 얹혀지는 신세가 되고 말거야.' 그러자 다른 물고기가 말했습니다. '하하하! 어릴 때 할머니가 자주 해주시던 바로 그 이야기구나. 나는 그런 동화같은 이야기는 믿지 않아. 후라이팬에 얹혀졌다가 다시 돌아와 그 사실을 밝혀준 물고기가 어디있어? 자네가 저 지렁이를 먹지 않으면 내가 먹어치우겠네' 하고는 그 지렁이를 덥썩 물었습니다. 어떻게 되었겠습니까? 후라이팬에 얹혀졌지요. 그리고 자기가 말한대로 그 이야기를 다시 들려 주려 돌아오지 못했습니다. 오늘날도 죽으면 모든 것이 끝이라고 말하는 사람들이 많이 있습니다만 그것은 천만의 말씀입니다. 성경은 히브리서 9장 27절에서 한번 죽는 것은 사람에게 정하신 것이요 그후에는 심판이 있다고 분명히 말씀하고 있습니다.

그렇다면 심판의 기준은 무엇입니까? 그것은 언제나 행위입니다. 12-13절에 죽은 사람들이 큰 자나 작은 자나 할 것 없이, 자기 행위를 따라 책들에 기록된 대로 심판을 받는다고 분명히 말씀합니다. 그리고 누구든지 생명책에 기록되지 못한 자는 불못에 던지우는 둘째 사망에 처해지게 됩니다. 그러면 첫째 사망은 무엇이고 둘째 사망은 무엇입니까? 이것을 세 가지로 요약해서 말씀드립니다.

먼저 믿는 성도들이 죽으면 어떻게 됩니까? 성도들이 죽으면 육체는 흙으로 돌아가나(창 3:19, 행 13:36) 그 영혼은 하나님께로 돌아갑니다(눅 23:43, 고후 5:1, 6, 8, 히 12:23). 거기서 그들은 빛과 영광 가운데서 마지막 날에 그들의 육체까지 완전한 구원을 얻을 날을 기다립니다. 주님이 재림하실 때 이 육체와 영혼은 재결합되어 예수 그리스도의 부활체와 같은 신령한 몸으로 변화되어 영광스러운 모습으로 영원히 하나님께 영광을 돌리게 됩니다. 그러므로 성도들은 둘째 사망의 해를 받지 않습니다. 성도들이 받는 최후의 심판은 멸망케 하는 사망의 심판이 아니요, 이 땅에서 주님을 섬긴 공력대로 상급받는 심판입니다. 끝까지 인내하고 충성한 사람은 생명의 면류관, 영광의 면류관, 의의 면류관이 예비되어 있습니다. 거룩한 세마포 흰 옷을 입고 어린 양 혼인잔치에 참여하게 될 것입니다. 새 노래로 영원토록 주님을 찬양할 것입니다. 하늘의 완전한 안식과 샬롬을 경험하게 될 것입니다. 영원한 기쁨과 축복을 체험하면서 하나님 아버지와 우리 주 예수 그리스도 그리고 앞서간 믿음의 선진들을 얼굴과 얼굴을 대하여 만나보는 영광을 누리게 될 것입니다.

둘째로 복음을 거부한 사람들이 죽으면 어떻게 됩니까? 그들의 육체는 동일하게 흙으로 돌아가고, 그 영혼은 음부에 던지어져 고통과 절망 가운데서 최후 심판날을 기다리게 됩니다(눅 16:23-24, 벧전 3:19, 유 6-7). 그리고 이들도 주님 재림시에 부활하여 최후의 심판을 받고 두 번째 사망에 처해집니다. 바로 이것이 본문 15절의 의미인 것입니다. 그러므로 이렇게 정리할 수 있습니다. '한번 태어나면 두 번 죽고, 두 번 태어나면(거듭나면) 한번 죽는다.'

둘째 사망의 심판을 받는 대상은 믿지 않는 사람만이 아닙니다. 본문 10절에 "그들을 미혹하던 악마도 불과 유황의 바다로 던져졌는데, 그곳은 그 짐승과 거짓 예언자들이 있는 곳입니다. 거기에서 그들은 영원히 밤낮으로 고통을 당할 것입니다"라고 말씀합니다. 또한 요한계시록 21장 8절에 "그러나 비겁한 자들과 신실하지 못하는 자들과 가증한 자들과 살인자들과 음행하는 자들과 마술쟁이들과 우상 숭배자들과 모든 거짓말쟁이들이 차지할 몫은, 불과 유황이 타오르는 바다뿐이다. 이것이 둘째 사망"이라고 했습니다.

그런데 14절을 보십시오. "사망과 지옥이 불바다에 던져졌습니다." 이것은 하나의 시적인 표현입니다. 그러나 우리가 이 말씀에서 알 수 있는 사실은 사망과 음부도 끝이 아니라는 것입니다. 죽음이 끝이 아닙니다. 우리는 첫째 죽음 다음에 오는 죽음을 훨씬 더 두려워해야 합니다. 그것을 성경은 '둘째 사망'이라고 부릅니다. 음부도 마지막이 아닙니다. 이 음부라는 곳은, 마지막 상태가 아니라 기다리고 있는 상태의 장소입니다. 그곳에서 기다리다가 마지막으로 불바다에 던지움을 받습니다. 심판의 결국은 불바다입니다.

그렇다면 살아서 주님의 재림을 맞이하게 되는 사람들은 어떻게 됩니까? 믿는 자들은 순식간에, 홀연히 변화하여 영광 중에 주님을 맞이하게 됩니다(살전 4:16-17). 물론 믿지 않는 자들도 바로 최후의 심판을 받게 됩니다(계 1:7).

우리는 모두 죽습니다. 우리가 매일 저녁 잠자리에 드는 것도 죽는 연습 아니겠습니까? 그렇습니다. 우리가 하루를 더 살수록, 한 해를 다시 보낼수록 우리가 주님 앞에 설 때는 더 가까워진 것이 분명하지 않습니까? 그렇다면 우리는 주님의 최후 심판을 생각하지 않을 수 없을 것입니다.

요한계시록 14장 14-20절에 보면 천사가 곡식을 수확하는 장면과 포도를 거둬들이는 장면이 나옵니다. 이것은 최후 심판의 예고편입니다. 알곡은 성도들을 상징합니다. 포도는 사단과 함께 최후 심판받을 모든 사람들을 뜻합니다. 알곡은 모아 천국 곳간에, 포도는 진노의 큰 포도주틀에 던져져 밟히게 된다고 말씀합니다. 내일 될 일, 일 년 후에 될 일 다 분명치 않으나, 한가지 확실한 사실은 이 우주적인 대심판의 날은 결코 피할 수 없다는 것입니다. 누가복음 21장 35절에서 예수님이 분명히 말씀하셨습니다. "그 날은 온 땅에 사는 모든 사람에게 닥칠 것이다." 사도행전 17장 31절에 "그것은 하나님께서 세계를 정의로 심판하실 날을 정해 놓으셨다"고 말했습니다. 고린도후서 5장 10

절에도 우리가 다 반드시 그리스도의 심판대 앞에 드러나 각각 선악간에 그 몸으로 행한 것을 따라 받는다고 하셨습니다. 로마서 2장 16절에도 하나님께서 예수 그리스도로 말미암아 사람들의 은밀한 것을 심판하시는 그날이 있다고 말씀했습니다. 최후의 심판에서는 모든 은밀한 것과 숨은 동기까지 다 파헤쳐 심판을 받게 됩니다. 그러므로 우리는 은밀한 죄가 없이, 불꽃같으신 주님의 눈앞에서 생각도 하고 행동도 하며 매일매일 살아가야 하겠습니다.

주님이 주신 기회인 우리의 생애

마지막으로 기억해야 할 사실은 따라서 우리에게 남은 기간은 주님께서 주신 마지막 기회라는 사실입니다. 누가복음 13장 6-9절에 보면 예수님께서 이런 비유의 말씀을 하십니다. 한 사람이 포도원에 무화과나무를 심은 것이 있었는데 와서 그 열매를 구하였으나 얻지 못했습니다. 그래서 그 과수원지기에게 말씀합니다. '내가 삼 년을 와서 이 무화과나무에 실과를 구하되 얻지 못하니 찍어 버려라 어찌 땅만 버리느냐?' 그 때 과수원지기가 대답합니다. '주인님 금년에도 그대로 두십시오. 제가 두루 파고 거름을 주겠습니다. 그 후에 만일 실과가 열리면 다행이지만 그렇지 않으면 찍어 버리십시오.' 무슨 뜻입니까? 하나님께서 우리에게 일할 수 있는 기간을 주셨습니다. 그러나 그 기간은 제한된 시간입니다. 결국 우리의 열매를 드려야 할 날은 더 가까이 왔습니다. 주님께서 오늘 이 시간에 우리를 부르신다면 우리는 주님 앞에 서야 합니다. 그러나 아직도 우리에게 시간을 더 주신 것은 은혜요 기회입니다. 마지막 이 기회를 살리지 못한다면 우리는 영원히 부끄러워 할 수밖에 없을 것입니다.

최후의 심판 가운데서 우리가 붙잡을 수 있는 마지막 소망이 있습니다. 그것이 무엇입니까? 15절에 있는 대로 '생명책' 입니다. 본문 12절을 자세히 보면 두 종류의 책이 나오지요. 첫 번째는 '책들' 로서 복수입니다. "또 다른 책"은 단수입니다. 이 '다른 책'이 바로 생명책입니다. 그러면 첫 번째 책들은 죽음의 책들, 즉 심판의 책들일 것입니다. 그것이 복수로 된 것은 하나님은 모든 사람들이 구원을 얻기를 간절히 원하시지만 사람들이 강퍅하여 좁은 문보다는 넓은 길을 훨씬 더 많이 찾음으로 멸망하는 자들이 구원받는 자보다 더 많을 것을 암시하는 것입니다. 그러므로 우리는 묻지 않을 수 없습니다. "나의 이름이 생명책에 기록되어 있는가?" 우리는 다시금 이 말씀을 기억하십시다. 내 생애의 마지막 운명이 어떠할 지, 이 말씀 앞에서 더욱 바로 서는 저와 여러분 되시길 간절히 바랍니다.

기도: 역사의 주인이신 여호와 우리 아버지 하나님, 주님만이 알파와 오메가 되시며 처음과 나중이 되심을 고백합니다. 우리의 이름이 생명책에 기록되었음을 믿고 그 믿음에 합당한 열매를 맺으며 살아 주님 앞에 섰을 때 부끄러움이 없는 귀한 삶으로 인도하여 주옵소서.

3_ 알파와 오메가 계 22:10-15

우리가 보통 '세계(世界)'라고 말할 때 거기에는 두 가지 의미가 담겨 있습니다. '세'라는 말은 시간을 뜻합니다. 그리고 '계'라는 말은 공간을 의미합니다. 그러므로 '세계'란 우리가 살고 있는 시간과 공간을 합친 개념이라고 말할 수 있습니다. 이 '세계'를 보는 관점은 사람마다 다를 수 있습니다. 이 '세계'를 보는 관점을 우리는 '세계관'이라고 말할 수 있습니다. 영어로는 worldview라고 하고 독일어로는 Weltanschauung이라고 합니다. 사실 '세계관'이라는 단어를 제일 먼저 사용한 사람은 독일의 유명한 철학자 임마누엘 칸트(Immanuel Kant)입니다. 그러나 나중에 기독교 사상가들이 이 단어를 성경적으로 사용하면서 소위 '기독교적 세계관'을 발전시켰던 것입니다. 이 기독교적 세계관을 한마디로 표현한다면 저는 로마서 11장 36절이라고 생각합니다.

"만물이 그에게서 나고, 그로 말미암아 있고, 그를 위하여 있습니다."

여기서 우리는 세 가지 요소를 발견하게 됩니다. 즉 만물을 창조하셨고 지금도 다스리시며 마침내 완성하시는 주님이심을 알게 되는 것입니다.

주님은 만물의 기원

제일 먼저 만물의 기원입니다. 모든 것, 보이는 것, 보이지 않는 이 세상에 존재하는 모든 것은 주님에게서 나왔다는 것입니다. 요한복음 1장 3절에서도 만물이 그분으로 말미암아 지은바 되었으므로 지은 것이 하나도 그분이 없이는 된 것이 없다고 말씀합니다. 태초에 하나님께서 지금 우리가 듣고 보고 경험하는 모든 것을 말씀으로 창조하셨습니다.

이것을 본문에서는 '알파'라고 말씀합니다. 알파는 희랍어 알파벳의 첫 글자입니다. 처음이라는 의미요 시작이라는 말입니다. 이 세상에 있는 모든 것은 시작이 있습니다. 그 시작의 주인은 하나님입니다. 우리 개개인의 생명도, 우리의 삶도 알파가 있습니다. 그것 또한 하나님께 있습니다. 우리의 삶의 기원, 우주의 기원, 만물의 기원을 진화론자들은 '우연'이라고 주장합니다. 그러나 성경은 이 모든 것이 인격적이신 하나님, 전능하시고 지혜로우신 하나님에 의해 시작되었다고 말쓱하는 것입니다.

그러므로 우리가 이 창조를 바로 믿고 이해할 때 우리는 진정 창조주 되신 하나님을 찬양할 수 있습니다. 시간과 공간의 시작과 기원, 나아가 내 존재의 뿌리가 하나님께 있음을 알기 때문입니다. 내가 어디서 왔으며 어디로 가는지 알 수 있습니다. 나의 정체성이 분명해집니다. 내 삶의 '알파'는 주님이심을 알 수 있습니다.

그런데 하나님께서 만드신 이 알파, 이 창조 세계는 그냥 그대로 있지 않습니다. 이 세계는 매우 다이내믹하게 움직이고 있습니다. 아침에 해가 동쪽에서 떠서 저녁이 되면 서쪽으로 집니다. 이 우주 만물이 움직이는 것을 우리는 알고 있습니다. 아무렇게나 움직이지 않습니다. 매우 정교하게, 질서정연하게 움직이고 있습니다. 이것을 우리는 하나님의 법이라고 말할 수 있습니다. 이 세상의 모든 것은 하나님의 법에 따라 움직입니다. 자기 멋대로 움직이는 것이 아닙니다. 이것을 다른 말로 하면 이 세계는 지금도 하나님께서 다스리신다, 통치하신다고 말할 수 있는 것입니다. 로마서 11장 36절에는 만물이 주님으로 말미암는다고 말씀하지요.

물론 여기에는 인간의 노력도 중요합니다. 하나님께서는 에덴 동산을 만드시고 그것을 아담에게 주시면서 이 세상의 모든 만물을 다스리라고 말씀하셨습니다. 그래서 창세기 1장에는 에덴 동산이 나오지만 그것이 완성된 오늘 요한계시록 21장 이하를 보시면 거룩한 도성 새 예루살렘이 나옵니다. 그런데 이 새 예루살렘은 요한계시록 21장 3절에 보면 하늘에서 내려온다고 말씀합니다. 동산이 도성으로 정원이 도시로 발전한 것을 볼 수 있습니다. 이렇게 역사가 시작된 이후 지금까지 역사를 주관하시고 그 모든 과정을 운행하시는 분은 우리 주님이십니다. 우리가 이 사실을 깊이 깨달을 때 모든 것을 합력하여 선을 이루시는 하나님을 신뢰할 수 있습니다. 지금 당장 나에게 닥치는 일이 이해가 되지 않고 낙심된다 할지라도 오직 잠잠히 하나님만 바라본다면 우리 하나님의 온전하고 거룩한 뜻이 반드시 이루어진다는 것입니다.

나아가 만물이 주님께로 돌아간다고 말씀합니다. 이 세상의 모든 것이 완성되는 날, 최후의 날이 있다는 말씀입니다. 그런데 그것도 모두가 주님의 손에 있다고 말씀합니다. 오늘 본문은 그것을 '오메가'라고 말씀합니다. '오메가'란 희랍어 알파벳의 제일 마지막 글자입니다. 세계의 종말, 완성의 날이 온다는 것입니다.

우리가 태어난 것이 어제 같은 데 벌써 이만큼 시간이 흘러버렸습니다. 하나님의 말씀을 바로 알지 못하는 많은 사람들은 이 세상은 그저 돌고 도는 것이라고 생각합니다. 이것을 소위 '순환론적 시간관 (circular view of time)' 또는 '반복적인 역사관'이라고 부릅니다. 시간과 역사는 계속 반복된다고 보는 것입니다. 해가 동쪽에 떠서 서쪽으로 집니다. 어제도 오늘도 내일도 계속 되풀이된다고 생각합니다. 매 1분은 60초의 반복이요, 매 1시간은 60분의 반복이며, 하루는 24시간이 계속 순환하는 것이라고 생각하는 것입니다. 그래서 동양에서는 이것을 소위 '갑자'라고 해서 60년이 생의 한 바퀴라고 생각했습니다. 불교나 힌두교는 이것을 '윤회사상'이라고 불렀습니다. 해 아래 새것이 없다고 믿었습니다. 이러한 사상에는 '오메가'가 없습니다.

그러나 성경은 분명히 알파와 오메가 되신 하나님을 말씀합니다. 이것을 우리는 '직선적 시간관 (linear view of time)'이라고 부를 수 있습니다. 시작이 있으므로 끝이 반드시 있다는 것입니다. 오늘 요한계시록을 읽어 보면 이 '알파와 오메가' 단어가 세 번 나오는 것을 볼 수 있습니다. 제일 먼저 요한계시록 1장 8절에 나옵니다. "지금도 계시고 전에도 계셨고 앞으로 오실 전능하신 주 하나님께서 "나는 알파요 오메가다"하고 말씀하십니다. 계시록을 제일 처음 시작하면서 하나님께서 자신의 알파와 오메가 되심을 분명히 선포하십니다. 그 다음에 나오는 곳은 요한계시록 21장 6절입니다. "다 이루었다. 나는 알파며 오메가, 곧 처음이며 마지막이다." 새 하늘과 새 땅을 창조하시고 거룩한 성 새 예루살렘이 하늘에서 내려온 후 하나님께서 친히 하나님의 백성들과 영원토록 함께 하심으로 영원한 축복을 누리는 것을 말씀한 후에 바로 이 말씀이 나오는 것입니다. 마지막으로 나오는 곳이 바로 오늘 말씀입니다. 하나님께서 역사의 오메가가 되신다 하는 것은 무엇을 뜻합니까?

제일 먼저 10절에 보니 '때가 가깝다'고 말씀합니다. 종말이 가깝다는 것입니다. 심판의 때가 다가오고 있다고 합니다. 시간이 계속 반복되는 것 같고, 역사가 계속 다람쥐 바퀴 돌듯이 순환하는 것처럼 보여도 역사는 끝이 있고 그것은 반드시 온다는 것입니다. 우리도 매일 매일 같은 일을 반복하는 것처럼 보여도 태어난 때가 있으면 죽을 때가 다가오고 있음을 알고 있습니다.

두 번째로 하나님께서 오메가가 되신다는 뜻은 하나님께서 반드시 최시로 발전한 것을 볼 수 있습니다. 이렇게 역사가 시작된 이후 지금까지 역사를 주관하시고 그 모든 과정을 운행하시는 분은 우리 주님이십니다. 우리가 이 사실을 깊이 깨달을 때 모든 것을 합력하여 선을 이루시는 하나님을 신뢰할 수 있습니다. 지금 당장 나에게 닥치는 일이 이해가 되지 않고 낙심된다 할지라도 오직 잠잠히 하나님만 바라본다면 우리 하나님의 온전하고 거룩한 뜻이 반드시 이루어진다는 것입니다.

나아가 만물이 주님께로 돌아간다고 말씀합니다. 이 세상의 모든 것이 완성되는 날, 최후의 날이 있다는 말씀입니다. 그런데 그것도 모두가 주님의 손에 있다고 말씀합니다. 오늘 본문은 그것을 '오메가'라고 말씀합니다. '오메가'란 희랍어 알파벳의 제일 마지막 글자입니다. 세계의 종말, 완성의 날이 온다는 것입니다.

우리가 태어난 것이 어제 같은 데 벌써 이만큼 시간이 흘러버렸습니다. 하나님의 말씀을 바로 알지 못하는 많은 사람들은 이 세상은 그저 돌고 도는 것이라고 생각합니다. 이것을 소위 '순환론적 시간관(circular view of time)' 또는 '반복적인 역사관'이라고 부릅니다. 시간과 역사는 계속 반복된다고 보는 것입니다. 해가 동쪽에 떠서 서쪽으로 집니다. 어제도 오늘도 내일도 계속 되풀이된다고 생각합니다. 매 1분은 60초의 반복이요, 매 1시간은 60분의 반복이며, 하루는 24시간이 계속 순환하는 것이라고 생각하는 것입니다. 그래서 동양에서는 이것을 소위 '갑자'라고 해서 60년이 생의 한 바퀴라고 생각했습니다. 불교나 힌두교는 이것을 '윤회사상'이라고 불렀습니다. 해 아래 새것이 없다고 믿었습니다. 이러한 사상에는 '오메가'가 없습니다.

그러나 성경은 분명히 알파와 오메가 되신 하나님을 말씀합니다. 이것을 우리는 '직선적 시간관 (linear view of time)'이라고 부를 수 있습니다. 시작이 있으므로 끝이 반드시 있다는 것입니다. 오늘 요한계시록을 읽어 보면 이 '알파와 오메가' 단어가 세 번 나오는 것을 볼 수 있습니다. 제일 먼저 요한계시록 1장 8절에 나옵니다. "지금도 계시고 전에도 계셨고 앞으로 오실 전능하신 주 하나님께서 "나는 알파요 오메가다"하고 말씀하십니다. 계시록을 제일 처음 시작하면서 하나님께서 자신의 알파와 오메가 되심을 분명히 선포하십니다. 그 다음에 나오는 곳은 요한계시록 21장 6절입니다. "다 이루었다. 나는 알파며 오메가, 곧 처음이며 마지막이다." 새 하늘과 새 땅을 창조하시고 거룩한 성 새 예루살렘이 하늘에서 내려온 후 하나님께서 친히 하나님의 백성들과 영원토록 함께 하심으로 영원한 축복을 누리는 것을 말씀한 후에 바로 이 말씀이 나오는 것입니다. 마지막으로 나오는 곳이 바로 오늘 말씀입니다. 하나님께서 역사의 오메가가 되신다 하는 것은 무엇을 뜻합니까?

제일 먼저 10절에 보니 '때가 가깝다'고 말씀합니다. 종말이 가깝다는 것입니다. 심판의 때가 다가오고 있다고 합니다. 시간이 계속 반복되는 것 같고, 역사가 계속 다람쥐 바퀴 돌듯이 순환하는 것처럼 보여도 역사는 끝이 있고 그것은 반드시 온다는 것입니다. 우리도 매일 매일 같은 일을 반복하는 것처럼 보여도 태어난 때가 있으면 죽을 때가 다가오고 있음을 알고 있습니다.

두 번째로 하나님께서 오메가가 되신다는 뜻은 하나님께서 반드시 최후의 심판을 하신다는 의미입니다. 11절에서 12절에서는 다음과 같이 기록되어 있습니다. "이제는 불의를 행하는 자는 그대로 불의를 행하고 더러운 자는 그대로 더러운 채로 있어라. 의로운 사람은 그대로 의를 행하고, 거룩한 사람은 그대로 거룩한 채로 있어라. 보아라, 내가 곧 가겠다. 나는 각 사람에게 그 행위대로 갚아 주려고 상을 가지고 간다." 이 세상에서 하나님을 두려워하지 않고 불의를 하는 사람은 계속해서 불의한 죄를 지으면서 설마 누가 보랴 생각합니다. 더러운 죄를 짓는 사람도 계속해서 그런 삶을 살면서 설마 세상의 끝이 오겠는가 라고 의심한다는 것입니다. 그러나 반면에 하나님을 경외하면서 경건하게 살아가는 사람은 이 세상에 조롱을 당하고 손해를 볼 수 있지만 끝까지 인내하며 의롭게 거룩하게 살아갑니다. 그러나 주님께서 반드시 그리고 속히 오셔서 각 사람에게 일한대로 갚으신다고 말씀합니다. 묵묵히 주님을 섬긴 귀한 종들은 상급을 받지만 불의를 행하고 더러운 죄를 지으며 살아간 사람은 하나님의 최후의 심판을 피할 길이 없는 것입니다.

우리의 삶을 한 번 돌아봅시다. 주님께서 오늘 다시 오신다면, 그리고 우리가 이 시간에 바로 주님 앞에 서야 한다면 주님께서 어떻게 하실 것 같습니까? '착하고 충성된 종'이라고 칭찬하실까요? 아니면 '악하고 게으른 종'이라고 책망하실까요?

마지막으로 14절과 15절에는 이 최후의 심판의 결과가 무엇인지를 보여 주십니다. 끝까지 신앙의 절개를 변치 않고 어떤 환난이나 핍박이 와도 소망가운데 인내하며 복음의 증인으로 사는 사람들은 14절에 보니 영원한 축복을 받게 됩니다. "생명 나무에 이르는 권리를 차지하려고, 그리고 성문으로 해서 도성에 들어가려고, 자기 겉옷을 깨끗이 빠는 사람은 복이 있다." 여기서 겉옷을 세탁한다는 것은 무슨 의미입니까? 우리의 삶의 행실을 성결하게 한다는 뜻입니다. 거룩한 하나님의 백성답게 주님의 말씀 그대로 순종하면서 경건하게 살아가는 것을 의미합니다. 그런 하나님의 백성들은 결국 생명 나무에 나아갑니다. 즉, 영원한 생명을 누리게 된다는 것입니다. 아담과 하와가 범죄하여 잃어버린 낙원을 회복하게 됩니다. 그리고 거룩한 성 하늘에서 내려오는 새 예루살렘 성에 들어갈 수 있는 권세를 얻게 됩니다.

반면에 하나님을 두려워하지 않고 계속해서 불의를 행하고 더러운 삶을 사는 사람들은 어떻게 됩니까? 15절을 보십시오. "개들과 마술쟁이들과 음행하는 자들과 살인자들과 우상 숭배자들과 거짓을 사랑하고 행하는 자는 다 바깥에 남아 있게 될 것이다." 여기서 '개들'이란 동성연애자들을 뜻합니다. 음행하는 자들은 성적으로 타락한 무리들을 말합니다. 기타 무고한 생명을 빼앗는 자들, 세상의 헛된 우상들을 숭배하는 자들 그리고 진실하지 못하고 거짓말을 하며 그것을 정당화하는 자들은 모두 하나님의 엄중한 불 심판을 받을 것을 말씀합니다. 우리는 이것을 이미 창세기에서 읽어볼 수 있습니다. 그것은 바로 소돔과 고모라의 멸망사건입니다. 당시에 소돔과 고모라는 바로 이러한 죄악으로 가득 차 있었기에 의로운 롯의 가족만 겨우 구원을 받고 나머지는 모두 하나님께서 하늘에서 불을 내려 심판하셨습니다.

우리 하나님은 분명히 살아계십니다. 우리 하나님께서만 알파와 오메가이십니다. 올해 1월 1일부터 12월 31일까지 하나님께서 시작하셨고 주관하셨으며 마무리 지으실 것입니다. 저와 여러분의 생명이 시작된 순간부터 이 세상을 떠나는 때까지 하나님께서는 알파와 오메가로 역사하십니다. 이 세상이 시작된 순간부터 마지막 그 날까지 하나님께서 만왕의 왕이요 만주의 주로, 알파와 오메가로 다스리십니다. 요한계시록은 이것을 우리에 분명히 증거하기 위해 쓰여진 것입니다. 기독교 세계관에서는 이것을 이렇게 표현합니다. '창조는 완성을 지향한다'(Creation points to consummation). 알파는 오메가를 가리킨다는 것입니다. 그리고 그 모든 것의 주인은 하나님이십니다. 하나님의 절대 주권을 성경은 말씀합니다.

그러므로 우리의 삶은 어떠해야 합니까? 계속해서 우리의 옷을 빨아야 합니다. 우리의 삶이 거룩하고 정결해야 합니다. 충성해야 합니다. 남녀간의 관계가 깨끗해야 합니다. 어리석은 마술에 미혹되지 말고 하나님의 말씀만 온전히 붙잡고 살아가야 합니다. 주님의 사랑으로 섬기며 살아야 합니다. 일구이언을 하지 않고 진실하고 정직한 삶을 살아야 하겠습니다.

우리의 시간을 다시 돌아보면서 주님의 크신 은혜에 다시금 감사해야 합니다. 그리고 우리의 부족함과 교만함을 진심으로 회개해야 합니다. 불충한 부분들에 대해 우리의 연약함을 솔직하게 고백해야 할 것입니다. 남은 우리의 생애는 알파와 오메가 되신 하나님께 부끄럽지 않은 삶으로 살아드려야 할 것입니다.

기도: 알파와 오메가되신 아버지 하나님, 베풀어 주신 모든 은총에 감사드립니다. 우리의 모든 연약함을 용서하여 주옵소서. 다시금 주님의 말씀대로 살아 후회함이 없는 복된 삶이 될 수 있도록 인도하여 주소서.

응답하는 인간

최용준 지음

초판1쇄 2008년 5월 26일
발행처　SFC 출판부
총　판　하늘유통(031-947-7777)
인　쇄　(주)일립인쇄

137-040 서울특별시 서초구 반포4동 58-5 SFC출판부
TEL (02)596-8493　FAX (02)596-5437

ISBN 978-89-93325-00-3　03230

값 11,000원
독자의 의견을 기다립니다.
www.sfcbooks.com

□잘못 만들어진 책은 언제든지 교환해 드립니다.